智元微库
OPEN MIND

成长也是一种美好

一本书看透劳动纠纷

刘新民——著

人民邮电出版社

北京

图书在版编目（ＣＩＰ）数据

一本书看透劳动纠纷 / 刘新民著. -- 北京 ：人民
邮电出版社，2024.6
ISBN 978-7-115-63964-6

Ⅰ．①一… Ⅱ．①刘… Ⅲ．①劳动争议－劳动法－基
本知识－中国 Ⅳ．①D922.591

中国国家版本馆CIP数据核字(2024)第054892号

◆　　　著　刘新民
　责任编辑　黄琳佳
　责任印制　周昇亮
◆人民邮电出版社出版发行　　　北京市丰台区成寿寺路 11 号
　邮编 100164　电子邮件 315@ptpress.com.cn
　网址 https://www.ptpress.com.cn
　涿州市京南印刷厂印刷
◆开本：720×960　1/16
　印张：14.25　　　　　　　　　　2024 年 6 月第 1 版
　字数：260 千字　　　　　　　　2024 年 6 月河北第 1 次印刷

定　价：69.80 元
读者服务热线：（010）67630125　印装质量热线：（010）81055316
反盗版热线：（010）81055315
广告经营许可证：京东市监广登字 20170147 号

目录 /contents

第三章　薪资待遇
/ 127

第四章　公司人力资源管理合规
/ 149

第一章

找工作

招聘广告是企业（用人单位）招聘的一种重要的宣传方式，很多企业往往在起草招聘广告时偏重宣传手段，对法律问题不够重视，导致招聘广告不够规范，易为企业带来法律风险。

具体而言，在招聘、录用阶段，企业应该重点关注以下问题。

▶ 第一节　避免出现就业歧视信息

招聘录用环节的歧视性信息种类繁多，包括但不限于性别、年龄、民族、地区、经验、身高，以及是否为残疾人、传染病人等。比如用人单位招收文秘人员，一般要求劳动者为女性，年龄应在 22 ～ 25 岁等。如果用人单位在招聘广告中写有上述歧视性信息，劳动者可以向法院提起诉讼；造成财产损失或者其他损害的，劳动者可以要求赔偿。而且相关事件可能被新闻媒体报道，给用人单位的社会声誉造成不利影响。事实上，很多知名企业都曾在招聘阶段陷入歧视风波，导致企业形象受损。

要点

实践中，招聘过程中的歧视行为大体可以分为以下五种类型：一是针对所有应聘者的歧视行为，如对应聘者的民族、种族、宗教信仰、相貌、身高等方面进行区别对待；二是专门针对女性应聘者的歧视行为，如限招男性、限制女性结婚生育等；三是专门针对残疾应聘者的歧视行为，如不招用残疾人等；四是针对存在病原携带或疾病应聘者的歧视行为，如不招用传染病病原携带者或患有某些疾病的应聘者等；五是针对农民工的户籍歧视行为，如对农村户口和城镇户口的就业者分别设置不同的条件和标准，进行区别对待。

【案例 1-1】
以患有非传染性疾病为由不录用涉嫌就业歧视 [①]

2015 年 3 月，王某到某医院药剂科学习。同年 4 月，王某参加入职体检，结果显示王某卵巢可能有巧克力囊肿或畸胎瘤，需要进一步确诊。同年 5 月，诊断证明书载明"双侧囊肿，良性可能性大"，需要复查确诊。某医院以王某疾病未确诊为由不予录用。王某不服，以某医院存在就业歧视，侵犯其平等就业权为由，起诉至法院。法院认为该医院行为已构成就业歧视。法院指出，王某的诊断报告显示"双侧卵巢内高回声团——巧克力囊肿？畸胎瘤？"，医生出具的诊断证明书上记载为"双侧囊肿，为良性可能性大"，但王某所患的并非传染病和职业病，并不影响其应聘相应职位；而且，王某在医院学习时并未被告知"卵巢双侧囊肿"者不符合入职条件。因此，在王某入职体检后，医院以王某疾病未确诊为由拒绝其入职的行为，侵犯了王某的平等就业权，法院判决医院应向王某赔礼道歉并承担体检费用。

---

① 改编自《王某诉某医院人格权纠纷案》，（2015）朝民初字第 34164 号。本书为了尊重涉案公司与涉案劳动者的隐私权，对当事双方的具体名称进行了隐私处理，部分案例未采用涉案公司全称，后文同理。

【案例1-2】
用人单位存在年龄歧视被判违法 [①]

陈某出生于1958年，截至2015年11月，其已年满57周岁，他自2013年8月12日起被准许驾驶校车，准驾车型为A1。广州某公司在2015年7月8日的《计划招聘需求表》中载明："岗位名称：大客车司机；岗位职责：驾驶营运客车或公交车；学历：不限；专业：不限；性别：男；年龄：18~45周岁；其他条件：有A1驾驶证。"2015年11月30日，人力市场推荐陈某到广州某公司应聘，广州某公司以陈某超出招聘年龄为由不予录用。陈某不服，诉至法院。法院认为，陈某持有准驾车型为A1的驾驶证，依法可驾驶大型客车至60周岁。涉案公司在其招聘信息中要求大客车司机年龄为18~45周岁，剥夺并损害了陈某的平等就业机会。涉案公司自行设定了高于部门规章规定且与个人能力无关的年龄标准，此举显然超出依法行使用人自主权的界限，侵犯了陈某的平等就业权。法院判决该公司向陈某赔礼道歉并支付精神损害抚慰金。

【案例1-3】
用人单位拒绝招录女性涉嫌就业歧视 [②]

梁某于2015年6月某日在网站上看到广东某公司发布招聘厨房学徒的广告，广告中并无明确性别要求，指定面试地点包括广州某酒楼处。梁某前往广州某酒楼应聘，填写了入职申请表，但广州某酒楼未对其进行面试。在当天的应聘环节中，酒楼前台告知厨房学徒不收女性，只收男性。梁某于2015年7月再次登录就业网站，看到广东某公司发布了同一岗位的招聘广告，申请广州公证处对网站招聘广告的网页进行公证。该公证书显示，招聘主体为广东某公司，招聘的职位为配菜/打荷（招8人），要求男性。梁某遂以广东某公司和广州某酒楼存在就业歧视为由起诉至法院。一审法院认为，劳动者就业，

[①]　改编自《陈某与广州某公司人格权纠纷案》，（2016）粤0183民初901号。
[②]　改编自《梁某与广东某公司、广州某酒楼人格权纠纷案》，（2016）粤01民终10790号。

不应因民族、种族、性别、宗教信仰而受歧视。女性享有与男性平等的就业权利。在录用职工时，除国家规定的不适合女性的工种或者岗位外，不得以性别为由拒绝录用女性或者提高对女性的录用标准。涉案某公司和某酒楼无论是在发布招聘广告过程中还是在实际招聘过程中，均未对梁某的能力是否满足岗位要求进行审查，而是直接以梁某的性别为由拒绝给予其平等的面试机会，构成了对女性应聘者的排斥，侵犯了梁某的平等就业权。法院判决二者向梁某支付精神抚慰金。两被告不服，提起上诉，二审法院在维持一审判决结果的基础上，增加了赔礼道歉一项。

以上均为比较典型的案例，案由均为人格权纠纷，其中案例 1-1 是对患病或病毒携带者的就业歧视，案例 1-2 是对应聘者年龄的就业歧视，案例 1-3 是典型的性别歧视。从法院判决结果方面看，主要包括用人单位赔偿因就业歧视行为给应聘者造成的直接经济损失、口头或书面赔礼道歉、支付精神损害抚慰金等。随着劳动者维权意识的不断提升，未来因就业歧视引发的人格权纠纷案件将越来越多；随着"平等就业权纠纷"这一案由的增加，今后将产生更多类似案件。用人单位必须加以重视，在招聘过程中防范就业歧视风险。笔者结合现有司法案例及实务经验，建议用人单位做好以下合规措施，防范风险。

1. 注意招聘启事的文字表述，不要出现带有歧视性的内容，诸如对应聘者的民族、种族、性别、宗教信仰、残疾人、户籍、地域等进行限制。除非是特定岗位要求须满足特定要求，用人单位不要对应聘者的身高、性别、年龄等自然属性进行限制；尤其要注意，不得以应聘者是传染病病原携带者为由拒绝录用，否则可能被判支付精神损害抚慰金，也容易被媒体报道，影响用人单位形象。

2. 做好应聘者的信息保护工作。

上述案例告诉我们，求职者（劳动者）一定要注意招聘启事的文字表述，重点关注是否会出现歧视性的内容。

▶ ## 第二节　劳动者的个人信息保护

首先，在招聘和录用阶段，用人单位收集应聘者个人信息的渠道是多元的。如收到应聘者投送的个人简历，在面试和笔试阶段记录应聘者信息，收到猎头输送的应聘者信息，对拟录用员工进行背景调查，收到新员工入职时提供的银行账户、体检报告等信息，以及进行新员工考勤所需的信息采集工作……这些信息均属于"与已识别或者可识别的自然人有关的各种信息"，属于《中华人民共和国个人信息保护法》（以下简称《个保法》）的规制范围。

其次，用人单位应掌握处理个人信息的合法性基础（属于法定的个人信息处理情形），在处理员工个人信息时需要符合最小必要原则。

1. 个人信息处理的合法性基础的法律依据是《个保法》的第 13 条。该条规定了个人信息处理者合法处理个人信息的情形共有七类。除了"取得个人同意"这一规定，《个保法》第 13 条第 2 款和第 7 款还提供了人力资源场景下的另两种合法性基础，即在"按照依法制定的劳动规章制度和依法签订的集体合同实施人力资源管理所必需"以及在"法律、行政法规规定的其他情形"[①]（兜底条款）下，用人单位均无须获得员工同意即可处理个人信息。可知若想适用"实施人力资源管理"的合法性基础，用人单位需满足以下两大条件：一是用人单位应当已经合法、合规建立起了劳动规章制度、制定了集体合同等[②]，其相关条款已明确约定员工信息处理规则；二是处理员工个人信息应符合"实施人力资源管理所必需"的规定，用人单位应采取对员工权益影响最小的方式。

2. 坚持最小必要原则的法律依据是《个保法》的第 6 条，它要求用人单位处理个人

---

① 《劳动合同法》（2012）第 8 条规定，用人单位有权了解劳动者与劳动合同直接相关的基本情况，劳动者应当如实说明。《劳动合同法实施条例》第 8 条规定，"与劳动合同直接相关"的员工信息可涉及职工名册应记载的"姓名、性别、公民身份号码、户籍地址及现住址、联系方式等内容"。因此，在录用阶段，如劳动者的信息"与劳动合同直接相关"，用人单位有权要求其予以提供。

② 规章制度和集体合同的制定须经过职工代表大会讨论、公示报送等法定程序。

信息应"采取对个人权益影响最小的方式",收集时仅限于"实现处理目的的最小范围",该最小必要原则贯穿个人信息处理的方方面面,同时体现在《个保法》的其他相关条款中。《个保法》第13条第2款所规定的"必需",本质上就是贯彻对个人信息处理的最小必要原则。建议用人单位以"不处理该个人数据则处理目的无法实现"作为满足"最小必要"的标准(参照《深圳经济特区数据条例》第11条)。

根据《个保法》第17条,用人单位需要在收集个人信息之前,以显著的方式和清晰的语言,真实、准确、完整地向求职者告知其联系方式、个人信息的处理情况、行使权利的途径等。为此,建议用人单位做好以下合规措施,防范风险。

1. 正确处理求职者的个人简历。用人单位收集简历主要有两种渠道,一是求职者主动投递,二是用人单位通过第三方途径获取,如猎头推荐、求职招聘网站等。一般地,前者被认为是已经获得了求职者的授权同意,而后者则需要用人单位关注简历来源的合规性。因此,合规措施如下:(1)通过第三方途径获取求职者简历的,需要注意与招聘网站签订的会员协议、与猎头公司签订的合作协议等,是否明确界定了个人信息来源的合规义务与责任。(2)未入职人员的求职者简历,用人单位应及时彻底删除(电子版)或者销毁(纸质版)。(3)如果用人单位计划利用求职者简历建立人才库,其应事先告知求职者并取得授权同意。

2. 合法合规地开展背景调查。对应聘者或入职员工展开背景调查(以下简称"背调")是有必要的,用人单位既可以自己开展此项工作,也可以委托第三方背调机构进行背景调查。建议采取以下合规措施:(1)用人单位需要与背调机构签署委托协议,明确后者的个人信息保护义务,如后者通过第三方获得应聘者个人信息,要约定背调机构自负责任,同时要求背调机构在完成委托后立即删除个人信息,用人单位还应对受托机构的处理活动持续监督。(2)用人单位应与应聘者或入职员工签订背调信息使用授权书,明确授权用人单位使用应聘者信息进行背调;同时基于背调的目的,授权了解相关情况的第三方用人单位如实披露有关情况;授权书应获得应聘者的签字确认,用人单位应妥善留存纸质授权书或线上沟通记录。

3. 合法合规地收集新员工的入职信息。在新员工入职阶段，用人单位往往要求新员工填写入职信息收集表。在此环节中，用人单位需要关注个人信息处理的正当性，掌握员工的个人信息相关权利行使保障制度，重视对员工的敏感个人信息采取特殊处理措施。建议采取以下合规措施：（1）用人单位收集的个人信息应与员工的入职、就业相关且必要，如餐饮行业可向求职者收集额外的健康状况信息（如痢疾、伤寒、甲肝等疾病情况）。（2）对于必要性较弱的个人信息，如家庭成员、宗教信仰等，用人单位应事先说明信息收集的必要性，如因向员工提供家庭福利所需等。（3）入职信息收集表建议一式两份，用人单位应在表中补充个人信息使用条款，提供信息管理人员的联系方式、信息更新路径，最后由员工签字确认。（4）对于敏感个人信息，建议用人单位要求员工逐个确认、勾选同意；对于诸如身份证复印件、入职体检报告等信息，可由员工在文件上手写"同意提供该文件用作人力资源管理"并签名确认。

▶ 第三节　要合法合规地运用知情权

用人单位的知情权，是指雇主对雇员与劳动合同直接相关的基本情况所具有的真实、适当知晓的权利，体现在雇员的告知义务上。

用人单位的知情权体现在劳动者（员工）的告知义务上，但不是所有的信息，员工都有披露的义务，诸如员工的隐私就无须向用人单位告知。广义上来讲，凡是不想为外人所知悉的信息都是隐私。但在职场中，用人单位是拥有知情权的，这样就会涉及员工的个人信息（隐私）问题。为此，法律要平衡双方的要求，在赋予用人单位积极行使知情权的同时，要求其不得侵害劳动者的隐私权。《中华人民共和国劳动合同法》（以下简称《劳动合同法》（2012））第 8 条规定，用人单位的知情权的内容是雇员与劳动合同直接相关的基本情况。

一般认为，所谓"直接相关"，是指劳动者信息与劳动合同的必要条款具有直接关系，其将直接决定该劳动者是否符合用人单位提供的岗位的要求，以及用人单位是否会聘用该劳动者。所谓"基本情况"，是指劳动者自身所拥有的，能够决定其是否被用人单位录用，与劳动合同履行相关的信息，比如年龄、学历、专业、健康状况、就业现状、职业技能和职业准入资格等——这些个人信息显然在员工的隐私权范围内，但同时，它们也是与劳动合同的履行直接相关的，因为它们涉及工作能力体现、社会保险登记等，劳动者当然有义务披露；如果劳动者未如实披露，可能引发重大误解，甚至构成欺诈，导致劳动合同的撤销或者自始无效。

【案例 1-4】

2018 年 7 月 1 日，X 公司与孙某签订固定期限劳动合同，岗位为高级培训主管。2018 年 8 月 29 日，孙某在卫生院检查，发现自己已怀孕，她将此事告知了 X 公司其所在部门的直属领导。孙某毕业于承德民族师范高等专科学校，学历水平为专科，但其在入职 X 公司时提交的简历显示其学历为本科。X 公司向孙某作出《解除劳动合同通知书》。孙某称公司的行为违法且使其受到很大打击，她于 2018 年 9 月 29 日流产。孙某遂申请劳动仲裁，劳动仲裁委驳回其全部仲裁请求。孙某不服仲裁裁决，向法院提起诉讼。法院认为，用人单位有权了解劳动者与劳动合同直接相关的基本情况，劳动者应当如实说明。在本案中，学历水平系用人单位判断是否与劳动者建立劳动关系，确定劳动者职位及工资水平等工作的重要依据，且劳动者提交虚假学历证书的行为违背了诚实信用原则，故劳动者与用人单位间订立的劳动合同应属无效，用人单位可以解除劳动合同；劳动者虽时处孕期，但用人单位与其解除劳动合同的行为符合法律规定，故法院对孙某所主张的用人单位应继续履行劳动合同及向其支付工资的诉讼请求不予支持。

【案例 1-5】

王女士打算应聘一家培训中心的英语老师，由于婚后未生育，她因此担心培训中心会在录用时对未生育的妇女进行差别对待，于是在填写求职登记表时，王女士将婚育状态一栏填写为"已婚已育",并虚报了子女信息。经过几轮面试,王女士顺利入职,并与培训中心签订了为期两年的劳动合同。入职之后,王女士的工作表现一直不错,直到经医院检查被诊断为怀孕,王女士才将怀孕情况告知了培训中心。培训中心得知后,以王女士在入职时虚报个人资料为由,决定与其解除劳动合同。王女士认为培训中心的做法属于违法解除劳动合同,将培训中心告上法庭。在庭审中,培训中心辩称,王女士于入职时填写和签收了一系列文件,这些文件均要求员工提供真实的信息。根据双方签订的劳动合同和企业奖惩与处罚制度,员工提供虚假资料的,公司可予以解雇。公司依据规章制度依法与王女士解除劳动合同,并无不妥。培训中心还特别强调,是否生育与王女士竞聘的岗位无关,但诚信问题与岗位有着直接关系。法院认为在本案中,培训中心已明确表示王女士是否生育与录用与否无关,培训中心并非是因相信了王女士已生育的虚假陈述而与其签订劳动合同的,因此王女士的做法也就不应被认定为欺诈,培训中心无权据此解除劳动合同。

⚖ 【案例 1-6】

2008 年,李女士在入职某家公司填写《员工信息登记表》时,把自己的学历填为本科,就读时间为 2004—2009 年,毕业学校为上海某大学,专业为工商管理。用人单位聘用李女士为公司人事专员,月薪为 4000 元。后来,公司发现李女士的档案中缺少学历证明。李女士说自己还在攻读本科学历,因而无法提供学历证明。公司管理人员翻查简历库,发现李女士在投递简历时填写的学历是本科,就读时间为 2002—2004 年。公司认为李女士提供了虚假的本科学历证明,严重违反了公司的规章制度,遂作出《解除劳动合同通知书》,宣布无条件解除劳动合同。李女士争辩道,她在 2008 年入职登记时,已经写明于 2004—2009 年在上海某大学就读,处于本科未毕业状态,并没有欺骗公司;况且早在 2006 年,她就参加了企业劳动管理人员岗位的专业培训,并取得了主管机关颁发的资格证书,她认为自己完全符合公司发布的岗位要求。公司在内部张贴公告,宣布开除李女士,并要求其在全体员工面前向办公室主任道歉,否则不予结算工资。李女士向劳动仲裁委申请仲裁，要求公司支付违法解除劳动合同的赔偿金及拖欠的两个月工资，并依法向其补偿因未及时结算工资而产生的损失。后李女士又向法院提起诉讼，称其于2004年进入上海某大学学习，因中途生育而未能按时毕业，所以没法提供毕业证，这些情况与员工登记表上的内容没有冲突，自己并未提供虚假证明，公司解除与自己的劳动合同属违法。法院支持了李女士的主张，认为用人单位对劳动者提交的信息负有审查义务。如因用人单位审查不严导致出现争议，即使用人单位此后发现了漏洞，也有可能不得据此与劳动者解除劳动合同。

关于用人单位如何运用知情权的问题，笔者根据《劳动合同法》（2012）第8条，结合具体实践经验，提出以下合规措施，以帮助用人单位合法规避法律风险。

一是，用人单位可以知悉劳动者的以下基本信息。（1）年龄，劳动者必须为成年人，这直接关系到其有无完全的民事行为能力；此外，年龄事关不同权利、义务的确定，例如劳动者达到或超过法定退休年龄与否等。需要注意的是，要求劳动者披露的年龄必须是"与劳动合同直接相关的"，否则将构成年龄歧视。（2）健康状况。劳动者的健康状况是其从事劳动的身体资本，若劳动者的身体状况出现问题（如身患传染病等），既会影响其工作的顺利完成，也会对其他劳动者造成影响。同样需要注意的是，用人单位需要劳动者披露的健康状况也必须是"与劳动合同直接相关的"，否则也构成歧视。例如为防止录用乙肝病毒携带者、已怀孕妇女等，要求劳动者于入职前做相应检查。（3）职业技能，这是劳动者能否胜任岗位的关键因素之一，因而属于用人单位的知悉范围。（4）工作经历，它能够反映劳动者的相关工作经验、工作能力、信用情况等，因而属于用人单位可以知悉的范围。（5）就业现状，包括但不限于劳动者目前的劳动关系现状、是否属于应届毕业生的初次就业、离职员工与原用人单位有无未了事务等，这些问题将直接影响用人单位的权利、义务，进而影响其与该劳动者能否签约，因此劳动者应如实披露相关情况。

二是，除了以上内容是用人单位知情权的主要内容，用人单位无权了解劳动者与劳动合同无关的个人情况，比如婚姻状况、有无异性朋友、血型、家庭状况等，以尊重和保护劳动者的个人隐私。

三是，建议用人单位在招聘时要求劳动者声明："本人保证所提供的所有信息，包括但不限于学历证明、资格证明、工作经历等资料具有真实性；在录用之后若发现存在虚假情形，用人单位可立即与本人解除劳动合同 [《劳动合同法》（2012）第 39 条]，并无须给予经济补偿。"

四是，用人单位应明确，自己虽然可以要求劳动者披露基本信息（甚至某些隐私），但不得将其对外披露，否则用人单位需要承担相关法律风险。因为双方的权利义务具有相对性，只存在于双方当事人之间，与外界没有关系。

▶ 第四节　要合法合规地履行告知义务

一、要点

劳动者相对于用人单位而言处于弱势地位，再加上目前我国的劳动力市场是买方市场，使得劳动者的弱势特征更加明显。这就会导致劳动者的知情权得不到保护：为了打败众多其他求职者，劳动者常对用人单位提出的对自己不利的要求委曲求全。在应聘环节，求职者常主动或被动地把自己的很多隐私全盘托出；而用人单位的信息对求职者的透明度往往是极低的，有时其会拒绝向求职者透露情况，甚至故意发布虚假信息，非法欺骗或非法聘用求职者。因此，法律作出了相应规定。

告知义务的法律依据。《劳动合同法》（2012）第 8 条明确规定：用人单位在招用劳动者时，应当如实告知劳动者工作内容、工作条件、工作地点、职业危害、安全生产状况、劳动报酬，以及劳动者要求了解的其他情况。根据该规定，雇员的知情权体现在雇主的告知义务上。

告知义务的类型。《劳动合同法》（2012）第 8 条规定，用人单位的告知义务分为两种类型。（1）**主动告知义务**，内容包括工作内容、工作条件、工作地点、职业危害、安全生产状况、劳动报酬等，是用人单位的主动告知内容。（2）**被动告知义务**，即只有在雇员问及时雇主才有告知义务，如果雇员没有问及则用人单位可以无须告知，被动告知义务的内容是"劳动者要了解的其他情况"，该情况应该为和劳动有关的信息而不是漫无目的的。这些劳动者需要了解的其他情况，可以是诸如职务职级晋升、职工福利、休假休息、社会保障、工资发放办法、工资增长机制等信息，用人单位相应应作出如实回答。但是，对诸如用人单位的商业秘密等信息，则不属于雇员的知情权范围。

未履行义务的责任。用人单位（雇主）若没有履行如实告知义务，其行为一旦被认定为欺诈，就需要付出较高的成本。《劳动合同法》（2012）规定，用人单位的主要义务包括以下几项。

第一，向雇员支付相应的劳动报酬。《劳动合同法》（2012）第 26 条和第 28 条规定，若劳动合同被认定为无效的，此时雇主和雇员的权利义务要重新确定，对于雇员已付出的劳动，雇主应当向其支付劳动报酬，劳动报酬的数额参考雇主相同岗位或相近岗位雇员的劳动报酬。

第二，向雇员支付经济补偿金。《劳动合同法》（2012）第 38 条规定，如因雇主的原因造成劳动合同无效的，雇员可以解除劳动合同，此时雇主还需要向雇员支付相应的经济补偿金。

第三，向雇员赔偿损失。《劳动合同法》（2012）第 86 条规定，雇主因为劳动合同无效而给雇员造成损失的，其作为有过错的一方应当承担赔偿责任，赔偿雇员因劳动合同无效而遭受的损失。

第四，雇员可以拒绝履行。比如，面对雇主突然要求将雇员派往异地的分公司工作，雇员进入办公场所发现工作条件与事前告知的完全不同，或者工作条件不符合法律规定的安全标准等情况时，雇员均有权拒绝履行雇主的要求。

二、合规措施

1. 用人单位必须明了自己的告知义务是一项法定义务。用人单位的告知，应以一种合理并且适当的方式进行，必须能够让劳动者及时知道和了解。建议用人单位在招聘员工时，将与劳动合同履行有关的内容写在招聘简章上，用人单位也可以主动告知劳动者有关情况；如果劳动者询问用人单位没有主动告知的事项，用人单位必须如实告知。

2. 用人单位应明了告知内容，是与劳动合同的履行相关的事项，包括工作内容、工作条件、工作地点、职业危害、安全生产状况、劳动报酬（主动告知义务），以及劳动者要求了解的其他情况（被动告知义务）。用人单位不能选择性告知，隐瞒一些不利于劳动者的情况。例如，不如实告知劳动者其应聘的工作岗位存在患职业病的可能性，造成劳动者权益受损，用人单位须负法律责任。

3. 用人单位的告知时间是在招用员工时，即签订劳动合同之前，意即不能在招用之后或者在劳动合同履行期间才告知劳动者有关情况；告知义务的范围，不包括商业秘密，即使是劳动者主动问及，其也无须告知。

4. 用人单位对其提供的信息负有保证信息真实性的义务，不能提供虚假信息。提供虚假信息，构成欺诈的，根据《劳动合同法》（2012）第 26 条规定，劳动合同无效或者部分无效；根据第 38 条规定，出现上述情形的，劳动者可以解除劳动合同；根据第 86 条规定，订立的劳动合同被确认无效，给对方造成损害的，有过错一方应当承担赔偿责任。

▶ 第五节　入职 offer

一、要点

首先，明确在招聘和录用员工的过程中，录用通知书与劳动合同的法律性质不同，其作用也是不同的。 录用通知书是用人单位想要建立劳动关系的单方意愿，而劳动合同是证明用人单位与劳动者建立劳动关系的法律文件，二者不能相互代替。用人单位向劳动者发出录用通知书，待员工入职后，应当在一个月内与劳动者签订正式的劳动合同。

劳动合同可以包括录用通知书中与劳动合同有关的部分内容，也可以在协商一致后进行变更。劳动合同签订后，用人单位可以选择使录用通知书失效，也可将其作为劳动合同的附件而继续有效，在二者约定不一致时，应当以劳动合同的约定作为履行劳动权利义务的依据。

其次，明确录用通知书的有效期即劳动者的承诺期限。录用通知书如果没有确定承诺期限，其在承诺前可以撤销；一旦确定了承诺期限，录用通知书就不能撤销。建议用人单位在书写录用通知书时，应写清楚有效期限，以免劳动者在拿到录用通知书后，因种种原因不来工作，耽误工作进度，若用人单位再次找到了合适人选，该劳动者又来报到，就会产生不必要的麻烦。建议录用通知书上加这么一句话：本录用通知书的有效期限为 × 年 × 月 × 日至 × 年 × 月 × 日，期满前劳动者未书面确认接受录用的，本录用通知书将自动失效。

最后，认真对待发放录用通知书后的反悔问题，避免承担法律责任。在实务操作中，有一些用人单位对于录用通知书的性质认识不清，误以为只要没有签订劳动合同，便不受法律的束缚。虽然《劳动法》（2018）规定，劳动关系自用工之日起建立；因此只要还没开始用工，用人单位都可以反悔。但是，录用通知书毕竟是一种要约，一旦发出，要约人即用人单位就要受到要约的束缚。一旦用人单位反悔，即使劳动者与用人单位还没有建立劳动关系，用人单位也要承担一个缔约过失的违约责任；用人单位因此给劳动者造成损失的，如果劳动者能证明损失的存在，用人单位还要承担赔偿责任。总之，录取通知书可以被撤回，但是撤回要约通知的发放应当赶在要约到达受要约人之前或与要约同时到达受要约人（即录用通知书可以撤回，但撤回通知要在录用通知书到达之前或与其同时到达劳动者方）。

二、合规措施

第一，明晰录用通知书的法律性质。录用通知书是用人单位向决定录用的员工单方发出的愿意与其建立劳动关系的一种意思表示。从《中华人民共和国民法典》（以下简称

《民法典》）合同编来看，录用通知书属于要约，是用人单位向应聘者发出的关于建立劳动关系的一种要约。所谓"要约"，是指希望和他人订立合同的意思表示；所谓"承诺"，是指受要约人作出的同意要约以成立合同的意思表示。承诺通知到达要约人时生效，合同成立，对双方均产生约束力。据此，当用人单位向决定录用的应聘者发出录用通知书（即要约）而应聘者表示接受该录用通知书（即承诺）后，双方之间就建立起合同关系，其具体内容在录用通知书中。从劳动法来看，《劳动合同法》（2012）第 7 条规定，"用人单位自用工之日起即与劳动者建立劳动关系。用人单位应当建立职工名册备查"。也就是说，《劳动合同法》（2012）从实际用工之日起开始对用人单位和劳动者双方进行调整；在应聘者表示接受录用且在用人单位实际用工之前，双方之间并不受《劳动合同法》（2012）约束，而是受《民法典》约束。

第二，掌握录用通知书的操作合规性问题。用人单位在招聘实务中，对录用通知书的使用应当追求法律上的严谨性，以更大限度地减小用工风险。

（1）合理安排发出录用通知书与应聘者体检的顺序。发出录用通知书与应聘者体检的顺序安排，在实务中一般有两种模式：一是先让应聘者进行体检，应聘者体检合格后再发录用通知书；二是用人单位先发出录用通知书后，通知应聘者体检。建议采取第一种模式，因为第二种模式存在以下法律风险：①难以设定拒绝理由，若用人单位先发出录用通知书后通知体检，而在体检后发现应聘者患有某种疾病的话，用人单位是很难找出合理的拒绝理由的，而且非常容易被视为就业歧视。②会加大用人单位的解雇成本。如果先发出录用通知书后通知体检，而在体检后发现应聘者有某种疾病，且仍让其顺利入职的话，则可能产生用工期间的病假、医疗期等一系列后续问题。用人单位将丧失巨大的招聘机会成本，加大了解雇成本。

（2）掌握好录用通知书的时效。在实务中，有时用人单位在向应聘者发出录用通知书数月后，应聘者才回复表示接受，而此时用人单位已经找到了其他应聘者且他们已入职了。为了规避此种情形带来的巨大法律风险，建议用人单位在录用通知书上设立一个回复期限，如果应聘者在期限内不回复，则录用通知书自动失效。实务中还有一种情形，即应聘者回复接受并且承诺在具体的时间入职报到，但是报到时间已到而该应聘者杳无音讯，可能其已经另谋高就了，也可能他过了一段时间才来报到。对此，建议用人单位在录用通知书上设定：如果应聘者不能在承诺的时间点上入职报到，则需要事先得到用人单位的同意才能将时间后延，且后延时间不能超过用人单位设定的期限，否则录用通知书自动失效。

（3）正确处理好录用通知书与劳动合同之间的关系。实务中对录用通知书与劳动合同之间关系的处理一般存在三种模式：一是明确劳动合同签订后，录用通知书自动失效；二是明确劳动合同签订后，某些合同的某些内容，特别是与劳动报酬内容相关的条款按照录用通知书上的相关条款执行；三是未对录用通知书与劳动合同之间的关系的处理作任何设定。在这三种模式中，第一种模式最优，它可以最大限度地减少后患。

第三，明确录用通知书不得撤销的具体情形：（1）录用通知书明确了有效期限的，在有效期限到期之前，用人单位不能撤销录用通知书；（2）如果劳动者有理由认为录用通知书是不可撤销的，并已经为履行合同做了准备工作，那么用人单位不能撤销录用通知书。

第四，明确录用通知书失效的四种情形：（1）劳动者书面通知到用人单位自己拒绝了录用通知书；（2）录用通知书没有有效期限的，在劳动者未明确是否同意接受单位录用的情况下，用人单位撤销录用并通知到劳动者；（3）录用通知书设定了有效期限的，有效期限期满，且劳动者仍未明确接受录用通知书；（4）劳动者对录用通知书的内容作出实质性的变更，例如录用通知书中写明月薪为1万元，劳动者回复要求改为1.2万元，这就是对要约的内容作出了实质性的变更。

▶ 第六节　录用条件要明确具体

《劳动合同法》（2012）第39条第1款规定，劳动者在试用期间被证明不符合录用条件的，用人单位可以解除劳动合同。然而，如果用人单位在试用期发现劳动者不符合录用条件，则要承担举证责任；如果其无法证明劳动者不符合录用条件的具体规定，则不能在试用期解除与该劳动者的劳动合同。为防范此种法律风险，应重点关注以下问题。

第一，在招聘广告中即对录用条件进行明确，将其与招聘条件进行明确区分。录用条件是指用人单位正式聘用应聘者的条件。实践中，绝大多数的招聘广告只是规定了招聘条件，并没有规定明确的录用条件。满足招聘条件是应聘者最终被录用的前提，招聘条件与录用条件相比较为基础，要求较低。若用人单位以试用期间不符合录用条件为由解除劳动合同，就需要有明确的录用条件，如果用人单位没有制定录用条件，则劳动仲裁委或法院很可能以招聘条件作为录用条件与用人单位进行裁判。录用条件一般根据岗位确定，可以包括相应学历要求、相应证书要求、技术要求、健康要求、遵守规章制度、特殊岗位规定的是否受过处罚要求以及岗位的特殊要求等。

第二，对录用条件进行有效公示。如果用人单位未在招聘广告中进行录用条件的明确或未确保劳动者已经知悉录用条件，则其应在正式用工之前向劳动者明示录用条件，要求劳动者签字确认并保留好文件。如果用人单位没有将录用条件向劳动者进行有效公示，那么劳动仲裁委或法院很可能认为用人单位没有相关的录用条件，进而用招聘条件与用人单位进行裁判，这对用人单位很是不利。

第三，用人单位可以跟劳动者约定，将通过业务考试设置为录用条件，若劳动者未通过考试，则其可以被证明不符合录用条件。例如，在《曹某某与青岛金星科技工程有限公司追索劳动报酬纠纷案》中，青岛市中级人民法院认为，曹某某于 2012 年 11 月 27 日因业务考试不合格离职，从曹某某和公司所签订的劳动合同来看，曹某某离职时尚处于双方约定的试用期内。上诉人在试用期间被证明不符合录用条件，故曹某某主张二倍工资差额及经济补偿金的要求，于法无据，法院不予支持。

第四，相应岗位有业绩要求的，可以将业绩指标明确为录用条件。在与劳动者签订劳动合同时，用人单位应当以书面形式将录用条件尽量细化，明确各种指标，即点明劳动者达到什么样的业绩要求才算是符合录用条件，并要求劳动者对书面录用条件签字确认。需要注意的是，不胜任工作不等于试用期不符合录用条件，用人单位对不符合录用条件的，可以直接解除劳动合同，但对不胜任工作的，不能直接解除劳动合同。在实践中，不符合录用条件与不能胜任工作间并没有严格的界限，因此用人单位可以将业绩指标明确为录用条件，从而获得解除劳动合同的主动权。例如，在审理《黑某与青岛汇泉王朝大饭店有限公司劳动争议纠纷案》时，青岛市中级人民法院认为，汇泉王朝大饭店在招用人员的过程中，根据自身从事涉外经营活动的特殊性，希望了解劳动者与劳动合同直接相关的基本情况，故其在求职申请表中明确要求黑某说明其"是否曾被追究刑事责任或被劳动教养"。公安机关向劳动仲裁委出具的《查询证明》显示，黑某曾于 2006 年 1 月 12 日至 2007 年 10 月 11 日期间被劳动教养，但黑某在应聘阶段未如实说明上述情况。法院认为，该饭店在双方劳动合同约定的试用期内发现黑某隐瞒真实情况后，于 2014 年 4 月 25 日作出解除双方劳动合同的决定，符合其《员工手册》对于"录用条件"的规定，不违背对黑某的承诺，饭店解除合同的行为合法。

第二章

劳动合同

劳动合同管理在企业的员工关系管理工作中处于基础性地位。

从"人力资源规划→招聘录用→在职管理：培训管理＋薪酬管理＋绩效管理＋……→离职管理"流程可以看出，企业从招聘录用（涉及劳动合同的订立等问题），到培训管理（涉及劳动合同的服务期与保密等问题）、薪酬管理（涉及员工的工资待遇、劳动安全、卫生、休息休假等问题）、绩效管理（涉及企业规章制度的合法性问题、经济性裁员等问题），等等，直到最后的离职管理（涉及劳动合同的解除、终止等问题）。几乎以上所有人力资源管理工作都涉及劳动合同的管理。而且人才战略等企业文化建设工作也同样立基于劳动合同的管理工作。

从实践来看，企业的劳动合同管理主要工作如下：一是劳动合同的起草、拟制、修改；二是劳动合同的文档管理；三是劳动合同的签订、履行、变更、解除、续订、终止等操作；四是集体谈判和集体合同的管理等工作。

▶ **第一节 试用期**

劳动者进入用人单位处工作的第一个阶段被称为"试用期"，它为双方提供相互了解与磨合的机会。劳动者入职后，用人单位的职能部门和人力资源部门就开始了工作考核，内容包括思想品德、劳动态度、实际工作能力、身体情况等。一般来讲，职能部门的考核重点在于劳动者的专业水准，而人力资源部门的考核重点在于劳动者对新环境的适应能力、人际交往能力等。对于管理岗位上的员工，考察内容还会涉及工作计划能力。

一、要点

（一）仅约定试用期的，该试用期为劳动合同期限

实践中经常出现用人单位与劳动者单独签订试用期，而不签订劳动合同的情况，对此，法院通常会认定劳资双方未签订试用期条款，该试用期即劳动合同的期限。

法律依据是《劳动合同法》（2012）第 19 条第 4 款："劳动合同仅约定试用期的，试用期不成立，该期限为劳动合同期限。"

假设某家企业与雇员签订了为期 6 个月的劳动合同，同时约定试用期也为 6 个月，法律此时认定劳资双方约定的 6 个月的期限为劳动合同期限，不存在试用期；如果该企业与雇员仅约定了试用期（比如 6 个月），而没有约定劳动合同的期限，则该试用期的约定不成立，该试用期的期限成了劳动合同的期限（不存在试用期）。

【案例 2-1】

刘先生在进入中国节能担保公司工作时因公司的原因未能签订劳动合同。过了一段时间，该公司与其签订了试用人员协议书，试用期为 2 个月，月薪为 4000 元。试用期届满后，刘先生要求与公司签订劳动合同，遭到公司的拒绝。刘先生遂向公司提出离职，公司同意并与之办理了相关离职手续。刘先生向劳动仲裁委申请仲裁，要求公司支付未签订劳动合同期间的二倍工资 16 000 元。劳动仲裁委认定双方签订了期限为 2 个月的劳动合同；劳动合同到期后，刘先生继续为公司工作，公司依法应当与刘先生签订劳动合同。由于公司未与刘先生签订劳动合同，因此应依法支付未签订劳动合同期间的二倍工资。

（二）同一用人单位只能与劳动者约定一次试用期

《劳动合同法》（2012）第 19 条第 2 款规定："同一用人单位与同一劳动者只能约定一次试用期。"也就是说劳资双方只能约定一次试用，即使换了不同的工作岗位也不能重复约定。

其具体含义如下：（1）在试用期内，无论是哪一方解除劳动合同，只要是雇主再次招用该雇员时，都不得约定试用期。（2）已经经过试用期，但仍在劳动合同期限内，雇员在同一雇主处工作但岗位发生变更的，不得再次约定试用期。（3）已经经过试用期，但在劳动合同期限内解除了劳动合同（不考虑哪一方解约），后来雇主再次招用该雇员的，不得约定试用期。（4）某一雇员已经经过试用期而续订劳动合同的，雇主对该雇员不得约定试用期。（5）已经经过试用期，且在劳动合同终止后的一段时间内，雇主再次招用该雇员的，不得约定试用期。

需要注意的是，约定的试用期未达到法律规定的上限但届满的，如果用人单位以此为由延长了试用期，其仍然属于再次约定试用期的情形，这种做法违反了"同一用人单位与同一劳动者只能约定一次试用期"的规定，同样属于违法约定试用期的情形。举例来说，如果某一企业与雇员签订了试用期为 3 个月的 5 年期限的劳动合同（未达到 6 个月的上限），该企业就不能在 3 个月试用期满后以雇员不符合要求为由延长试用期至 6 个月。

【案例 2-2】

一家公司与其聘请的一位经理约定的试用期是 3 个月，在该经理离转正不到半个月的时候，公司方称考核结果是该经理的工作能力以及工作态度等各个方面都达不到要求。考虑重新招人的困难和成本，公司希望继续留下他，所以决定与该员工协商延长试用期，并且延长期间的工资待遇按照转正的待遇发放，目的是希望在这段延长的试用期内，该经理的能力可以有所提升。在本案中，该家公司能否延长试用期，关键取决于以下 3 个因素：（1）签订的劳动合同期限必须在 3 年以上；（2）有员工不符合录用条件的证据；

（3）与员工协商一致，履行合同变更程序。在该员工不同意协商延长试用期时，建议公司直接与其解除劳动关系。在这种情况下，公司不用支付经济补偿金，但其应当向该员工说明理由。

【案例 2-3】

范先生应聘某科技软件公司的电脑动画设计岗位，经考核合格被录用。双方签订了3年的劳动合同，并约定试用期为2个月。在试用期内，范先生工作热情很高，但因初出茅庐，并且公司分配的设计任务难度较大，因而干起来比较吃力。一天，经理找到范先生说："今天是你试用期的最后一天了，公司要对你的水平进行一下考核。现在分给你一个活儿，必须在今天保质保量地完成，这样才说明你符合公司录用条件，否则就说明你不符合要求，你会被开除。"范先生整整干了一天，总算勉强完成工作。第二天，他被经理告知其技术水平达不到公司要求；但为了照顾范先生，经理同意再延长试用期以待进一步考察。范先生迫于另找公司的压力，同意将试用期由2个月延长到4个月。后来，范先生要求单位对延长的试用期的待遇进行补偿。在本案中，公司与范先生签了3年的劳动合同，试用期不应超过2个月；公司以其技能水平尚需提高为由，将试用期延长到4个月，属于变相增加试用期，是违反《劳动合同法》（2012）规定的，范先生可以依法向公司索要补偿。

【案例 2-4】

王先生在某公司从事销售工作，在双方最后一次签订的劳动合同即将到期之前，公司因王某工作出色与其续签了劳动合同，并将其升为市场主管。但公司按照自己的规章制度，新上任人员必须有半年的试用期。王先生感觉公司此种做法不妥当，但是考虑到自己的职位晋升问题，他同意与公司重新签订一份为期3年的劳动合同，并约定了6个月的试用期。后来，王先生在新职位上并未做出好成绩，公司就以其于试用期内不符合录用条件为由解除了与他的劳动合同。王先生认为，与公司重新签订合同是续签劳动合同，并不存在试用期。公司则认为，工作岗位发生变化的，可以再次约定试用期。双方争执不下，王先生向当地的劳动仲裁委提起申请，要求公司撤销所作出的解除劳动合同决定。劳动仲裁委认为：《劳动合同法》（2012）第 19 条第 2 款规定，同一用人单位与同一劳动者只能约定一次试用期。因此，无论同一劳动者的工作岗位是否发生变化，续订劳动合同都不得约定试用期，所以该公司和王某约定半年的试用期无效，公司不得以试用期内表现不合格为由解除王某的劳动合同，公司应撤销解除劳动合同的决定。

【案例 2-5】

2011 年 5 月 3 日，李某某进入曙光公司工作，担任研究顾问。双方签订为期两年的劳动合同，试用期为 3 个月。2012 年 4 月 23 日，李某某提出辞职，并签署离职结算单。2012 年 6 月 19 日，李某某再次进入曙光公司工作，双方签订了新的劳动合同，工作内容和薪资与离职前完全相同，可重新签订的劳动合同中又约定了 3 个月的试用期。还没过试用期，用人单位就以李某某于试用期内不符合录用条件为由解除了劳动合同。李某某向劳动仲裁委提出申诉，要求曙光公司支付违法约定试用期的赔偿金 1.35 万元。经裁决，劳动仲裁委对该请求不予支持；李某某不服，向法院提起诉讼。法院驳回了李某某的诉讼请求。法院认为，《劳动合同法》（2012）规定，"同一劳动者与同一用人单位只能约定一次试用期"的前提条件是在"同一段劳动关系中"，因此在两段不同的劳动关系中，同一用人单位面对同一劳动者可以再次约定试用期。在本案中，双方于 2011 年 5 月建立的劳动关系已因 2012 年 4 月李某某提出辞职而终结。同年 6 月，公司在重新招录李某某后，其基于实际需要约定试用期，考察李某某是否符合录用条件的行为，并未违反法律规定。

（三）试用期的工资有法定下限，用人单位不可以任意设定

为了保护劳动者的合法权益，《劳动合同法》（2012）第 20 条规定了试用期劳动者的最低工资标准："劳动者在试用期的工资不得低于本单位同岗位最低档工资或者劳动合同约定工资的 80%，并不得低于用人单位所在地的最低工资标准。"该条规定了劳动者在试

用期可选择的两个最低工资标准：（1）不得低于本单位相同岗位最低档工资的 80%；（2）不得低于劳动合同约定工资的 80%。无论是哪一个标准，都不得低于用人单位所在地的最低工资标准，这是法律的强制性规定。

根据现行法律规定，最低工资保障制将劳动者因探亲、结婚、直系亲属死亡而按规定休假以及依法参加国家和社会活动等，视为提供了正常的劳动，这样便从法律上排除了用人单位以非劳动者本人原因没有提供正常劳动为由拒付工资的可能性；而且，最低工资保障制为法定最低标准条款，对违反最低工资保障制度的用人单位，劳动者本人可以要求有关部门进行处理或者向人民法院提起诉讼。

需要注意的是，最低工资的数额会随着社会经济发展水平的提升而改变。在最低工资保障制发布实施后，如果在确定最低工资时所参考的诸因素发生了变化，如当地就业者增多、职工平均工资提高、经济发展水平加快等，或者该地区职工的生活费用价格指数累计变动较大，有关部门应当适时调整本地区的最低工资标准。

【案例 2-6】

赵先生应聘为某市一家机械制造厂的合同制工人，双方签订了为期 3 年的劳动合同。合同中约定试用期为 2 个月，试用期内的每月工资为 580 元。由于踏实肯干、技术合格，试用期过后赵先生顺利成为该企业的正式员工。但在一次偶然的机会中，赵先生了解到该市当年的最低工资标准是 640 元，于是他找到工厂的相关负责人，要求其按照最低工资标准补足自己 2 个月的试用期工资。工厂认为赵先生在试用期内不算正式职工，最低工资标准不适用于试用期职工，因此拒绝了赵先生的要求。法院认为，首先要明确的是，处于试用期内的员工是用人单位的正式员工（劳动者），因此同样要被执行最低工资标准。其次，对于用人单位的正式员工，《劳动合同法》（2012）第 20 条规定，其在试用期的工资不得低于本用人单位所在地的最低工资标准。在本案中，用人单位每月支付给赵先生的试用期工资为 580 元，低于用人单位所在地的最低工资标准；依照法律规定，用人单位应当向赵先生补足差额部分。

【案例 2-7】

李先生大学毕业后就在当地参加了工作，6 年后，他离开原单位并被北京某公司录用，双方签订了为期 3 年的劳动合同，并约定试用期为 3 个月，李先生试用期的工资为 2200 元。该公司承诺，等到李先生通过试用转正成为正式员工后，将立即为李先生办理医疗保险以及各种社会保险手续，可以补缴试用期内的相关保险费用。在试用期刚过 2 个月时，李先生患病住院，经医院治疗并且休假一个月后，他仍未痊愈。在住院治疗期间，公司停发了李先生的全部工资，并以他在试用期间内不能适应工作岗位的要求、不符合公司对该岗位的录用条件为由解除了与李先生的劳动合同。法院认为，首先，公司至少必须依据北京市最低工资标准，在李先生患病治疗期间，为其发放病假工资。法律依据是《关于贯彻执行〈中华人民共和国劳动法〉若干问题的意见》（劳部发〔1995〕309 号）第 59 条、《北京市工资支付规定》第 21 条。如果该公司拒绝支付或者以低于上述法定标准的金额支付，李先生可以选择向劳动保障部门举报，也可以直接向劳动仲裁委提起仲裁申请，请求公司收回解除劳动合同的决定，继续履行合同，并请求享受自己应得的医疗期以及医疗期内待遇。

【案例 2-8】

张先生和某公司签订了"试用员工工资、奖金制度"协议，约定张先生被聘任从事润滑油的销售工作，试用期为 3 个月，基本工资为 1000 元，奖金为在公司所派任务完成的情况下，每桶提取 10 元的分成；如果未完成销售任务，每月结款 10 桶润滑油，公司有权给予处罚或者不发试用期基本工资。张先生从合同签订之日起便开始上班，但是由于其于任职期间未能推销出润滑油，公司拒绝为其支付工资。此后，张先生向公司申请辞职，不久后向劳动仲裁委提出仲裁申请，要求公司支付工资。在本案中，该公司的"试用员工工资、奖金制度"违反了法律法规关于用人单位支付给劳动者的工资不得低于当地最低工资标准，工资应当按月支付给劳动者本人，公司不得克扣或者无故拖欠劳动者工资等多项规定。因此，可以判断该公司的上述做法不具有法律效力。根据该公司所在省的最低工资标准，张先生可依据协议要求公司支付试用期期间的工资。劳动仲裁委应该支持张先生的请求。

（四）试用期在劳动合同期限内，因而劳动者享有社保

《劳动法》（2018）第 21 条、劳部发〔1995〕309 号第 18 条，以及《劳动合同法》（2012）规定，劳动者的试用期被包含在劳动合同期限内。也就是说，试用期只是劳动合同内的一个阶段，并不影响双方间存在劳动关系的认定。既然试用期内的劳动者已和用人单位建立了劳动关系，那么他们就应该享有"正式员工"应有的待遇（除了工资有所不同——这是体现"试用"含义的），用人单位当然应该为劳动者缴纳社会保险（以下简称"社保"）等。正因如此，《劳动法》（2018）第 72、73 条规定，与劳动者建立劳动关系的用人单位，应当在建立劳动关系之日起为劳动者缴纳社保，社保包括法定强制缴纳的医疗保险。因此，劳动者若在试用期内患病，可以享受医疗期和医疗期的福利待遇。

如果用人单位未给已成为"准员工的"劳动者办理社保，或者虽然已办理社保，但拒绝支付或者低于法定标准支付的，就属于违法行为。劳动者可以选择向劳动保障部门举报，或是直接向劳动仲裁委提起仲裁申请，以维护自己的合法权益。法律依据为《劳动合同法》（2012），用人单位未依法缴纳社会保险费的，劳动者有权解除劳动合同，用人单位须支付经济补偿金。

【案例 2-9】

王先生与某家公司签订了为期 3 年的劳动合同，并约定试用期为 3 个月，试用期的工资为 2000 元。公司承诺，等到王先生通过试用转正成为正式员工后，立即为其办理医疗保险以及各种社保手续，公司可以补缴在试用期的相关保险费用。但王先生在试用期刚过 2 个月时患病住院，经医院治疗并且休假一个月后仍未痊愈。在王先生住院治疗期间，该公司停发了全部工资，并以王先生在试用期间内不能适应工作岗位的要求、不符合公司对该岗位的录用条件为由解除了与王先生的劳动合同。法院认为：首先，王先生

在试用期间，表明其已和公司建立了劳动关系，是公司的员工了，因而能够享受医疗期等待遇。因此，王先生在试用期内患病，依法享有 3 个月的医疗期及相关医疗待遇。由于是用人单位的原因导致王先生无法享受正常的医疗保险待遇，因此，对于王先生应当享受的医疗保险待遇，除了依法应由其个人承担的部分，其余部分均应由用人单位支付。

【案例2-10】

某公司同王先生签订了一份劳动合同，约定合同期限为 7 个月，前 3 个月为试用期，并约定每月的基本工资为 700 元，岗位津贴为 2300 元，合计 3000 元。在 3 个月的工作试用期间，公司每个月给王先生发 2500 元，从第 4 个月开始，每个月发 3000 元。合同期满后，王先生同公司终结劳动关系，并发现公司是按缴费基数 2000 元的标准为自己缴付前 6 个月的社保金的，于是申请劳动仲裁，要求公司按缴费基数 3000 元的标准为他补缴社保金 2793.60 元，这一要求获得劳动仲裁委的支持。公司不服该仲裁决定，诉至法院，要求按缴费基数 2500 元的标准为王先生补缴前 6 个月少缴的社保金。王先生辩称，双方没有约定过试用期工资为 2500 元，根据劳动合同，双方约定的劳动合同期间工资均为 3000 元，所以公司应按缴费基数 3000 元支付社保金，故不同意公司的诉讼请求，要求按仲裁裁决结果履行。法院指出：双方当事人在劳动合同中约定合同期限不满一年，但约定了 3 个月的试用期，不符合法律规定，试用期应改为一个月。因双方在劳动合同中未约定试用期的工资，仅明确了王先生每月的基本工资为 700 元、岗位津贴为 2300 元，且公司不能提供相应证据证明应聘人员关于试用期工资的内容系双方当事人合意形成，故对公司主张前 6 个月应按缴费基数 2500 元为王先生缴纳社保金的理由，法院不予采信。综上，法院判决公司应为王先生补缴前 6 个月少缴的社保金 2793.60 元，其中个人应负担部分 640.20 元由王先生负担。

（五）不是所有劳动合同都可以约定试用期

针对实践中用人单位短期用工频繁的现象，现行有效的劳动法律法规规定，不是所有的劳动合同都可以约定试用期的。《劳动合同法》（2012）第 19 条第 3 款规定，以完成一定工作任务为期限的劳动合同或者劳动合同期限不满 3 个月的，不得约定试用期。用人单位必须遵守上述强制性法律规定，否则会承担相应的法律责任。

例如，王先生与某公司签了一份劳动合同，主要内容如下：王先生在 6 个月内必须将该公司积压的货物卖完，且货款不低于 100 万元，只有达到这两个条件，公司才每月支付王先生 2 万元的工资；该项工作任务完成后，双方不再有劳动关系，等等。王先生向公司提出疑问，但公司的人力资源经理说，任何劳动合同都是可以约定试用期的，王先生的这 6 个月工作期限包括 2 个月的试用期，在此期间工资减半。在本案中，王先生和公司签订的劳动合同属于以完成一定工作任务为期限的劳动合同。《劳动合同法》（2012）第 19 条规定，此类劳动合同不得约定试用期，也就是说双方约定的试用期条款无效。即使用人单位说是经过劳动者同意的，劳动者也可以反悔，因为该条款违反了法律的强制性规定。现行法律规定，只有 3 个月以上的固定期限劳动合同以及无固定期限劳动合同两类合同才可以约定试用期。如果王先生满足了他和该公司的劳动合同约定，即在 6 个月内将公司积压的货物卖完，且货款不低于 100 万元，公司便必须每月支付王先生 2 万元的工资，总计 12 万元（而不是 10 万元）。

（六）试用期超过法定最高时限的约定违法

用人单位在与劳动者约定试用期的时候，应当遵守《劳动合同法》（2012）有关试用期的最长时限、约定次数等相关规定，否则该试用期的约定就是违法的。法律依据是《劳动合同法》（2012）第 19 条，它针对不同期限、不同种类的劳动合同，规定了长短不同的试用期。（1）劳动合同期限在 3 个月以上的，可以约定试用期。这意味着固定期限劳动合同能够约定试用期的最低起点是 3 个月。（2）劳动合同期限 1 年以上（含 1 年）不满 3 年的，试用期不得超过 2 个月；3 年以上（含 3 年）固定期限和无固定期限的劳动合同，试用期不得超过 6 个月（见表 2-1）。据此规定，若用人单位约定的试用期超过法律规定的最高时限，则该约定违法而无效。

表 2-1　试用期时长简表

劳动合同期限	试用期
3 个月以上 1 年以下的	不得超过 1 个月
1 年及 1 年以上，3 年以下的	不得超过 2 个月
3 年及 3 年以上的	不得超过 6 个月
无固定期限劳动合同	不得超过 6 个月

【案例 2-11】
违法约定试用期时用人单位须担赔偿责任 [①]

　　李某和公司签订了一份为期一年的劳动合同，约定试用期为 3 个月，试用期期间月工资标准为 2500 元，试用期满后月工资标准为 3000 元。李某顺利通过了 3 个月的试用期。后来，李某了解到一年期的劳动合同最多只能约定 2 个月的试用期，于是找到公司人事部，要求公司按转正后的工资标准支付其第三个月的工资。公司不予理睬，并在劳动合同到期后决定不与李某续签劳动合同。李某向公司提出要求支付经济补偿金和违法约定试用期的赔偿金，公司同样不予理睬。李某一怒之下，向区劳动仲裁委申请仲裁，要求公司支付违法约定试用期的赔偿金 3000 元。双方围绕"在违法约定试用期的情况下用人单位是否需要承担赔偿责任"争得面红耳赤。李某认为自己和公司签订的劳动合同期限是一年，试用期依法最多为 2 个月；公司和自己签订的劳动合同约定试用期期限为 3 个月，超过了法律规定的最高标准；超出法律规定期限的试用期，公司应给予赔偿。公司认为，虽然约定的试用期超过了法律规定的最高标准，但和李某签订的劳动合同是经双方协商确定的，是双方的真实意思表示，公司不应当承担赔偿责任。

　　劳动仲裁委认为，按照《劳动合同法》（2012）第 19 条规定，劳动合同期限在 1 年以上不满 3 年的，试用期不得超过 2 个月。违法约定的试用期已经履行的，由用人单位

---

① 改编自《劳动报》。

以劳动者试用期满月工资为标准，按已经履行的超过法定试用期的期间向劳动者支付赔偿金。现由于公司约定的试用期超过了 2 个月，属于违法约定试用期，并且该条款已经履行超过一个月，故公司应依法向劳动者支付相应的赔偿金，按 3000 元 / 月的标准向李某多支付一个月的赔偿金。

【案例 2-12】
试用期超过法定最高时限的约定违法

王先生与某公司签订了一份 2 年期限的劳动合同，其中试用期约定为 6 个月，试用期工资为 3000 元；试用期满后，工资调整为 3500 元。在试用期已经履行了 5 个月的时候，王先生隐隐约约感觉到自己的经济权益受到了损害，但又说不出一个所以然来。

本案中，王先生与该公司签订的劳动合同期限为 2 年，按照《劳动合同法》（2012）第 19 条规定，试用期不得超过 2 个月。据此，王先生工作的前两个月拿的工资是 3000 元 / 月，从第 3 个月开始，其月薪应该是 3500 元。对于公司的违法行为，王先生可以向劳动行政部门投诉，由劳动行政部门责令用人单位改正。在"试用期"已经履行了 5 个月的情况下，王先生可以要求公司从第 3 个月开始，每月按照 3500 元的工资标准，向其支付赔偿金 10 500 元（即 3500 元 × 3 个月）。[①] 需要注意的是，赔偿金是承担违约责任的一种方式，其前提必须是一方违反合同约定，给另一方造成了实际损失；对于劳动者尚未履行的期间，用人单位无须支付赔偿金。在本案中，尽管约定的试用期是 6 个月，但双方只履行了 5 个月，因而对尚未履行的一个月试用期，用人单位是不需要支付赔偿金的。还有一点要注意，该赔偿金不是工资，而是该公司的"违法成本"，它不包含该公司已经向王先生支付的工资 15 000 元（即 3000 元 × 5 个月）。

---

① 法律依据是《劳动合同法》（2012）第 83 条："用人单位违反本法规定与劳动者约定试用期的，由劳动行政部门责令改正；违法约定的试用期已经履行的，由用人单位以劳动者试用期满月工资为标准，按已经履行的超过法定试用期的期间向劳动者支付赔偿金。"

（七）试用期内劳动者可无条件解约，无须赔偿各类费用

《劳动合同法》（2012）第 37 条规定，劳动者在试用期内提前 3 日通知用人单位，可以解除劳动合同，该解除权应当是无条件的。

试用期内在劳动者主动解约的情况下，无须赔偿的各类费用主要有以下情况。

一是无须赔偿招录费用。劳办发〔1995〕264 号规定，如果是由用人单位出资招用的职工，职工在合同期内（包括试用期）解除了与用人单位的劳动合同，则该用人单位可按照《违反〈劳动法〉有关劳动合同规定的赔偿办法》（劳部发〔1995〕223 号）第 4 条第 1 款规定向职工索赔。但是，在《劳动合同法》（2012）颁布之后，该规定被取消了。《劳动合同法》（2012）第 90 条规定："劳动者违反本法规定解除劳动合同，或者违反劳动合同中约定的保密义务或者竞业限制，给用人单位造成损失的，应当承担赔偿责任。"以此规定来看，劳动者须承担赔偿责任的，仅限于两种情形：（1）违法解除劳动合同给用人单位造成损失的，即未提前 30 日书面通知用人单位解除劳动合同，或试用期内未提前 3 日通知用人单位解除劳动合同；（2）劳动者违反保密或竞业限制约定，给用人单位造成损失的。也就是说，只要劳动者在试用期内履行提前 3 天通知解除劳动合同的义务，就无须承担赔偿责任。因此，劳动者若在试用期内依法解除劳动合同，则无须赔偿用人单位的招录费用。

二是无须赔偿违约金。《劳动合同法》（2012）第 37 条规定："劳动者在试用期内提前 3 日通知用人单位，可以解除劳动合同。"该解除权应当是无条件的。而且《劳动合同法》（2012）规定，劳动者承担违约责任的情况只限于违反服务期约定和竞业限制约定两种。因此，若用人单位在劳动合同中约定了劳动者在试用期解除劳动合同须承担违约责任，则属于违反了法律强制性规定，该条款属于无效条款。

【案例 2-13】

医院对试用期内辞职的员工收违约金被判违法 ①

陈先生与某儿童医院签订的劳动合同约定合同期限为 5 年，双方约定了一年的试用期。后来陈先生提出辞职，院方通知其需要交 2 万元违约金才能顺利辞职。陈先生对院方提出的违约金有异议，医院人事科工作人员指出，双方签订的合同中的第 10 条规定："甲（×× 儿童医院）乙（即陈先生）双方任何一方违反本合同，应按合同约定承担违约责任。违约金约定按医院规章制度执行。"该工作人员向陈先生出示了医院的规章制度，制度上规定违约金为 2 万元。

医院以违约金限制试用期内员工辞职的做法是违法的。《劳动合同法》（2012）规定，仅于两种情况下双方可以约定违约金，即服务期和竞业限制。除了这两种法定的可以约定违约金的情形，在试用期期间，只要劳动者本人提前 3 天通知用人单位即可解除劳动合同，其无须向用人单位赔偿包括违约金之类的各种费用，即使双方另有约定，也是无效的。需要说明的是，本案中的陈先生与医院签订了为期 5 年的劳动合同，约定第一年为试用期也是不合法的，试用期最长为 6 个月。

（八）试用期间用人单位可解约的情形必须是法定的

实践中，很多用人单位试用期内随意解除劳动合同，招致法律风险。因此，用人单位必须明确，试用期内可解除劳动合同的情形必须是《劳动合同法》（2012）有明确规定的，第 21 条规定："在试用期中，除劳动者有本法第三十九条和第四十条第一项、第二项规定的情形外，用人单位不得解除劳动合同。"这些法定情形包括：（1）在试用期间被证明不符合录用条件的；（2）严重违反用人单位的规章制度的；（3）严重失职，营私舞弊，给用人单位造成重大损害的；（4）劳动者同时与其他用人单位建立劳动关系，对完成本单位的工作任务造成严重影响，或者经用人单位提出，拒不改正的；（5）因本法第

---

① 改编自《儿童医院对试用期辞职收违约金可申请仲裁解决》。

26条第1款第1项规定的情形致使劳动合同无效的，即"以欺诈、胁迫的手段或者乘人之危，使对方在违背真实意思的情况下订立或者变更劳动合同的"；（6）被依法追究刑事责任的；（7）劳动者患病或者非因工负伤，在规定的医疗期满后不能从事原工作，也不能从事由用人单位另行安排的工作的；（8）劳动者不能胜任工作，经过培训或者调整工作岗位，仍不能胜任工作的。除此之外，用人单位不得在试用期内解除劳动合同。

需要说明的是，用人单位即使可以在试用期解除劳动合同，也是需要承担举证责任的，即须举证证明劳动者有《劳动合同法》（2012）第39条和第40条第1~2项规定的情形，否则须承担因违法解除劳动合同所带来的法律后果。《劳动合同法》（2012）第48条规定：（1）劳动者要求继续履行劳动合同的，用人单位应当继续履行；（2）劳动者不要求继续履行劳动合同或者劳动合同已经不能继续履行的，用人单位应当依照本法第47条规定的经济补偿标准的二倍向劳动者支付赔偿金；用人单位支付赔偿金后，劳动合同解除或者终止。

此外，如果用人单位在试用期内是依据《劳动合同法》（2012）第40条第1~2项解除劳动合同的，则须提前30日以书面形式通知劳动者本人或者额外支付劳动者一个月工资，并且需向劳动者支付经济补偿金。

试用期满后，用人单位不得再以试用期间不符合录用条件为由解除劳动合同。

此外，根据劳动部办公厅对《关于患有精神病的合同制工人解除劳动合同问题的请示》的复函（劳办发〔1995〕1号）的有关规定，如果劳动者在试用期内被发现并经有关机构确认患有精神病的，可视为不符合录用条件，用人单位可以解除劳动合同。

【案例2-14】
若证据充分，试用期内企业可以解除劳动合同

赵先生与公司签订的劳动合同期限是3年，约定试用期是2个月。赵先生上班的第一天，公司人力资源部的人事专员便对其进行入职培训，包括进行员工手册的讲解；同时，人事专员将设计工程师岗位的具体职责以及考核标准告知了赵先生，并经其签收确

认。公司根据规定，在试用期届满前的 1 周内对赵先生进行了考核，按照考核标准，赵先生没有及格。因此，公司发出解除合同的通知，解除理由是赵先生在试用期内不符合录用条件。赵先生认为自己在 2 个月的试用期内，工作认真、负责，做好了分内之事，不存在不符合录用条件的情况，认为公司的做法有问题，损害了自己的利益。在与公司协商不成的情况下，赵先生向公司所在区的劳动仲裁委申请了劳动仲裁，要求恢复与公司的劳动关系。在仲裁审理时，公司向仲裁庭提交了劳动合同、员工手册、赵先生入职当天的培训记录、设计工程师岗位的具体职责以及考核标准，用以证明公司对于设计工程师岗位的具体录用条件以及相应的考核标准；同时，公司还提交了 3 份赵先生在职期间所做的工程设计图，其所做的工程设计图上有多处错误，并且有相关人员的修改、批注等，公司还出示了对赵先生的试用期考核记录，用以证明赵先生在试用期内所设计的图纸存在大量的错误，其工作能力达不到设计工程师的岗位要求，公司经考核，认为赵先生不符合录用条件，因此公司的解除是合法的。劳动仲裁委经审理认为，公司已经举出充分的证据，证明赵先生不符合设计工程师岗位的录用条件，因此公司在试用期内解除与赵先生的劳动合同是合法的，对于赵先生的仲裁请求不予支持。

（九）试用期内企业解约仍须遵循法定程序

《劳动合同法》（2012）虽然赋予用人单位在试用期内依法解除劳动合同的权利，但用人单位也应遵循相关的程序规定，不得随意为之。具体而言，**试用期内用人单位解除劳动合同须遵守以下三项程序。**

1. 应当向劳动者说明不符合录用条件的理由。《劳动合同法》（2012）第 21 条第 2 款规定："用人单位在试用期解除劳动合同的，应当向劳动者说明理由。"这意味着用人单位在试用期内，要想解除与劳动者的劳动合同，必须有证据有理由证明劳动者哪些方面不符合录用条件，为什么不合格。对劳动者来讲，如果用人单位未能尽上述应尽义务，其可以诉诸法律维护自己的合法权益。对于用人单位来说，其录用条件必须经过公示，为用人单位和劳动者所共同知晓。如果用人单位在录用条件之外任意找一个理由解除劳动合同，即属于违反劳动法的行为。如前所述，如果劳动者还要求继续履行劳动合同的，则用人单位应继续履行；如果劳动者不要求继续履行劳动合同的，则用人单位应向其支付一个月的工资作为赔偿金。虽然现有法律对"说明理由"的形式并未规定相应的形式，但从举证角度出发，用人单位还是以采用书面形式为宜，并要求劳动者签收。

2. 应当事先将解除劳动合同的理由通知工会。《中华人民共和国工会法》（以下简称《工会法》）第 21 条第 2 款规定："企业单方面解除职工劳动合同时，应当事先将理由通知工会，工会认为企业违反法律、法规和有关合同，要求重新研究处理时，企业应当研究工会的意见，并将处理结果书面通知工会。"《劳动合同法》（2012）第 43 条规定："用人单位解除劳动合同，应当事先将理由通知工会。用人单位违反法律、行政法规规定或者劳动合同约定的，工会有权要求用人单位纠正。用人单位应当研究工会的意见，并将处理结果书面通知工会。"根据上述强制性法律规定，用人单位应当研究工会的意见，并将处理结果书面通知工会，否则不得解除劳动合同。

3. 须制作《解除劳动合同通知书》并送达劳动者，同时向劳动者出具解除或终止劳动合同的证明，并在 15 日内为劳动者办理档案和社会保险关系转移手续。

【案例 2-15】
用人单位因未事先将解约理由通知工会而败诉

孙先生和公司每年签订一次劳动合同，最后一份劳动合同期限至 2008 年 12 月止。公司发现孙先生在 2007 年 11 月至 2008 年 1 月期间，9 次在电脑上操作将其他销售员的销售业绩归入自己名下。公司因此于 2008 年 1 月口头通知孙先生终结双方劳动关系。孙先生为此申请劳动争议仲裁，要求公司支付违法解除劳动关系的经济补偿金。劳动仲裁委以公司的解聘决定未通知工会为由，支持了孙先生的请求。公司以未成立工会因此无须通知工会等理由起诉至法院。法院认为，公司以孙先生严重违纪而单方解除双方劳动合同，应当依据《劳动合同法》（2012）第 43 条，事先通知相关的工会组织。由于公司未成立工会，则其应当与同级相关的工会组织进行联系。由于公司解除与孙先生的劳动合同未经过上述法定程序，属于违法解除，因此法院支持孙先生的诉讼请求。

（十）试用期中止是否属于变相延长试用期的不合法行为

《劳动合同法》（2012）第 19 条规定，劳动合同期限 3 个月以上不满 1 年的，试用期不得超过 1 个月；劳动合同期限 1 年以上不满 3 年的，试用期不得超过 2 个月；3 年以上固定期限和无固定期限的劳动合同，试用期不得超过 6 个月。而且，同一用人单位与同一劳动者只能约定一次试用期。因此，用人单位是不能延长试用期的。但是，有的省级地方性法规规定可以中止试用期。《江苏省劳动合同条例（2013 修订）》第 15 条规定："试用期包含在劳动合同期限内。劳动者在试用期内患病或者非因工负伤须停工治疗的，在规定的医疗期内，试用期中止。"

【案例 2-16】
试用期中止应视情形决定是否属违法行为

江苏省某企业与张先生签订了 1 年期限的劳动合同，同时在劳动合同中约定了 2 个月的试用期。在试用期内的某一天晚上，张先生不慎从家里楼梯摔了下来，脚骨折了，请了 3 个月的病假。痊愈之后，张先生继续上班。但是，人力资源经理说："根据你的具体情形，公司已经将你的试用期中止了，直到你痊愈并上班为止。也就是说，从你今天开始上班起，试用期继续。"张先生不同意公司这种单方面的做法，认为自己早已转正，要求公司补足第三个月病假的转正工资。公司拒绝了张先生的要求。法院认为，《劳动合同法》（2012）第 19 条只规定了同一用人单位与同一劳动者只能约定一次试用期，没有明确规定试用期是否可以中止。本案所在的江苏省颁布的《江苏省劳动合同条例（2013 修订）》第 15 条规定："试用期包含在劳动合同期限内。劳动者在试用期内患病或者非因工负伤须停工治疗的，在规定的医疗期内，试用期中止。"本案中，公司据此地方性法规中止了试用期。由于地方性法规违背了国家基本法律之强制性规定，因此是无效的。法院认为本案中的公司单方面中止张先生试用期的行为也是违法的，无效。

二、合规措施

用人单位如想在试用期内解除劳动合同，应注意做好以下合规措施。

1. 在试用期内对劳动者是否符合录用条件进行考核，并提供证据证明其不符合录用条件。司法实践中一般从两方面进行证据认定，一是对某一岗位的工作内容、工作要求的具体描述；二是对劳动者在试用期内的表现要作出客观的记录和评价。

2. 解除劳动合同决定应当在试用期内作出并通知劳动者，超期后以该理由提出解除劳动合同的，不被支持。需要注意的是，如劳动者于试用期满后未办理转正手续，不能被认为还处在试用期间，用人单位是不能以试用期不符合录用条件为由解除劳动合同的。总之，用人单位切记不得随意在试用期间解除与劳动者的劳动合同。

有了录用条件，用人单位还要向劳动者进行公示和告知，建议采用以下方式。（1）通过招聘公告发布招聘简章，公示的方式要固定，以为诉讼保留证据，因此报刊登载等是最佳方式。（2）招聘时向应聘者明示录用条件，并要求其签字确认，最好的办法是将条件印制在《员工招聘登记表》上，供其填写和阅读，并要求应聘者签名表示已经知晓。（3）通过发送聘用函的方式向应聘者明示录用条件，并要求其签字确认。（4）在劳动合同中设计条款，明确约定录用条件或不符合录用条件的情形。例如，可以在劳动合同中约定这样的条款，即乙方有下列情形之一，为不符合录用条件：①提供本人基本情况时隐瞒真实情况，告知虚假信息，违背诚实信用要求；②职业技能考察、考核不合格，不符合所从事岗位工作的要求；③身体患有不宜所从事岗位工作的疾病；④不能按照所从事岗位的职责完成劳动和工作任务；⑤其他不符合所从事岗位个性化要求的情况。（5）在劳动规章制度中规定录用条件，将规章制度在劳动合同签订前告知劳动者，并将其作为劳动合同的附件。

用人单位证明劳动者在试用期间不符合录用条件的合规措施如下所述。（1）要对试用期间的劳动者进行考核鉴定并保存书面鉴定意见。在明确了录用条件的情况下，还要建立试用期间的考核鉴定制度。用人单位通过建立员工试用期考核鉴定制度，给新员工安排试用期工作计划，运用专人带班、集中培训、组织笔试、对日常绩效与表现记录等形式，对新员工在试用期的表现进行考核和鉴定，以了解新员工在试用期间是否符合录用条件。对有试用期的员工，其对应的试用期间的考核和鉴定结果，可以被作为该员工是否符合录用条件的证明。（2）采取书面形式向在试用期解除劳动合同的劳动者说明理由并保存签收字据。《劳动合同法》（2012）第21条规定，用人单位在试用期解除劳动合同的，应当向劳动者说明理由。这里的"说明理由"，法律并未规定一定得采取书面形式，但从举证角度出发，建议用人单位采用书面形式，并且要求劳动者签收。

试用期是劳动合同的一个缓冲期，试用期内的劳动者对用人单位的贡献相对不大，但用人单位仍应依法给予劳动者3个月的医疗期，并必须支付病假工资。为此，用人单位需要处理好在试用期间患病员工的工作，做到既降低本单位的用工成本及用工风险，又不违反法律规定损害到劳动者的合法权益，具体建议采取以下合规措施。（1）用人单位在与劳动者建立劳动关系后，应及时为劳动者缴纳社会保险。医疗保险是确保劳动者在受伤、患病等情况下能依法享受基本医疗的一个保障。用人单位如果不依法为劳动者缴纳社会保险致使劳动者无法享受医疗保险待遇，其应当赔偿劳动者由于无社会保险而造成的医疗待遇等损失。（2）用人单位在录用劳动者时，应当严格依照本单位实际和该岗位对人员及技术的要求来设置录用条件，这是用人单位在试用期间行使解除劳动合同权利的最重要的依据之一。用人单位在招聘人员过程中所发布的各种信息，如招工条件、招聘广告均可作为录用条件，但有关内容不能与法律规定相冲突，并且应当明确、具体，尽量采用可量化的指标。（3）建议用人单位在与劳动者签订劳动合同时，和劳动者约定试用期内的医疗期单独于试用期。在医疗期开始时试用期处于中止状态，医疗期结束后，试用期继续计算，双方继续享有试用期的权利及承担试用期义务直至剩余的试用期限届满。这是为了防止用人单位因在医疗期内无法对劳动者进行考核而产生非常态过渡情况，保障用人单位及劳动者在试用期内的自主选择解除权。需要提醒的是，即便在这种情况下，如果劳动者有异议，劳动仲裁委或者法院仍有可能认定中止约定无效。所以，用人单位最好的解决方式是实施人性化的管理，尽量避免劳动争议的产生。

▶ 第二节 劳动合同

一、缺少法定条款，劳动合同无效

实践中，许多用人单位的劳动合同内容不规范、不完整，为企业带来很多法律风险。

基于合规角度考虑，用人单位首先要掌握劳动合同的法定条款和约定条款的种类。《劳动合同法》（2012）第 17 条第 1 款规定了法定条款，即：（1）用人单位的名称、住所和法定代表人或者主要负责人；（2）劳动者的姓名、住址和居民身份证或者其他有效身份证件号码；（3）劳动合同期限；（4）工作内容和工作地点；（5）工作时间和休息休假；（6）劳动报酬；（7）社会保险；（8）劳动保护、劳动条件和职业危害防护；（9）法律、法规规定应当纳入劳动合同的其他事项。第 2 款规定了约定条款，即"劳动合同除前款规定的必备条款外，用人单位与劳动者可以协商约定试用期、培训、保守商业秘密、补充保险和福利待遇等其他事项"。

第（1）、（2）项"用人单位的名称、住所和法定代表人或者主要负责人；劳动者的姓名、住址和居民身份证，或者其他有效身份证件号码"规定，可以对劳动合同双方当事人的身份进行确认，明确用人单位和劳动者的基本身份状况，即劳动合同双方的主体资格情况。

第（3）项"劳动合同期限"，即劳动合同双方履行义务的时间段，包括固定期限、无固定期限和以完成一定工作任务为期限三种类型，相关规定分别在《劳动合同法》（2012）的第 13、14、15 条。

第（4）项"工作内容和工作地点"：工作内容是劳动者所在的工作岗位和承担的工作任务，工作地点是劳动者履行劳动合同的所在地。在实务中，如果不做好合规措施，常常导致调岗纠纷。调岗纠纷一旦发生，用人单位通常主张调岗为自己的自主用工权，劳动者则主张用人单位损害自己的平等协商权。劳动者一旦诉诸仲裁或者法院，用人单位就需要对自身调整劳动者工作内容或者工作岗位的"合理性"进行充分举证。

第（5）项"工作时间和休息休假"：工作时间是必须工作的时间，休息休假是不必工作的时间。工作时间包括工作时间的方式和工作时间的长短，如标准工时制或特殊工时制，每天上班时间的长短。此处的合规措施有二：（1）工作时间和休息休假条款，虽然由双方协商确定，但法律对此有所限制，超过该限制范围的就要开始计算加班费；（2）用人单位安排加班必须与劳动者协商一致，否则容易产生纠纷[①]。实务中常有因"996"工作制、加班费支付状况不理想、劳动者工作时间过长、休息休假的权利并未得到应有的保障等而导致的纠纷。

第（6）项"劳动报酬"，事关劳动关系的本质即利益关系。用人单位首先要明晰法律所规定的劳动报酬的具体范围，即《劳动保障部关于贯彻执行〈中华人民共和国劳动法〉若干问题的意见》第53条。实践中，一些用人单位在签订书面劳动合同的时候，在"劳动报酬"一栏留空，或只模糊地约定"按照相关制度执行"，这实质上并没有什么意义，因为《劳动合同法》（2012）第18条作出了明确规定，用人单位实际上没有什么自主权。

第（7）项"社会保险"，这是由国家强制实施的，是劳动合同中不可或缺的内容。根据《劳动法》（2018）第72条、《社会保险法》第58条规定，社会保险的性质类似于车险中的"交强险"，是由国家强制购买的，属于劳动者、劳动者所在单位、国家三方的共同投资。

实务中，用人单位要规避以下两个法律风险点，做好合规措施。一是以"社保补贴"等形式多给劳动者发几百块，怂恿或者直接不给劳动者购买社会保险，并与劳动者签订《自愿放弃购买社会保险声明书》，并约定"由此产生的一切后果皆由劳动者本人承担"的。这种劳动者自愿放弃购买社会保险的声明，因违反法律强制性规定而无效。如在案例《黄某某与某印刷厂劳动合同纠纷案》[②]中，法院指出：用人单位为劳动者购买社会保险是用人单位的法定义务，虽然某印刷厂与黄某某签署了《自愿放弃购买社会保险声明

[①] 《劳动法》（2018）第41条规定，安排加班必须与劳动者协商一致。《劳动合同法》（2012）第31条也规定，不得强迫或者变相强迫劳动者加班，用人单位安排加班的，应当向劳动者支付报酬。

[②] 改编自《黄某某与某印刷厂劳动合同纠纷二审民事判决书》，2015珠中法民一终字第431号。

书》，但该行为并不符合法律的规定，用人单位不能因此免除为劳动者购买社会保险的责任。黄某某反悔后，某印刷厂应当及时为其购买社会保险。在双方协商未果的情况下，黄某某向相关部门投诉，明确要求某印刷厂为其办理社会保险手续及缴纳社会保险费，某印刷厂仍未为黄某某购买社会保险，黄某某据此解除双方劳动合同，符合《劳动合同法》（2012）第38条第1款第3项规定，某印刷厂应当支付经济补偿金10 500元。二是即使签订了《自愿放弃购买社会保险声明书》，一旦劳动者出现工伤或者工亡事故，则本应由工伤保险承担的赔偿责任会全部落到用人单位身上。以劳动者工亡为例，根据《工伤保险条例》第39条，职工因工死亡能领到的补偿有三项：（1）丧葬补助金；（2）供养亲属抚恤金；（3）一次性工亡补助金。在《某日用品店与魏某某、蔡某某工伤保险待遇纠纷案》[1]中，法院指出："魏某因交通事故死亡，后被认定构成工伤，故其法定继承人魏某某、蔡某某依法应享有《工伤保险条例》所规定的各项工伤保险待遇。某日用品店未为魏某缴纳社会保险，故相应的工伤保险费用由某日用品店支付。对于某日用品店认为魏某与自己签订《自愿放弃购买社会保险声明书》存在一定过错，要求按照过错程度确定赔偿责任的意见，本院认为，工伤赔偿请求权的基础是劳动者因发生工伤事故获得的一种社会保险利益，工伤保险赔偿实行无过错责任原则，有社会保险性质，是用人单位应当承担的法定义务。因此某日用品店要求的按照过错确定赔偿责任的意见，没有法律依据，本院对其不予支持。"法院最终据此判决某日用品店支付魏某某、蔡某某一次性工亡补助金623 900元。

第（8）项"劳动保护、劳动条件和职业危害防护"，这是基于保护劳动者人身安全健康、顺利完成任务的需要，劳动合同中应当具备的内容。

第（9）项"法律、法规规定应当纳入劳动合同的其他事项"，这是兜底条款。

用人单位还有关注劳动合同缺乏必备条款能否成立的风险问题，一旦被法院认定为不成立，则意味着劳动者可以要求用人单位支付未订立书面劳动合同的二倍工资；而如果被认定为成立，则意味着用人单位不必支付未订立书面劳动合同的二倍工资。实务中，

---

[1] 改编自《某日用品店与魏某某、蔡某某工伤保险待遇纠纷二审民事判决书》（2018苏02民终834号）。

一般而言，劳动合同的必备条款的部分缺失，如不影响主要权利义务的履行，法院基本上都会认定该劳动合同成立。

二、约定条款不违背强制性规定则有效

《劳动合同法》（2012）第17条第2款规定了约定条款，即"劳动合同除前款规定的必备条款外，用人单位与劳动者可以协商约定试用期、培训、保守商业秘密、补充保险和福利待遇等其他事项"。

从理论上讲，法定条款之外都是约定条款，约定条款由用人单位和劳动者双方选择性约定适用。只是在众多约定条款之中，某些约定条款比较重要，关系劳动者的切身利益，所以《劳动合同法》（2012）从法律上作了提示。

第1项"试用期"条款，具体的试用期内的期限、工资、解除劳动合同的限制等，规定在《劳动合同法》（2012）的第19条至第21条。关于这一方面的合规措施，可以参考本书前文有关内容。

第2项"培训"条款，需要注意的是，用人单位对劳动者的培训分为两种，即职业培训和专业技术培训。（1）职业培训是指对劳动者日常岗位工作所需要的普遍性知识技能的培训，是普及型的、必要的培训。法律依据是《劳动法》（2018）第68条："用人单位应当建立职业培训制度，按照国家规定提取和使用职业培训经费，根据本单位实际，有计划地对劳动者进行职业培训。"职业培训的费用，一般也从这个按照国家规定提取的培训经费账户中列支，如入职培训、岗前培训等。因为职业培训具有普及性和必要性，因而《劳动合同法》（2012）第25条规定，不可以和劳动者约定服务期和违约金。（2）专业技术培训是指用人单位在国家规定提取的职工培训费用以外，对专人专门进行定向的专业技术培训，典型的如送员工出国进修等。专业技术培训花费用人单位的钱财数额较大，本质是用人单位为自身利益进行的专项投资，因此为平衡权利义务，避免劳动者获得专业技术之后不履行相应的劳动义务，《劳动合同法》（2012）第22条规定："用人单位为劳动者提供专项培训费用，对其进行专业技术培训的，可以与该劳动者订立协议

约定服务期。劳动者违反服务期限约定的，还要按照约定向用人单位支付违约金。"

第3项"保守秘密"条款，这里的秘密主要是指商业秘密，《反不正当竞争法》第9条第3款对此进行了解释："本法所称的商业秘密，是指不为公众所知悉、具有商业价值并经权利人采取相应保密措施的技术信息和经营信息。"在这方面，用人单位要做好以下合规措施：（1）保守秘密的对象要有针对性，是那些负有保密义务的劳动者（一般是企业高层，因为寻常劳动者较难接触到商业秘密）；（2）用人单位可以不约定保守商业秘密，这不意味着劳动者就不该保密，因为侵犯商业秘密本身就是一种违法侵权行为，所以用人单位应该将保密事项罗列清楚，便于明确、执行权利和义务。

第4项"补充保险"条款，一般是一些"财大气粗"、待遇优渥的用人单位在劳动合同中约定的，除国家强制购买的五险之外，多为用人单位为劳动者买的其他商业保险。

第5项"福利待遇"条款，同样是"财大气粗"、待遇优渥的用人单位，在劳动合同中约定的，为劳动者发放的津贴、补助、奖金、购物卡、过节费等福利。

【案例2-17】

在《悠悠住公司与于某劳动争议案》中，于某和悠悠住公司签订了《高层职员薪酬方案》。后于某向劳动仲裁委提起仲裁，要求公司支付5月25日至8月29日未签订劳动合同的二倍工资差额25 563.22元。获得仲裁支持，公司不服起诉至法院。公司诉称："我公司与于某签订的《高层职员薪酬方案》中，载明了姓名、职位、公司、入职时间及岗位职责，并附带了执行高管股权及薪资规则说明方案，可以视为签订了劳动合同，不应支付二倍工资。"于某则辩称："《高层职员薪酬方案》仅对薪酬进行了约定，并规定'此职务任命及薪水最终需经董事会决议文件为准'，不具备执行的确定性，其内容也不具备劳动合同的必备要件，不是劳动合同。"法院认为："悠悠住公司与于某签订的《高层职员薪酬方案》内容上仅涉及于某的薪酬，并未包括《劳动合同法》（2012）第17条规定的劳动合同期限、工作时间和休息休假等劳动合同的必备条款，不能等同于劳动合同法所规定的用人单位应当与劳动者签订的书面劳动合同，故法院对悠悠住公司关于上述

《高层职员薪酬方案》可视为劳动合同的主张，不予采信；对其无须支付于某未签订书面劳动合同二倍工资的请求，不予支持。"公司不服，上诉至二审法院，二审法院驳回上诉，维持原判[①]。

▶ 第三节　劳动合同的法律效力

一、要点

（一）掌握劳动合同生效的要件和种类

劳动合同的生效，是指具备有效要件的劳动合同按其意思表示的内容产生了法律效力，其内容对签约双方均具有法律约束力。法律依据是《劳动合同法》（2012）第16条。

一份劳动合同发生法律效力必须具备以下条件。（1）劳动合同的双方当事人必须具备法定资格即行为能力，这是签订合同的任何一方必须有法律上认可的签订劳动合同的资格。通常年满16周岁、精神正常的人是具有签订劳动合同的行为能力的。（2）劳动合同的内容和形式必须合法，不得违反法律的强制性规定或者社会公共利益。所谓强制性规定就是当事人不能约定，只能按照法律规定办的权利义务。《劳动合同法》（2012）第19条规定，劳动合同期限三个月以上不满一年的，试用期不得超过一个月。在这种情况下即使双方在合同中约定了一个月以上的试用期，也是违反法律规定的，该条款将视为无效。（3）劳动合同须由用人单位与劳动者协商一致订立。订立劳动合同的双方必须意思表示真实，任何一方采用欺诈、胁迫等手段与另一方签订的劳动合同都是无效的。

劳动合同的生效有三种情况：（1）劳动合同依法成立，即具有法律效力，对当事人双方都有约束力。《劳动法》（2018）第17条第2款规定："劳动合同依法订立即具有法

---

① 改编自《悠悠住公司与于某劳动争议二审民事判决书》（2017京02民终6654号）。

律约束力，当事人必须履行劳动合同规定的义务。"此时，依法订立的劳动合同，其生效时间始于合同签订之日。在这种情况下，一般是双方当事人签字盖章即生效，但《全国普通高等学校毕业生就业协议书》是毕业生、用人单位、学校三方签章才生效。（2）双方在合同中约定生效时间。《劳动部关于实行劳动合同制度若干问题的通知》第5条规定："劳动合同可以规定合同的生效时间。没有规定劳动合同生效时间的，当事人签字之日即视为该劳动合同生效时间。"《劳动部关于实行劳动合同制度若干问题的通知》第5条指出："劳动合同可以规定合同的生效时间。没有规定劳动合同生效时间的，当事人签字之日即视为该劳动合同生效时间。"在大多数情况下，劳动合同的成立和生效是同时发生的。本条所规定的"劳动合同由用人单位与劳动者协商一致，并经用人单位与劳动者在劳动合同文本上签字或者盖章生效"就是指在劳动合同没有约定劳动合同生效时间的情况下，劳动合同以用人单位与劳动者在劳动合同文本上签字或者盖章的时间为生效时间。当事人签字或者盖章时间不一致的，以最后一方签字或者盖章的时间为准。如果有一方没有写签字时间，那么另一方写明的签字时间就是合同的生效时间。劳动合同当事人应当按照合同约定的起始时间履行劳动合同。有时劳动合同约定的起始时间与实际履行的起始时间会不一致，这时则应按双方当事人实际履行劳动合同的起始时间确认。当事人对劳动合同的生效作出的其他约定不得违背法律法规规定。（3）劳动合同订立后，需要签证或公证的，其生效时间始于签证或公证之日。

（二）劳动合同无效的主要类型

劳动合同无效是指用人单位和劳动者虽然签订了劳动合同，但是国家不承认该劳动合同的法律效力。

法律依据是《劳动合同法》（2012）第26条："下列劳动合同无效或者部分无效：（一）以欺诈、胁迫的手段或者乘人之危，使对方在违背真实意思的情况下订立或者变更劳动合同的；（二）用人单位免除自己的法定责任、排除劳动者权利的；（三）违反法律、行政法规强制性规定的。"

根据该条规定，劳动合同的无效分为以下三种类型。

1. 以欺诈、胁迫的手段或者乘人之危，使对方在违背真实意思的情况下订立或者变更劳动合同的。如劳动者以造假简历吸引用人单位与其签订劳动合同、用人单位以虚假招聘广告吸引劳动者与其签订劳动合同等。

【案例 2-18】

在《关于联合发布第一批劳动人事争议典型案例的通知》（人社部函〔2020〕62 号）a 的"案例10"中，法院明确指出，劳动者提供虚假学历证书的，用人单位可以解除劳动合同。在该案中，某网络公司发布招聘启事，称要招聘计算机工程专业大学本科以上学历的网络技术人员 1 名。赵某为销售专业大专学历，他向该网络公司提交了计算机工程专业大学本科学历的学历证书、个人履历等材料。后赵某与网络公司签订了劳动合同，进入网络公司从事网络技术工作。2018 年 9 月初，网络公司偶然获悉赵某的实际学历为大专，并向赵某询问。赵某承认自己为应聘而提供虚假学历证书、个人履历的事实。网络公司认为，赵某提供虚假学历证书、个人履历属欺诈行为，严重违背了诚实信用原则，根据《劳动合同法》（2012）第 26 条、第 39 条规定，公司解除了与赵某的劳动合同。赵某不服，向劳动仲裁委申请仲裁，裁决网络公司继续履行劳动合同，被仲裁委员会裁决驳回。

2. 用人单位免除自己的法定责任、排除劳动者权利的。如约定"劳动者必须无条件服从用人单位的调岗、调薪、工作地点转变安排""劳动者出现工伤、工亡一概与本单位无关"等。

① 改编自人力资源社会保障部、最高人民法院于 2020 年 7 月 10 日出台的《关于联合发布第一批劳动人事争议典型案例的通知》（人社部函〔2020〕62 号）。

【案例 2-19】

在《何某与某公司追索劳动报酬纠纷案》（2017）a 中，法院指出，涉案公司与何某所签订的劳动合同中约定"若劳动者在合同期未满时擅自离开，公司将不予结账，以劳动者的工资余款作为对公司损失的赔偿""合同期内，年后无故不准时上班，奖金及押金不予退还"，公司会议制度又规定"年底未打辞职报告人员或公司未通知终止合同的，年后合同继续有效，不来上班人员按公司签订合同中途离开制度处理"，等等。以上规定均与《劳动合同法》（2012）第 26 条之规定不符，属于用人单位免除自己的法定责任、排除劳动者权利的约定，应当被认定无效。

3. 违反法律、行政法规强制性规定的。如不具备用工主体资格的用人单位与劳动者签订的劳动合同、用人单位与未满 16 岁的劳动者签订劳动合同、让劳动者签订"放弃社会保险购买承诺书""加班时自愿放弃加班费"以及与劳动者约定帮助单位从事违法活动，等等。

【案例 2-20】

在《马某与某服装公司经济补偿金纠纷案》（2016）b 中，法院认为，根据《劳动法》（2018）第 15 条第 1 款、《劳动合同法》（2012）第 26 条第 1 款规定，本案中的原告马某以其母亲名义进入被告某服装公司工作，双方之间存在劳动关系。但因原告生于 1998 年 1 月，2012 年 8 月 17 日原告于入职时未满 16 周岁，被告招用原告的行为违反了法律的强制性规定，故原被告之间的劳动合同无效。

（三）合同无效的法律后果

《劳动合同法》（2012）并没有规定劳动合同无效的法律后果。但原则上，合同无效

---

① 改编自《何某与某公司追索劳动报酬纠纷二审民事判决书》（2017 苏 06 民终 223 号）。
② 改编自《马某与某服装公司经济补偿金纠纷一审民事判决书》（2016 苏 0305 民初 2420 号）。

的法律后果如下。（1）无效的劳动合同，从订立的时候起就没有法律约束力。（2）确认劳动合同部分无效的，如果不影响其余部分的效力，其余部分仍然有效。（3）劳动合同的无效，由劳动仲裁委或者人民法院确认。（4）对无效劳动合同的处理：劳动合同被确认无效的，合同规定的当事人双方的权利义务关系自然终止，终止履行合同，尚未履行的不得履行。

具体而言，劳动合同无效将导致下列法律后果。

一是解除劳动合同。即在一方有过错的情况下，另一方在一定条件下可以解除劳动合同。如果是因为用人单位的过错导致劳动合同无效，则劳动者有劳动合同解除权。法律依据是《劳动合同法》（2012）第38条第1款："用人单位有下列情形之一的，劳动者可以解除劳动合同……（五）因本法第二十六条第一款规定的情形致使劳动合同无效的。"如果是因为劳动者的过错导致劳动合同无效的，则用人单位有劳动合同解除权。法律依据是《劳动合同法实施条例》第19条："有下列情形之一的，依照劳动合同法规定的条件、程序，用人单位可以与劳动者解除固定期限劳动合同、无固定期限劳动合同或者以完成一定工作任务为期限的劳动合同……（六）劳动者以欺诈、胁迫的手段或者乘人之危，使用人单位在违背真实意思的情况下订立或者变更劳动合同的。"

二是支付劳动报酬。由于劳动合同的标的是"劳动"，而"劳动"带有强烈的人身属性，因此用人单位只能以支付报酬的形式补救。法律依据是《劳动合同法》（2012）第28条规定："劳动合同被确认无效，劳动者已付出劳动的，用人单位应当向劳动者支付劳动报酬。劳动报酬的数额，参照本单位相同或者相近岗位劳动者的劳动报酬确定。"

三是支付经济补偿。如果是因用人单位的过错导致劳动合同无效的，劳动者根据《劳动合同法》（2012）第38条可以解除劳动合同；《劳动合同法》（2012）第46条第1款规定："有下列情形之一的，用人单位应当向劳动者支付经济补偿：（一）劳动者依照本法第三十八条规定解除劳动合同的。"

四是承担赔偿责任。法律依据是《劳动合同法》（2012）第86条规定："劳动合同依照本法第二十六条规定被确认无效，给对方造成损害的，有过错的一方应当承担赔偿责任。"

五是其他法律责任，包括行政责任和刑事责任，法律依据如下。（1）《劳动法》（2018）第 96 条规定："用人单位有下列行为之一，由公安机关对责任人员处以十五日以下拘留、罚款或者警告；构成犯罪的，对责任人员依法追究刑事责任：（一）以暴力、威胁或者非法限制人身自由的手段强迫劳动的；（二）侮辱、体罚、殴打、非法搜查和拘禁劳动者的。"（2）《劳动合同法》（2012）第 88 条规定："用人单位有下列情形之一的，依法给予行政处罚；构成犯罪的，依法追究刑事责任；给劳动者造成损害的，应当承担赔偿责任：（一）以暴力、威胁或者非法限制人身自由的手段强迫劳动的；（二）违章指挥或者强令冒险作业危及劳动者人身安全的；（三）侮辱、体罚、殴打、非法搜查或者拘禁劳动者的；（四）劳动条件恶劣、环境污染严重，给劳动者身心健康造成严重损害的。"如用人单位在劳动合同中规定了体罚条款，实际也对劳动者进行了侮辱、殴打等行为，不但该劳动合同条款无效，而且用人单位也可能被要求承担行政责任甚至是刑事责任。

实践中比较常见的情况是劳动合同的部分无效，尤其是以用人单位排除劳动者合法权利、免除自己法定义务的情况居多。部分无效中的无效条款不具备法律约束力。当然，劳动合同是否有效，根据《劳动合同法》（2012）第 26 条第 2 款规定，应该由劳动争议仲裁机构或者法院确认。

【案例 2-21】

在《柳某与开达公司劳动争议纠纷一案》[①]中，柳某和江苏省的开达公司签订的《劳动合同》约定合同期限自 2007 年 2 月 1 日起至 2008 年 12 月 31 日止，其中合同第 4 条第 2 款约定"……乙方（柳某）在停产休息或待岗期间，甲方（即开达公司）为其支付基本生活费，每月 200 元"。2008 年 12 月 31 日合同期满，公司不再与柳某续签劳动合同。2010 年 3 月，柳某向劳动仲裁委申请仲裁，请求确认双方订立的合同无效，未得到支持。柳某不服，起诉至法院。柳某诉称：公司与自己订立的劳动合同第 4 条第 2 款中约定的

---

① 改编自《柳某与开达公司劳动争议纠纷一案》（2011 徐民终字第 1023 号）。

"每月生活费 200 元"，违反了《江苏省工资支付条例》第 31 条的强制性规定，同时还违反了《劳动法》（2018）第 48 条关于劳动者提供正常劳动，应当享有最低工资保障的强制性规定。故请求劳动仲裁委确认开达公司与自己于 2007 年 2 月 1 日订立的劳动合同无效。法院认为：双方签订的劳动合同的第 4 条第 2 款中的内容，违反了《江苏省工资支付条例》第 31 条规定，该部分内容无效；但该部分内容无效并不影响劳动合同其余部分的效力，其余部分内容并没有违反法律、行政法规规定，仍然是有效的。柳某不服，上诉至二审法院，二审法院驳回上诉，维持原判。

【案例 2-22】

在《李某某与佳思特超市劳动争议纠纷案》（2017）[①] 中，李某某在佳思特超市从事电工的工作，双方于李某某入职当天即签订了劳动合同，其时佳思特超市并未取得营业执照。后因与同事不和，李某某向超市请假，此后没有再上班。佳思特超市告知李某某与其解除劳动关系。随后，李某某起诉至当地劳动仲裁委，要求佳思特超市向其支付未订立书面劳动合同的二倍工资，仲裁未予支持。李某某诉至法院，诉称："双方签订劳动合同时，佳思特超市并未取得营业执照，没有用工主体资格，因此双方所签的劳动合同无效，佳思特超市应向自己支付未订立书面劳动合同的二倍工资。"法院认为："本案中，佳思特超市于成立前与李某某签订了劳动合同，该劳动合同虽因佳思特超市签订合同时尚不具有主体资格而无效，但依据《劳动合同法》（2012）第 82 条和第 86 条规定，劳动合同无效的法律后果为有过错的一方应承担赔偿责任，并非支付二倍工资，故对李某某的取得二倍工资赔偿的诉讼请求，法院不予支持。"李某某上诉至二审法院，二审法院驳回上诉，维持原判。

---

① 改编自《李某某与佳思特超市劳动争议纠纷二审民事判决书》（2017 黑 01 民终 1806 号）。

二、合规措施

建议用人单位做好以下工作，以避免出现劳动合同无效的情况。

第一，在签订劳动合同时需要注意劳动者的主体要合格。重点关注：（1）审查劳动者是否具有相应的劳动权利能力和行为能力；（2）审查劳动者是否存在双重劳动关系；（3）签订劳动合同的劳动者一方必须是劳动者本人；（4）签订的劳动合同必须由劳动者本人签字。

第二，坚持签约的公平原则，注意避免出现不公平条款。凡是免除用人单位责任、排除劳动者权利的条款都是无效的，也就是说，并不是任何条款只要由劳动者签字确认了就具有法律效力，也不只看用人单位是否已经与劳动者达成一致。比如"出现伤亡概不负责""由于甲方已经向乙方支付了高额劳动报酬，故甲方不再为乙方办理社会保险"等条款都是无效条款。

第三，劳动合同的内容应当符合法律规定。凡是违反法律法规禁止性规定的，无论是否经由劳动合同双方达成一致，约定都是无效的，比如"在本合同存续期间乙方不得与甲方员工结婚"。

▶ 第四节　劳动合同变更

劳动合同变更，是指当事人双方对依法成立、尚未履行的劳动合同条款所作的修改或增减。由此可知劳动合同变更的条件是：经当事人双方协商同意。《劳动法》（2018）第17条规定："订立和变更劳动合同，应当遵循平等自愿、协商一致的原则，不得违反法律、行政法规规定。"在履行合同过程中，客观情况发生变化的原因主要有：（1）订立劳动合同时所依据的法律、法规已经修改或废止；（2）企业经有关部门批准转产、调整生产任务，或者由于上级主管机关决定改变单位的工作任务；（3）企业严重亏损或发生自然灾害，确实无法履行劳动合同规定的义务。但在下列情况下，劳动合同没有变更，用人单位可以安排职工从事合同规定以外的工作：（1）发生事故或遇灾害，需要及时抢修或救灾；（2）因工作需要而临时调动工作；（3）发生短期停工；（4）法律允许的其他情况。

一、要点

（一）掌握三种变更形式及其程序

一是协商变更，是指劳资双方就劳动合同内容进行协商达成一致意见，作出变更。《劳动合同法》（2012）第 35 条对协商一致变更进行了规定。如果双方没有经过协商或者经过协商没有达成一致意见，就不得变更劳动合同内容；对劳动合同的某些条款作出变更时不得损害国家利益。协商变更的条件包括：（1）实质条件是双方协商一致；（2）程序性条件有二，一是必须采取书面形式，二是变更后的劳动合同文本由双方各执一份。

建议用人单位对协商变更采取以下合规措施。（1）一方将劳动合同变更内容以书面形式提交另一方。（2）另一方对对方提交的变更内容进行审查。（3）经审查如果没有异议，则以书面形式告知对方对其变更内容表示同意；如果有异议，则以书面形式将异议返回给对方，双方就异议再次进行另一轮的协商。（4）双方对劳动合同变更的异议完全消除后，由一方根据协商一致的内容起草变更协议，提交另一方签章。变更协议经双方签章后，由双方各执一份留存备查。（5）劳动合同内容变更后，需要立即履行的，双方按照变更协议严格履行，并为对方履行该变更协议创造条件、提供支持。

二是依约变更，是指用人单位根据劳动合同或者规章制度中的相关约定，对劳动合同内容进行变更。具体又分为两种情况：一是依劳动合同约定变更，二是依规章制度约定变更。所谓"依劳动合同约定变更"，是指劳动合同明确约定了变更条件及相应的变更条款，待约定的变更条件成熟时，双方依据约定对劳动合同内容进行变更。所谓"依规章制度约定变更"，是指用人单位的规章制度规定了劳动合同内容变更的条件及条款，当变更条件成熟时，双方按照规章制度规定实施的劳动合同内容变更。对用人单位而言，需要注意的是，依规章制度约定变更的前提是，该规章制度的制定与实施，不得违反《劳动合同法》（2012）第 4 条规定，而且已经作为附件被写入劳动合同。因此，从本质上讲，依规章制度约定变更是依劳动合同约定变更的一种表现形式。

建议用人单位采取以下合规措施。（1）双方在签订劳动合同时，约定劳动合同履行期间当某一条件出现时，双方可以就劳动合同某些条款进行变更；或者将明确规定了变更条件及变更内容的规章制度作为附件写入劳动合同条款。（2）当劳动合同约定或者规章制度约定的变更条件成熟时，一方将劳动合同内容变更请求以书面形式提交另一方。（3）一方在审查没有异议后在书面的变更请求上签字盖章。（4）书面变更请求一式两份，双方各执一份，作为劳动合同的附件备查。（5）劳动合同内容变更后，需要立即履行的，双方按照变更后的内容严格履行，并为对方履行该变更内容创造条件。需要注意的是，对于劳动合同中明确约定了变更或者调整工作内容、劳动报酬、工作地点等的有关内容，双方按约定变更或者调整即可；对于劳动合同中虽有工作内容、劳动报酬、工作地点等变更或者调整的约定，但变更或者调整的条件和指向不明确的，用人单位一方应当提供充分证据证明其变更或者调整的合理性。

三是用人单位的单方变更。出于尊重用人单位对劳动过程的组织管理自主权，法律规定在特定情况下，用人单位有权单方变更劳动合同，但只能是在"劳动合同订立时所依据的客观情况发生重大变化"的情形下，否则单方面变更劳动合同的行为是非合法的。

建议用人单位对单方变更劳动合同采取以下合规措施。（1）及时掌握国家的立法变动情况，如原先订立劳动合同所依据的法律法规已被修改或废止，则可以单方变更劳动合同。（2）用人单位存在客观原因。如用人单位根据其上级主管部门批准，或者自身根据市场变化而经常调整经营策略和产品结构的，不可避免地会发生转产、调整生产任务或生产经营项目情况。在这种情况下，有些工种、产品生产岗位就可能因此而撤销，或为其他新的工种、岗位所替代，此时其可以合法地单方变更劳动合同。（3）劳动者存在客观原因，通常包括：劳动者的身体状况发生变化导致劳动能力的部分丧失（如患病或者非因工负伤，在规定的医疗期满后不能从事原工作，也不能从事用人单位另行安排的工作的）；劳动者的职业技能不能胜任工作，经过培训或调整工作岗位，仍然不能胜任工作的；劳动者的职业技能提高了一定等级，造成原劳动合同不能履行或者如果继续履行原合同规定的义务对劳动者明显不公平等。（4）其他客观方面的原因，如由于不可抗力的发生（如企业严重亏损等），使得原来合同的履行成为不可能或者失去意义；因物价大幅度上升等客观经济情况变化，致使劳动合同的履行会花费太大代价而失去经济上的价值，等等。

【案例 2-23】

李先生大学所学专业为会计专业，毕业后他到一家外资公司工作，根据双方签订的劳动合同，李先生的工作岗位是会计，收入为 2800 元左右。但是，不久前公司销售科的一名职工离职了，于是公司将李先生的岗位变更为销售员，报酬也变更为基本工资 1000 元，绩效工资随销售业绩浮动。李先生对此表示不同意，认为自己不适合干销售，并且调动岗位要经双方协商一致。但该外资公司不顾李先生的反对，发出一份通知书，宣布将他的岗位调整为销售员，双方于是产生争议。李先生到劳动仲裁委申诉，要求公司继续履行劳动合同。劳动仲裁委认为，根据《劳动合同法》（2012），变更劳动合同以用人单位与劳动者协商一致为原则，以单方变更为例外［如《劳动合同法》（2012）第 40 条第 3 款］。本案不属于劳动合同订立时所依据的客观情况发生重大变化的例外情形，因此用人单位的单方变更行为是无效的。

（二）掌握劳动合同主体的变更

在实践中，引起劳动合同主体变更的情况一般包括企业的合并与分立，法条依据如下。（1）《劳动合同法》（2012）第 34 条："用人单位发生合并或者分立等情况，原劳动合同继续有效，劳动合同由承继其权利和义务的用人单位继续履行。"（2）《中华人民共和国公司法》（以下简称《公司法》）第 175 条："公司合并时，合并各方的债权、债务，应当由合并后存续的公司或者新设的公司承继。"

所谓合并，根据《公司法》规定，是指两个以上的用人单位合并为一个用人单位，包括新设合并和吸收合并：（1）新设合并，是指两个以上用人单位合并成为一个新的用人单位，原用人单位解散；（2）吸收合并，是指一个用人单位吸收其他用人单位，被吸收的用人单位解散，其权利义务一并由吸收的用人单位承担。所谓分立，按照《公司法》规定，是指一个用人单位分成两个或两个以上的用人单位，分立包括新设分立和派生分立两种形式：（1）新设分立，是指一个用人单位分成两个或两个以上新的用人单位，原用人单位解散；（2）派生分立，是指用人单位分出一个或一个以上新的用人单位，原用人单位继续存在。

由此可见，用人单位发生合并或分立的直接后果，是一部分劳动者要为新的用人单位提供劳动，用人单位主体产生实质性的改变。《劳动合同法》（2012）规定，在分立、合并的情况下，用人单位这一劳动合同主体虽然发生了变化，但原劳动合同继续有效，产生权利义务的继承问题。劳动合同所确立的劳动者的权利义务，以及用人单位的权利义务均不发生变化，只是分立、合并中形成的新主体替代旧主体，成为劳动关系一方当事人，劳动关系双方当事人仍然按照原有劳动合同确定的权利义务履行双方的约定。

在实践中，引起劳动合同主体变更的情况还包括企业将员工安排至关联企业或其他公司的情况。对于员工被安排至其他独立的用人单位工作而发生的劳动合同主体变更问题，法律没有作出明确规定，在这种情况下法律充分尊重当事人的意愿，只要双方协商一致达成协议，就可以变更劳动合同的主体。因此，这种情况下的劳动合同的主体变更以劳动者同意为前提条件。

需要注意的是，上述几种涉及劳动合同主体变更的情形，实际上都须签订新的劳动合同。

（三）劳动合同中的调岗问题

《劳动合同法》（2012）第35条规定，变更劳动合同需要用人单位与劳动者协商一致。"协商一致"本来就是《劳动合同法》（2012）第3条规定的订立劳动合同应当遵循的原则之一，变更劳动合同自然也要遵循协商一致的原则。需要重点关注：如果双方协商不一致的时候怎么办，用人单位能否单方面强行变更劳动合同？实践中，与本条联系最为密切的是调岗调薪纠纷。用人单位在对劳动者调岗调薪时，双方能协商一致达成合意最好，但即使协商不一致，根据《劳动合同法》（2012）第40条规定，在以下两种情况下，用人单位依然可以单方面作出调岗调薪决定：（1）劳动者患病或者非因工负伤，在规定的医疗期满后不能从事原工作的，用人单位可以单方面调岗调薪；（2）劳动者不能胜任工作的，用人单位可以单方面调岗调薪。在以上两种情况中，调完岗劳动者还是无法从事工作或者不能胜任的，用人单位提前30日以书面形式通知劳动者本人或者额外支付劳动者一个月工资后，可以解除劳动合同。如果解除了劳动合同，劳动者也可以根据《劳动合同法》（2012）第46条得到相应的经济补偿。除了以上两种情况，用人单位在调岗调薪时一般都要与劳动者协商一致。

另一个需要关注的问题是：如果双方协商不一致，用人单位强行单方面调岗调薪，是否一律无效？这要看用人单位的调岗调薪是否具有"合理性"，即用人单位的单方面调岗调薪是不是在"合理地"运用自己的自主用工权。《就业促进法》第8条第1款规定："用人单位依法享有自主用人的权利。"而《劳动合同法》（2012）第4条规定，用人单位可以自主制定规章制度，同样反映了这一点。

不过，自主用工权不能滥用，用人单位在单方面调岗调薪时，只能以"合理性"为限度，否则劳动者提起仲裁或诉讼时，用人单位需要就自己调岗调薪的"合理性"承担举证责任。例如2002年《上海市高级人民法院民一庭关于审理劳动争议案件若干问题的解答》的第15条即规定："用人单位和劳动者在劳动合同中约定，用人单位有权根据生产经营需要随时调整劳动者工作内容或岗位，双方为此发生争议的，应由用人单位举证证明其调职具有充分的合理性。用人单位不能举证证明其调职具有充分合理性的，双方仍应按原劳动合同履行。"如何做到"合理"？需要看地方的相应规定。2012年《广东省高级人民法院关于审理劳动人事争议案件的座谈会纪要》第22条规定："用人单位调整劳动者工作岗位，同时符合以下情形的，视为用人单位合法行使用工自主权，对劳动者以用人单位擅自调整其工作岗位为由要求解除劳动合同并请求用人单位支付经济补偿的，法院不予支持。（一）调整劳动者工作岗位是用人单位生产经营的需要；（二）调整工作岗位后劳动者的工资水平与原岗位基本相当；（三）不具有侮辱性和惩罚性；（四）无其他违反法律法规的情形。对用人单位调整劳动者的工作岗位且不具有上款规定的情形，劳动者超过一年未明确提出异议，后又以《劳动合同法》（2012）第三十八条第一款第（一）项规定要求解除劳动合同并请求用人单位支付经济补偿的，法院不予支持。"

【案例 2-24】

在《李某某等劳动争议案》^①中，双方在《劳动合同》中约定："公司根据工作需要，随时变更员工的工作，员工必须服从。"2013 年 5 月 7 日，用人单位向李某某发出《调岗通知书》，内容为："李某某的职位由经理降为主管，月基本工资由 10 500 元降为 6800 元，工作地点由北京调至新疆乌鲁木齐。"该通知遭到李某某的拒绝，于是用人单位先后发出《书面警告》《停职处分》和《惩戒解雇通知书》，宣布解除与李某某之间的劳动关系。后用人单位的行为被法院确认为违法解除劳动合同。

【案例 2-25】

在《龙保万通押运安全服务公司与胡某劳动争议案》^②中，双方在《劳动合同》中约定："龙保万通公司有权在合同期内因生产经营需要或其他原因调整胡某的工作岗位，或派胡某到本合同约定以外的地点、单位工作。"2015 年 7 月 27 日，龙保万通公司向胡某发出《工作调动通知》，内容为："因工作需要，公司决定将你从公司 ×× 库区（柳州市柳石路 37 号）守库员岗位调整到工行中心库（柳州市潭中东路 8 号）任守库员岗位工作，薪资待遇按守库员岗位工资发放。"该通知遭到胡某的拒绝，由于胡某迟迟不到岗，龙保万通公司最终以胡某违反了公司的《员工奖罚（暂行）制度》，构成严重违反公司规章制度为由，解除了双方的劳动合同。后用人单位的行为被法院确认为合理解除劳动合同。

通过上述两个案件，可以总结出用人单位单方调岗调薪的合规要点。（1）在劳动合同中约定有"公司有权在合同期内因生产经营需要调整×××的工作岗位和薪酬"这样的条款；（2）调整工作岗位后劳动者的工资水平要与原岗位基本相当；（3）工作地点尽量在市区内，不过分影响劳动者的生活便利程度；（4）做好程序性工作，调岗要下发《工作调动通知》，详细说明调岗的事实与原因，如果可以最好让员工签收该通知；（5）如果劳动者拒绝工作调动迟迟不到岗，用人单位需要据此认为劳动者构成严重违反公司规章制度，从而想解除劳动合同的，一定要确保公司的规章制度系通过民主法定程序所制定，曾进行过公示或者已送达至劳动者。

本条规定，变更劳动合同应当采用书面形式，但实践中出现了很多口头变更劳动合同的情况，最高人民法院《关于审理劳动争议案件适用法律若干问题的解释（四）》第11条规定："变更劳动合同未采用书面形式，但已经实际履行了口头变更的劳动合同超过一个月，且变更后的劳动合同内容不违反法律、行政法规、国家政策以及公序良俗，当事人以未采用书面形式为由主张劳动合同变更无效的，人民法院不予支持。"也就是说，最高人民法院事实上承认了口头变更书面劳动合同的效力，劳动合同口头变更之后，履行方实际履行一个月之内必须提出异议，超过一个月还不提出异议的，变更即为有效。

【案例 2-26】

在《殷某某与联德机械公司劳动争议案》[①]中，法院认为，最高人民法院《关于审理劳动争议案件适用法律若干问题的解释（四）》第11条规定，变更劳动合同未采用书面形式，但已经实际履行了口头变更的劳动合同超过一个月，且变更后的劳动合同内容不违反法律、行政法规、国家政策以及公序良俗，当事人以未采用书面形式为由主张劳动合同变更无效的，人民法院不予支持。虽然殷某某与联德机械公司双方签订的书面劳动合同约定在杭州地区从事操作岗位工作，但联德机械公司自2014年10月16日起安排殷某某至海宁弘德机械有限公司工作，并正常工作至2015年3月1日。已经超过一个月，

---

① 改编自《殷某某与联德机械公司劳动争议二审民事判决书》（2016 浙 01 民终 2451 号）。

应视为劳动合同已经变更。殷某某认为变更劳动合同无效的上诉理由不能成立，本院不予采信。关于殷某某上诉认为其至海宁弘德机械有限公司上班系劳动合同主体变更，并非原劳动合同变更的上诉理由，法院认为因殷某某系联德机械公司安排至海宁工作，由联德机械公司管理考勤、发放工资，故殷某某认为其与海宁弘德机械有限公司建立劳动关系的上诉理由，也不能成立。

二、合规措施

第一，尽可能采取协商的方式变更劳动合同。

我国劳动法律以"平等自愿、协商一致"为变更劳动合同的原则，以用人单位单方变更劳动合同为例外，这就要求企业尽可能地采取协商的方式变更劳动合同，尤其是在劳动合同的变更不利于劳动者的情形下，诸如产生收入的下调、待遇的降低、工作环境的改变等，用人单位应尽量和劳动者进行协商，否则易导致变更合同无效，引发劳动纠纷。

用人单位尤其要注意被认为是变相的变更劳动合同的手段，如用人单位根据工作的需要，决定采取公开考试的办法，对考试不通过的职工，一律另行安排工作岗位或予以辞退。这种打擦边球的方式也应该尽量避免，因为采取公开考试的办法看似公平，但若未经劳动者同意，对劳动者就不具有约束力，用人单位仍应履行原合同。

第二，事先在劳动合同中约定合同变更条款。

用人单位在和劳动者在订立劳动合同的过程中，可以事先在劳动合同中约定变更的情形。只要这些情形不违背劳动法等法律法规的强制性规定，法律都会尊重当事人的意思自治，当出现约定情形时，用人单位一方就可以变更劳动合同。

第三，务必采取书面形式变更劳动合同。

要杜绝在实践中变更劳动合同采取口头形式，直接通知劳动者变更劳动合同的做法，比如通知劳动者即日起去某某岗位工作等，要求双方按变更后的内容履行。这是因为《劳动合同法》（2012）设置了建立劳动关系、变更劳动合同均应当采用书面形式的强制性规定，若违反规定，用人单位将会面临较大风险。在实务中，如果用人单位与劳动者对变更的内容未作书面记载，就无法举证来确认和证明劳动合同与法律关系发生了变化；在此情况下，劳动者若仍要求按原劳动合同履行的，用人单位将处于不利的地位。

需要注意的细节是，变更后的劳动合同仍然需要由劳动者签字、用人单位盖章且签字，方能生效。劳动合同变更书应由劳动合同双方各执一份；同时，对于经过鉴证的劳动合同，劳动合同变更书也应当履行相关手续。

第四，严格遵守劳动合同变更法律手续。

提出变更劳动合同的主体包括用人单位和劳动者双方，但无论是哪一方提出变更劳动合同，都要及时向对方提出，说明变更劳动合同的理由、内容和条件等；另一方应在合理期限内及时作出答复，不得对对方提出的变更劳动合同的要求置之不理，否则将导致一定的法律后果。这在很多地方法规中都有规定，《北京市劳动合同规定》就规定：当事人一方要求变更相关内容的，应当将变更要求以书面形式送交另一方，另一方应当在15日内答复，逾期不答复的，视为不同意变更劳动合同。劳动合同变更失败，原内容继续履行。

需要注意的是，在特定情况下无须办理劳动合同变更手续，只须向劳动者说明情况。这些特定的情况包括但不限于：用人单位变更名称、法定代表人、主要负责人或者投资人等事项，这些不需要办理变更手续，劳动关系双方当事人应当继续履行原合同内容。

▸ 第五节　劳动合同的种类

按照不同的标准，劳动合同可以划分为不同的种类，其中按照合同期限不同分为固定期限劳动合同、无固定期限劳动合同，以及以完成一定的工作为期限的劳动合同。法律依据是《劳动法》（2018）第20条。

一、要点

（一）固定期限劳动合同

固定期限劳动合同，又称定期劳动合同，是指劳动合同双方当事人在劳动合同中明确规定了合同效力的起始和终止的时间［《劳动合同法》（2012）第 13 条第 1 款］。劳动合同期限届满，劳动关系即告终止。如果双方协商一致，还可以续订劳动合同，延长期限。固定期限的劳动合同可长可短，具体期限由当事人双方根据工作需要和实际情况确定。

固定期限的劳动合同适用范围广，应变能力强，它的存在既能保持劳动关系的相对稳定，又能促进劳动力的合理流动，使资源配置合理化、效益化，是实践中应用较多的一种劳动合同。对于那些常年性的工作，要求保持连续性、稳定性的工作，技术性强的工作，适宜签订较为长期的固定期限劳动合同。对于一般性、季节性、临时性、用工灵活、职业危害较大的工作岗位，适宜签订较为短期的固定期限劳动合同。

根据现行法律，用人单位要关注下面两个主要问题。

第一，固定期限劳动合同期满终止，用人单位须支付经济补偿，法律依据是《劳动合同法》（2012）第 46 条规定。据此规定需要做好以下合规措施：（1）劳动合同期满时，用人单位同意续订劳动合同，且维持或者提高劳动合同约定条件，但劳动者不同意续订而导致劳动合同终止的，用人单位无须支付经济补偿；（2）如果用人单位同意续订劳动合同，但降低劳动合同约定条件，劳动者不同意续订的而导致劳动合同终止的，用人单位应当支付经济补偿；（3）如果用人单位不同意续订，无论劳动者是否同意续订，劳动合同终止，用人单位应当支付经济补偿。

第二，有关固定期限劳动合同向无固定期限劳动合同转化的问题，详见下文。

（二）无固定期限劳动合同

无固定期限劳动合同，根据《劳动合同法》（2012）第 14 条规定，是指用人单位与劳动者约定无确定终止时间的劳动合同。由于无固定期限劳动合同是法定的，因此双方不可以排除此种法定情形。

《劳动法》（2018）、《劳动合同法》（2012）等规定，可以订立法定无固定期限劳动合同的情形有以下几种。（1）用人单位与劳动者协商一致，可以订立无固定期限劳动合同的。（2）劳动者在该用人单位连续工作满10年，劳动者提出或同意续订、订立劳动合同的，必须签订无固定期限劳动合同，除非劳动者一方提出的是订立固定期限劳动合同。（3）用人单位初次实行劳动合同制度，或国有企业改制重新订立劳动合同时，劳动者在该用人单位连续工作满10年，且距法定退休年龄不足10年的，劳动者提出或同意续订、订立劳动合同的，应当订立无固定期限劳动合同，除非劳动者一方提出的是订立固定期限劳动合同。（4）连续订立两次固定期限劳动合同，且劳动者没有《劳动合同法》（2012）第39条和第40条第1款、第2款规定的情形，续订劳动合同的，劳动者提出或者同意续订、订立劳动合同的，应当订立无固定期限劳动合同，除非劳动者一方提出的是订立固定期限劳动合同。

需要说明的是，双方协商一致订立无固定期限劳动合同的，不受劳动者的工作年限限制；对上述第2、3、4种情形，劳动者提出或者同意续订、订立劳动合同的，用人单位是没有选择权的，必须签订无固定期限劳动合同。

例如：张先生于2008年4月1日进入某公司从事IT工作，双方连续签订了数份劳动合同，最后一份劳动合同期限为自2013年1月1日起至2018年12月31日止。在劳动合同即将到期前，张先生提出续订无固定期限劳动合同，公司未给予明确回答。2018年12月31日，张先生接到公司的终止劳动合同通知书。张先生认为自2018年4月起，双方劳动关系存续已满10年，符合签订无固定期限劳动合同的条件，他对公司终止劳动合同的决定不服，向劳动仲裁委申请仲裁，要求恢复与公司的劳动关系并签订无固定期限劳动合同。在本案中，张先生自2008年4月1日至2018年12月31日，已经在公司连续工作满10年。在劳动合同即将到期前，张先生向公司提出续订无固定期限劳动合同，因此公司应当与张先生签订无固定期限劳动合同。虽然固定期限劳动合同期满是劳动合同终止的情形之一，但是如果合同到期时，劳动者工作年限已满 10 年且劳动者作出订立无固定期限劳动合同的意思表示的，则用人单位发出终止劳动合同通知的行为属于违法终止。

实务中，要重点关注视为已订立无固定期限劳动合同的合规问题。《劳动合同法》（2012）规定，雇主自用工之日起满一年不与员工订立书面劳动合同的，视为双方已订立无固定期限劳动合同（第 14 条第 3 款）。需要注意的是，"视为"已订立无固定期限劳动合同的，要求采取书面形式。

虽然《劳动合同法》（2012）第 10 条规定建立劳动关系应当订立书面劳动合同，但实践中很多用人单位经常不和劳动者订立书面劳动合同，此种做法会面临不利后果。《劳动合同法》（2012）规定，对于已经建立劳动关系，但没有同时订立书面劳动合同的，用人单位与劳动者应当自用工之日起一个月内订立书面劳动合同；用人单位未在用工的同时订立书面劳动合同，与劳动者约定的劳动报酬不明确的，新招用的劳动者的劳动报酬应当按照企业的或者行业的集体合同规定的标准执行；没有集体合同或者集体合同未作规定的，用人单位应当对劳动者实行同工同酬制；用人单位自用工之日起超过一个月但不满一年未与劳动者订立书面劳动合同的，应当向劳动者支付二倍的月工资。

【案例 2-27】

在《魏某与土湾社区卫生服务中心劳动合同纠纷案》[①]中，法院认为，尽管在前述第二次书面劳动合同期限届满后，土湾社区卫生服务中心与魏某分别在 2014 年、2015 年、2016 年和 2018 年多次续签了固定期限劳动，但不能仅凭双方在第二次书面劳动合同期限届满后继续订立固定期限劳动合同的事实，得出双方已协商一致继续订立固定期限劳动合同的结论。因土湾社区卫生服务中心未能举证证明在第二次劳动合同期限届满后，魏某提出订立固定期限劳动合同的事实，故双方若在第二次劳动合同期限届满后续订劳

---

① 重庆市第一中级人民法院民事判决书（2021）渝 01 民终 2239 号。

动合同，应当订立无固定期限劳动合同，土湾社区卫生服务中心自 2014 年 11 月 19 日起未与**魏某**续订无固定期限劳动合同，有违前述法律规定。同时，根据《劳动合同法》（2012）第 14 条第 3 款规定，因土湾社区卫生服务中心自 2014 年 11 月 19 日起，已超过一年未与**魏某**订立无固定期限劳动合同，应视为双方已订立无固定期限劳动合同。故**魏某**有权依照《劳动合同法》（2012）第 82 条第 2 款规定，要求土湾社区卫生服务中心向其支付 2014 年 11 月 19 日至 2015 年 11 月 18 日期间的二倍工资差额。

【案例 2-28】

在《陈某与中某智库研究院江苏有限公司劳动合同纠纷案》[①]中，陈某认为，江苏物联网研究发展中心（以下简称"江苏物联网中心"）与中某公司系关联企业，中某公司系江苏物联网中心教育培训中心转制独立出来的公司。陈某自 2010 年进入江苏物联网中心，连续签订两次固定期限劳动合同。2015 年，根据江苏物联网中心的安排，陈某的劳动关系转移至中某公司，陈某与中某公司签订固定期限劳动合同。陈某与中某公司签订劳动合同后，其工作地点、工作内容均未发生变更，对外也继续使用原江苏物联网中心的名片开展工作。因此，在 2018 年 1 月 31 日劳动合同期满时，陈某已经符合签订无固定期限劳动合同的条件。中某公司认为，中某公司系独立经营、自负盈亏的企业法人。陈某与中某公司约定的劳动合同期间为 2015 年 2 月 1 日至 2018 年 1 月 31 日，陈某与江苏物联网中心签订的劳动合同与中某公司无关。法院驳回了陈某的再审申请，其理由是：中某公司虽与江苏物联网中心存在投资关联，但两公司均是独立承担民事责任的法人主体。根据《入职协议书》的约定，陈某系自愿解除与江苏物联网中心的劳动关系，办理离职手续后进入中某公司工作。陈某先后与江苏物联网中心和中某公司签订劳动合同，不构成与同一家单位连续订立两次固定期限劳动合同情形。另因陈某未在两家用人单位连续工作满 10 年，故其不符合签订无固定期限劳动合同的条件。

---

① 江苏省高级人民法院民事裁定书，（2020）苏民申 185 号。

【案例 2-29】

在《彭某与某人力公司劳动争议纠纷案》[①]中，法院认为，在本案中，在双方第四次固定期限劳动合同届满前，人力公司向彭某提出合同到期后终止劳动关系，并发出终止劳动合同的通知，彭某拒绝在该份通知书上签字的行为表明了其不愿意终止双方的劳动合同。随后彭某在仲裁中明确要求与人力公司订立无固定期限劳动合同的要求完全符合法律规定。人力公司未与其订立无固定期限劳动合同，反而以合同期满为由终止双方的劳动合同是违法的。故法院判决某人力公司应与彭某签订无固定期限劳动合同。

《劳动合同法》（2012）第 82 条第 2 款规定，用人单位违反本法规定不与劳动者订立无固定期限劳动合同的，自应当订立无固定期限劳动合同之日起向劳动者每月支付二倍的工资。本条的"应当订立无固定期限劳动合同之日"，应当理解为《劳动合同法》（2012）第 14 条第 2 款、第 3 款规定的 4 种情形到来之日。

1. 劳动者在同一用人单位连续工作满 10 年之日的次日。例如，张某于 2008 年 2 月 1 日进入某公司工作，到 2018 年 1 月 31 日，已在该公司连续工作 10 年。如果张某提出续订劳动合同，则 2018 年 2 月 1 日即为"应当订立无固定期限劳动合同之日"。如果未订立无固定期限劳动合同，某公司应从 2018 年 2 月 1 日起向张某每月支付二倍的工资，直至双方订立书面无固定期限劳动合同为止。

2. 劳动者在同一用人单位连续工作满 10 年，且距法定退休年龄不足 10 年的情况下，用人单位初次实行劳动合同制度或者国有企业改制重新订立劳动合同之日。例如，吴某在某国企连续工作 12 年，2018 年 5 月，吴某已经 55 岁，距 60 岁的法定退休年龄不足 10 年。在这种情况下，如果吴某所在的国企改制，确定于 2018 年 6 月 1 日重新与职工订立劳动合同，则 2018 年 6 月 1 日这一天即为"应当订立无固定期限劳动合同之日"。如果未订立无固定期限劳动合同，公司应从 2018 年 6 月 1 日

---

① 张朴田、钱菲：《用人单位应当与符合法定条件的劳动者签订无固定期限劳动合同》，原文见《人民司法·案例》2014 年第 8 期。

起向吴某每月支付二倍的工资，直至双方订立书面无固定期限劳动合同为止。

3. 用人单位与劳动者连续订立两次固定期限劳动合同，且劳动者没有《劳动合同法》（2012）第39条和第40条第1款、第2款规定的情形，双方续订劳动合同之日。例如，2018年以后，王某与用人单位已连续订立两次固定期限劳动合同，2020年2月1日双方第二次劳动合同到期，王某于当天提出订立无固定期限劳动合同，则2020年2月1日为"应当订立无固定期限劳动合同之日"。如果未订立无固定期限劳动合同，公司应当从2020年2月1日起每月向王某支付两倍的工资，直至双方订立书面无固定期限劳动合同为止。

4. 用人单位自用工之日起满一年不与劳动者订立书面劳动合同的，则满一年后的第一天为"应当订立无固定期限劳动合同之日"。例如，李某于2020年4月1日进入某贸易公司工作，到了2021年3月31日，某贸易公司还没有与李某签订书面劳动合同，则自2021年4月1日开始，视为该公司与李某已经订立无固定期限劳动合同。《劳动合同法实施条例》第7条规定，用人单位自用工之日起满一年未与劳动者订立书面劳动合同的，自用工之日起满一个月的次日至满一年的前一日应当依照《劳动合同法》（2012）第82条规定向劳动者每月支付两倍的工资，并视为自用工之日起满一年的当日已经与劳动者订立无固定期限劳动合同，用人单位应当立即与劳动者补订书面劳动合同。

同时需要注意的是，《劳动合同法实施条例》规定，用人单位自用工之日起满一年不与劳动者订立书面劳动合同的，用人单位仅须支付自用工之日起满一个月的次日至满一年的前一日的每月两倍工资，即11个月的两倍工资，自用工之日起满一年后即视为双方已订立无固定期限劳动合同，无须再支付两倍工资。

【案例 2-30 】

在审理陈某某与北京华南公司劳动争议纠纷案[①]时，法院认为：《劳动合同法》（2012）规定，劳动者在用人单位连续工作满 10 年的，劳动者提出或者同意续订，订立劳动合同的，除劳动者提出订立固定期限劳动合同外，应当订立无固定期限劳动合同。用人单位违反本法规定不与劳动者订立无固定期限劳动合同的，应当自劳动者提出订立无固定期限劳动合同之日起至订立无固定期限劳动合同之日止，向劳动者每月支付两倍的工资。由于不订立书面无固定期限劳动合同属于不订立书面劳动合同的一种，因此，支付二倍工资的期限应不超过 11 个月。本案中，陈某某符合订立书面无固定期限劳动合同的条件，而华南公司未依法与陈某某订立书面无固定期限劳动合同，故华南公司应当自 2008 年 11 月 16 日起向陈某某每月支付二倍的工资，支付期限计算到 2009 年 10 月 15 日止。之后，华南公司应按照陈某某的月工资数额向其支付工资。

特别需要注意的是，无固定期限劳动合同的期限可长可短，取决于每个无固定期限劳动合同的履行情况，但它绝不等于临时工，也不等于终身制。在遇到法律规定或双方约定的劳动合同终止情形时，同样可以解除。《劳动合同法》（2012）所规定的合同解除条件同样适用于无固定期限劳动合同的解除，亦即无固定期限劳动合同可以通过协商解除、法定解除［《劳动合同法》（2012）第 39 条、第 40 条、第 41 条］、约定解除三种方式予以解除。可见，劳动者在与用人单位订立无固定期限劳动合同后，并没有获得"铁饭碗"，在劳动者存在《劳动合同法》所规定的过错情形下，用人单位同样可以解除劳动合同，且无须向劳动者支付经济补偿金。同时，如果劳动者有不能胜任工作等情形或者用人单位打算裁员，用人单位也可以解除劳动合同。但需要注意的是，在裁员时，对签订无固定期限劳动合同的劳动者，用人单位须优先留用。

---

① 改编自《未订立无固定期限劳动合同的双倍工资支付的期间上限》，刊载自《人民司法·案例》2012 年第 16 期。

【案例 2-31】

无固定期合同非终身制合同纠纷案

2006 年 10 月，姜女士与日立数据系统（中国）公司（以下简称"日立数据"）签订无固定期限劳动合同，职务是商务经理。2007 年起，其年基本工资为 40.7 万元，目标奖金为 4.7 万元。2008 年 3 月 11 日，姜女士接到日立数据的一纸解聘通知书。姜女士将日立数据告上法庭，要求继续履行劳动合同，理由是日立数据是在无事实依据和法律依据情况下突然解除劳动合同的。日立数据在庭审中称：姜女士的工作范围包括数据录入，但她在该项工作中经常出错，因此同事发邮件提醒她注意准确性。随后，姜女士给相关负责人发邮件，表示停止数据录入工作并多次拒绝参加 PIP（职业培训提升计划）。至 2008 年 3 月，因姜女士拒绝录入工作已两个多月，公司不得不另行招人填补空缺。据此，公司才与姜女士解除劳动关系。东城法院经审理认为，劳动者严重违反单位规章制度的，用人单位可以解除劳动合同。本案中，日立数据曾多次与姜女士沟通，但后者拒不接受，并擅自停止工作，且不参加公司的培训。因此，姜女士的行为已严重违反了单位的规章制度。据此，法院认为日立数据以姜女士违反公司规章制度为由解除劳动合同并无不妥，并于 2008 年 6 月 5 日判决驳回了姜女士的全部请求。

【案例 2-32】

无固定期限合同非临时性合同纠纷案

马先生在一家公司里连续工作了 13 年，在劳动合同到期前，公司人力资源部负责人告诉他，可以与公司签订无固定期限的劳动合同。鉴于自己年龄偏大等原因，马先生就在合同到期前与单位签订了无固定期限的劳动合同。但是公司的生产经营状况恶化使马先生对公司的未来失去信心，因此他应聘了另外一家公司的总经理助理职务。随后马先生通知原公司打算解除无固定期限劳动合同，原公司以未同意解除劳动合同为由通知马先生：公司可以与他解除劳动关系，但要按劳动合同中关于解除合同须承担违约责任的条款追究马先生的违约责任。马先生则认为，无固定期限的合同就是临时性合同，在合同签订后任何一方都可以随时终止合同关系，自己无须承担违约责任。法院认为，关于马先生是否要承担违约责任，要看马先生在 30 日之内是否以书面形式提前通知了用人单位。我国《劳动合同法》（2012）规定，只要劳动者提前 30 日以书面形式通知用人单位，就可以解除劳动合同。只要马先生履行该程序，他就可以去新单位上班，且不用负违约责任。若马先生未提前 30 日书面通知所在公司，他是需要承担违约责任的。

（三）以工作任务为期限的劳动合同

《劳动合同法》（2012）第 15 条第 1 款规定，以完成一定工作任务为期限的劳动合同，是指用人单位与劳动者约定以某项工作的完成为合同期限的劳动合同。之所以签订以完成一定工作任务为期限的劳动合同，通常因为用人单位无法预计该项工作或工程结束的具体时间。因此，在实践中，某一项工作或工程开始之日，即为合同开始之时，此项工作或工作完毕，合同即宣告终止。

《劳动合同法》（2012）第 15 条第 2 款规定，订立以完成一定工作任务为期限的劳动合同的前提，是用人单位与劳动者双方协商一致。一般地，用人单位与劳动者可以通过协商一致签订的以完成一定工作任务为目标的工作具体包括但不限于：（1）完成某一单项任务的工作，如开发某一项技术等；（2）可按项目承包的工作，如装修某栋建筑物或办公楼等；（3）因季节性需临时用工的工作，如临时雇用工人促销空调产品，等等。

以完成一定工作任务为期限的劳动合同，在合同存续期间建立的是劳动关系，实际上属于固定期限的一种劳动合同。这意味着当事人双方的权利义务基本上等同于一般的劳动合同。例如，劳动者要加入用人单位集体，参加用人单位工会，遵守用人单位内部规章制度，享受工资福利、社会保险，休息休假等待遇。如果存在加班的情况，用人单位应当按照固定期限劳动合同加班费支付办法支付加班费。

以完成一定工作任务为期限的劳动合同之所以不同于一般的劳动合同，主要有两点原因。（1）以完成一定期限的劳动合同不存在连续签订两次劳动合同之后，再次签约就要签订无固定期限劳动合同的问题。因为签订无固定期限劳动合同的前提条件是"连续订立两次固定期限劳动合同"，这是狭义的固定期限劳动合同，它不包括"以完成一定工作任务为期限的劳动合同"。(2)《劳动合同法》(2012)第19条规定,"以完成一定工作任务为期限的劳动合同(或者劳动合同期限不满3个月的),不得约定试用期"。

对于以完成一定工作任务为期限的用工形式,用人单位也应当与劳动者订立书面劳动合同。如果用人单位自用工之日起超过一个月不满一年,未与劳动者订立书面劳动合同的,应当向劳动者支付二倍工资。如果一旦符合满一年不订立书面合同的情况,则可以视为用人单位与劳动者已形成无固定期限劳动关系。因此,用人单位必须严格依照法律规定与其签订书面形式的劳动合同。

此外,《劳动合同法》(2012)规定,用人单位终止固定期限的劳动合同需要向劳动者支付经济补偿金,而终止"以完成一定工作任务为期限的劳动合同"则不需要向劳动者支付经济补偿金。但是《劳动合同法实施条例》第22条规定,以完成一定工作任务为期限的劳动合同因任务完成而终止的,用人单位应当依照《劳动合同法》(2012)第47条规定,向劳动者支付经济补偿金。按照该条款规定,用人单位需要在合同因任务完成而终止的情况下向劳动者支付经济补偿金[①]。因此,用人单位对一些特殊的工作岗位,通过签订以完成一定工作任务为期限的劳动合同,来规避终止固定期限劳动合同需要支付经济补偿金规定之做法,是违法的。

例如,刘先生与某建筑工程队所签订的劳动合同约定:刘先生到建筑工程队工作,建筑工程队每月支付刘先生5000元工资;合同期限至某栋大楼建设工程完工。在大楼建设的半年时间里,该建筑工程队经常借故拖欠工资,刘先生多次向工程队索要拖欠工资。该建筑工程队负责人不胜其烦,遂解除了与刘先生的劳动合同,并拒绝支付经济赔偿金。刘先生不服,向当地劳动仲裁委提起仲裁,要求某建筑工程队继续履行劳动合同。根据案情,当事人双方建立的是以完成一定工作任务为期限的劳动合同。用人单位要解除与

---

① 在《劳动合同法实施条例》实施之前,按照《劳动合同法》(2012)规定,以完成一定工作任务为期限的劳动合同在终止时,企业不需要支付经济补偿金。但是,在《劳动合同法实施条例》实施以后,根据该条例,以完成一定工作任务为期限的劳动合同因任务完成而终止的,用人单位应当依照《劳动合同法》(2012)第47条规定向劳动者支付经济补偿金。

劳动者的劳动合同，必须遵守《劳动合同法》（2012）第39条、第40条、第41条规定。按照第40条规定解除劳动合同的，用人单位应提前30日以书面形式通知劳动者本人，或额外支付劳动者一个月的工资，并应当向劳动者支付经济补偿金。本案中，刘先生不存在上述法定事由，某建筑工程队无权提出解约，而应当按照合同约定，待该栋大楼建筑工程完工之际，自动与其终止劳动合同。

二、合规措施

1. 掌握与劳动者签订无固定期限劳动合同的几种情形。（1）双方协商一致同意签订的；（2）劳动者在该用人单位连续工作满10年的；（3）用人单位初次实行劳动合同制度或者国有企业改制重新订立劳动合同时，劳动者在该用人单位连续工作满10年且距法定退休年龄不足10年的；（4）连续订立两次固定期限劳动合同，且劳动者没有《劳动合同法》（2012）第39条、第40条第1款、第2款规定的情形，续订劳动合同的；（5）用人单位自用工之日起满一年不与劳动者订立书面劳动合同的，视为用人单位与劳动者已订立无固定期限劳动合同。

2. 关注下述规避签订无固定期限劳动合同的风险。（1）变换签约主体。实践中，一些用人单位为了让劳动者工作年限无法"连续"，就注册两个以上独立法人的企业，当与A公司合同期满后，由B公司与劳动者签订劳动合同。有一些集团公司旗下有多个子公司，由不同子公司分别与劳动者签订劳动合同，通过变换签约主体规避无固定期限劳动合同的订立。（2）"连续"工作年限中断。实践中，有些用人单位要求劳动者先辞职，过一段时间再入职，或者在劳动合同到期后终止劳动合同，过一段时间再聘用劳动者，让连续工作年限和连续两次固定期限劳动合同发生"中断"，以此规避签订无固定期限劳动合同。（3）合同顺延，即用人单位在劳动合同中约定，劳动合同到期后让其自动顺延，以此规避续订劳动合同的次数，目的是不连续订立两次固定期限劳动合同。（4）采取劳务派遣来规避。在与劳动者的劳动合同到期后，有些用人单位会告知劳动者与某劳务派遣公司签订劳动合同，再由劳务派遣公司派遣到原公司工作，一般保持工作岗位、工资待遇等条件不变。（5）直接合同劳动变更，即用人单位与劳动者协商，将原劳动合同期限延长，通过对劳动合同进行变更规避"续订"劳动合同，从而避免连续订立两次固定期限劳动合同后面临着签订无固定期限劳动合同的风险。

对于上述行为，有些地方性指导意见已经关注到了，如《广东省高级人民法院、广东省劳动仲裁委关于适用〈劳动争议调解仲裁法〉〈劳动合同法〉若干问题的指导意见》第 22 条规定，用人单位恶意规避《劳动合同法》（2012）第 14 条的下列行为，应被认定为无效行为，劳动者的工作年限和订立固定期限劳动合同的次数仍应连续计算。（1）为使劳动者"工龄归零"，迫使劳动者辞职后重新与其签订劳动合同的；（2）通过设立关联企业，在与劳动者签订合同时交替变换用人单位名称的；（3）通过非法劳务派遣的；（4）其他明显违反诚信和公平原则的规避行为。

3. 做好在签订无固定期限劳动合同问题上的举证责任工作。《劳动合同法》（2012）第 14 条规定，用人单位需要提供以下证据。（1）证明劳动者在本单位的连续工作年限是否满足 10 年。（2）证明本单位是不是初次实行劳动合同制度，是不是国有企业改制重新订立劳动合同。（3）证明劳动者是不是已经订立了两次固定期限的劳动合同，如果劳动者要求续订固定期限劳动合同，则要保留劳动者的书面意见作为证据。

特别强调的有两点。（1）在劳动者出现符合第 14 条规定的三种法定情形时，用人单位要主动提出与劳动者订立无固定期限劳动合同，以防在没有主体提出订立无固定期限劳动合同的情况下，劳动者突然在某一天要求用人单位从该固定期限合同订立之日开始每月向其支付二倍工资。（2）劳动者口头要求订立固定期限劳动合同，用人单位依劳动者的意思订立，但履行一段时间后，劳动者反悔，要求用人单位支付二倍工资的，如果用人单位不能举证系劳动者提出的订立固定期限劳动合同，也会面临支付二倍工资的风险。为此建议用人单位以书面形式向劳动者征询需要订立哪种类型的劳动合同，如果劳动者同意订立固定期限劳动合同或者主动提出订立固定期限劳动合同的，用人单位一定要保留劳动者同意的书面证据，以避免事后被劳动者利用而导致用工成本增加。

▶ 第六节　**劳动合同的终止**

员工离职指雇员和雇主之间结束雇佣关系，员工离开原企业的行为。员工离职大致可分为自愿离职和非自愿离职两种情形。自愿离职包括员工辞职和退休，非自愿离职包括辞退员工和集体性裁员。

从劳动法律的角度来看，员工的离职主要表现为劳动合同的终止。所谓"劳动合同的终止"，是指劳动合同的法律效力依法被消灭，是劳动关系因一定法律事实的出现而终结，劳资双方之间原有的权利义务不再存在。劳动合同终止之后，双方不再执行原劳动合同中约定的事项；但劳动合同终止之前发生的权利义务关系并不因此消灭。因此，如果资方在合同终止前拖欠劳方工资，劳方仍可依法请求法律救济。

主要法律依据：（1）《劳动法》（2018）第23条；（2）《劳动合同法》（2012）第44条、第45条；（3）《劳动合同法实施条例》第13条。

一、要点

（一）掌握劳动合同终止的法定情形

1. **劳动合同期限届满**。主要适用于固定期限劳动合同和以完成一定工作任务为期限的劳动合同。用人单位需要关注以下合规要点。（1）固定期限的劳动合同期满后，因用人单位原因未办理终止或续订手续而形成事实劳动关系的，视为续订劳动合同，用人单位应及时与劳方协商合同期限，办理续订手续；否则由此给劳动者造成损失的，应当依法承担赔偿责任①。（2）劳动合同期满后，劳动者仍在原用人单位工作，原用人单位未表示异议的，视为双方同意以原条件继续履行劳动合同；一方提出终止劳动关系的，法院应当支持②。需要注意的是，此时双方之间存在的是一种事实的劳动关系，不等于双方按照原劳动合同约定的期限续签了一个新的劳动合同；因此，一方提出终止劳动关系的，应认定为终止事实上的劳动关系③。（3）劳动合同期满自然终止，原劳动合同失效；如劳动者仍在原资方工作，用人单位未表示异议的，应视为一个新劳动合同的开始。（4）在前一劳动合同终止之日后，用人单位应在劳动者提供劳动的第一天起一个月内订立书面劳动合同（《劳动合同法》（2012）第10条），否则用人单位要承担法律责任［《劳动合同法》（2012）第14条第4款、第81条］；后一劳动合同的内容除了期限，其他方面应视为与原劳动合同一致。

2. **劳动者开始享受养老保险**。对此，用人单位需要关注以下合规要点。（1）明确开始依法享受基本养老保险待遇的条件主要有两个：一是劳动者已退休；二是个人缴费年限累计满15年或者个人缴费，以及视同缴费年限累计满15年。（2）"国家法定的企业职工退休年龄"，是指国家法律规定的正常退休年龄，即"男年满60周岁，女工人年满50周岁，女干部年满55周岁"④。《劳动法》（2018）并未规定退休时劳动合同终止的情形，因此，劳动者退休但并没有依法享受基本养老保险待遇的，其劳动合同是否终止问题不明。《劳动合同法》（2012）规定，劳动者退休并不必然导致劳动合同终止，除非其他法律、行政法规另有规定。

3. **劳动者死亡或被宣告失踪**。在劳动领域中，公民死亡、被法院宣告失踪或者宣告死亡的，劳动合同签订一方主体资格消灭，客观上丧失劳动能力，之前签订的劳动合同因为缺乏一方主体而归于消灭，属于劳动合同终止的情形之一。

---

① 劳动部《关于实行劳动合同制度若干问题的通知》（劳部发〔1996〕354号）。
② 最高人民法院《关于审理劳动争议案件适用法律若干问题的解释》（2001）。
③ 劳动保障部《关于对事实劳动关系解除是否应该支付经济补偿金问题的复函》（2001）。
④ 劳动和社会保障部办公厅《关于企业职工"法定退休年龄"涵义的复函》（劳社厅函〔2001〕125号）。

4. 用人单位被依法宣告破产。用人单位一旦被依法宣告破产，就进入破产清算程序，其主体资格即将归于消灭，意味着劳动合同一方主体资格必然消灭，劳动合同归于终止。

5. 用人单位被解散。所谓解散，是指已经成立的用人单位（主要是公司），因章程或法定事由出现而停止经营活动，并开始清算，使公司法人资格消灭的法律行为。由于公司解散将导致公司法人归于消灭，因此在公司解散的情况下，劳动合同由于缺乏一方主体而归于终止。公司解散的原因有五种：（1）公司章程规定的营业期限届满或者公司章程规定的其他解散事由出现；（2）股东会或者股东大会决议解散；（3）公司因合并或者分立需要解散；（4）依法被吊销营业执照、责令关闭或者被撤销；（5）法院依照本法第 183 条规定予以解散。考虑有关经济补偿的规定，本项仅规定用人单位被吊销营业执照、责令关闭、撤销或者用人单位决定提前解散的，劳动合同终止。

6. 法律法规规定的其他情形。即除了《劳动合同法》（2012）规定的五种终止劳动合同的情形，还可由法律行政法规作出规定。考虑保持整个劳动合同终止制度的统一性和劳动合同终止并没有地方独特性等情况，《劳动合同法》（2012）并未授权地方性法规创设劳动合同终止制度。

（二）劳动合同终止的经济补偿情形

《劳动合同法》（2012）规定了用人单位应当支付经济补偿的情形，包括雇员被迫辞职和雇主辞退雇员。

一是劳动者解除劳动合同。（1）用人单位应当支付经济补偿金的 8 种情形，法律依据是《劳动合同法》（2012）第 46 条。用人单位有违法或违约行为的，劳动者可以随时或者立即解除劳动合同，并有权取得经济补偿（《劳动合同法》（2012）第 38 条）。用人单位的违约或违法行为包括：①用人单位未依照劳动合同约定提供劳动保护或者劳动条件的；②用人单位未及时足额支付劳动报酬的；③用人单位未依法为劳动者缴纳社会保险费的；④用人单位的规章制度违反法律、法规规定，损害劳动者权益的；⑤用人单位有《劳动合同法》（2012）第26条中欺诈、胁迫或者乘人之危等行为致使劳动合同无效或者部分无效的；⑥法律、行政法规规定的其他情形；⑦用人单位以暴力、威胁或者非法限制人身自由的手段强迫劳动者劳动的；⑧用人单位违章指挥、强令冒险作业危及劳动者人身安全的等。（2）《劳动合同法》（2012）第44条第4～5项规定的情形。《劳动合同法》（2012）第44条第4款规定，用人单位被依法宣告破产的，劳动合同终止；第5项规定，用人单位被吊销营业执照、责令关闭、撤销或者用人单位决定提前解散的，劳动合同终止。《企业破产法》第113条规定，破产清偿顺序中第一项为破产人所欠职工的工资和医疗、伤残补助、抚恤费用，所欠的应当划入职工个人账户的基本养老保险、基本医疗保险费用，以及法律、行政法规规定应当支付给职工的补偿金。用人单位在因为有违法行为而被吊销营业执照、责令关闭、撤销时，劳动者是无辜的，其权益应该受到保护。劳动合同终止时，用人单位应该支付经济补偿金。

二是用人单位解除或终止劳动合同，应当向劳动者支付经济补偿金的情形。（1）因用人单位动议而协商解约时，用人单位和劳动者可以协商一致解除劳动合同，但由用人单位首先提出解除动议的，则其应当支付经济补偿金。法律依据是《劳动法》（2018）第24条、第28条规定，用人单位与劳动者协商一致解除劳动合同的，用人单位应当依照国家有关规定给予经济补偿金。（2）劳动者患病或者非因工负伤，在规定的医疗期满后不能从事原工作，也不能从事由用人单位另行安排的工作，用人单位提前30日通知劳动者解除劳动合同的。（3）劳动者不能胜任工作，经过培训或者调整工作岗位，仍不能胜任工作，用人单位提前30日通知劳动者解除劳动合同的。（4）劳动合同订立时所依据的客观情况发生重大变化，致使劳动合同无法履行，经用人单位与劳动者协商，未能就变更劳动合同内容达成协议，用人单位提前30日通知劳动者解除劳动合同的（参见《劳动合同法》（2012）第40条）。（5）《劳动合同法》（2012）第41条规定了经济性裁员须支付经济补偿金，具体包括以下四种情形。①用人单位依照企业破产法规定进行重整，依法裁减人员的。②用人单位生产经营发生严重困难，依法裁减人员的。③企业转产、重大技术革新或者经营方式调整，经变更劳动合同后，仍需要裁减人员，用人单位依法定程序裁减人员的。④其他因劳动合同订立时所依据的客观经济情况发生重大变化，致使劳动合同无法履行，用人单位依法定程序裁减人员的。（6）劳动合同期满，劳动者同意续订劳动合同而用人单位不同意续订劳动合同的，由用人单位终止固定期限劳动合同的，用人单位须支付经济补偿金。

（三）经济补偿金的计算

经济补偿金是在劳动合同解除或终止的时候，用人单位给予劳动者的经济补偿。《劳动法》（2018）确立了用人单位解除劳动合同支付经济补偿金的制度，《劳动合同法》（2012）则增加了劳动合同终止时用人单位支付经济补偿金的制度。

经济补偿金计算公式：经济补偿金 = 月工资基数 × 补偿月份数。

一是经济补偿金的计算标准。

《劳动合同法》（2012）第 47 条规定，经济补偿金按雇员在本单位工作的年限，每满 1 年支付 1 个月工资的标准向雇员支付；6 个月以上不满 1 年的，按 1 年计算；不满 6 个月的，向雇员支付半个月工资的经济补偿金。根据现行法律法规，在以下两种情况下，经济补偿金不超过 12 个月：（1）经劳动合同当事人协商一致，由资方解除劳动合同的；（2）劳方不能胜任工作，经过培训或调整工作岗位仍不能胜任工作，由资方解除劳动合同的。裁员不属于上述规定，其经济补偿金并无 12 个月工资的限制[1]。

二是经济补偿中的工作年限。

计算工作年限所遵守的总原则是：经济补偿按劳动者在本单位工作的年限应连续计算。具体而言，雇员在雇主处的工作年限从雇员向该雇主提供劳动之日起计算。

（1）即使因各种原因，雇主与雇员未及时签订劳动合同的，也不影响雇员工作年限的计算。（2）如果雇员连续为同一雇主提供劳动，但先后签订了几份劳动合同，工作年限应从雇员提供劳动之日起连续计算。例如某员工自 2005 年在某企业工作，期间劳动合同一年一签，一直工作到 2012 年。最后一份劳动合同期满后终止，用人单位在依法支付经济补偿时，计算的工作年限应从 2005 年算起，共计 7 年。（3）如果雇员为同一雇主提

---

[1] 《违反和解除劳动合同的经济补偿办法》（劳部发〔1994〕481 号）。

供劳动多年，但间隔了一段时间，也先后签订了几份劳动合同，工作年限原则上应从雇员提供劳动之日起连续计算，已经支付经济补偿的除外。（4）《关于终止或解除劳动合同计发经济补偿金有关问题的请示的复函》（劳办发〔1996〕33号）规定，对于因用人单位的合并、兼并、合资、单位改变性质、法人改变名称等原因而改变工作单位的，其改制前的工作时间可以计算为"在本单位的工作时间"①。

三是计算经济补偿的工资标准。

《劳动合同法实施条例》第27条规定，《劳动合同法》（2012）第47条规定的经济补偿的月工资按照劳动者应得工资计算，包括计时工资或者计件工资以及奖金、津贴和补贴等货币性收入；劳动者在劳动合同解除或者终止前12个月的平均工资低于当地最低工资标准的，按照当地最低工资标准计算；劳动者工作不满12个月的，按照实际工作的月数计算平均工资。根据上述规定，月工资基数原则上是指劳动合同解除或者终止前12个月正常出勤的平均工资；工作不满12个月，按照实际工作的月数计算平均工资。月工资基数的上限是不超过上年度职工月平均工资的3倍；超过上年度职工月平均工资的3倍的，按照上年度职工月平均工资的3倍计算。月工资基数的下限是：劳动合同解除或者终止前12个月的平均工资低于当地最低工资标准的，按照当地最低工资标准计算。工资范围包括：计时工资或者计件工资以及奖金、津贴和补贴等货币性收入，即正常上班雇主发放给雇员的全部货币，这其中还包括城镇社会保险中个人缴纳部分，但不包括城镇社会保险中雇主缴纳部分和向国家缴纳个人所得税。总的公式为：工资 = 基本工资 + 各种工资（岗位工资、工龄工资、绩效工资……）+ 各种奖金（提成奖金、节日奖金、季度奖、年终奖……）+ 津贴（伙食补贴、通信费补贴、交通费补贴……）+ 城镇社会保险中个人缴纳部分。需要注意的是，根据地方性法规，如上海市《违反和解除劳动合同的经济补偿办法》第11条，劳动者病假、工伤、女工孕期、产假期等属于非正常出勤，这期间的工资不能作为月工资基数计算的依据，用人单位在计算时应当将非常正常出勤月份

---

① 劳动办公厅对《关于终止或解除劳动合同计发经济补偿金有关问题的请示的复函》（劳办发〔1996〕33号）。

和相应的工资剔除。

四是补偿月份数的计算。

计算原则是：工作满一年，支付一个月工资；半年至一年的，支付一个月工资；不满半年的，支付半个月工资。补偿月份数的上限：劳动者的月平均工资超过上年度本市职工月平均工资的 3 倍，经济补偿月份数最多不超过 12 个月。劳动者的月平均工资不超过上年度本地区月平均工资的 3 倍，经济补偿月份数不受 12 个月的限制。例如：甲在 A 单位工作 3 年零 7 个月，月工资为 2000 元。3 年部分为 3 个月的经济补偿金，剩余 7 个月已经超过半年，应当按照一年计算。因此，甲的经济补偿金为 4 个月工资。乙在 B 单位工作两年零一个月，月工资为 2000 元。两年部分为两个月经济补偿金，剩余一个月不满半年，应当支付半个月经济补偿金。因此，乙的经济补偿金为 2.5 个月的工资。丙在 C 单位工作 13 年，月工资为 2 万元。由于丙的工作年限已经超过 12 年，月平均工资超过上年度职工平均工资的 3 倍，因此丙的经济补偿金为 12 个月的工资。

五是经济补偿金的分段计算。如果雇员在本单位存在 2008 年 1 月 1 日前的工作年限，在适用经济补偿时应当分段适用：2008 年 1 月 1 日前的工作年限经济补偿计算无封顶限制，2008 年 1 月 1 日后的工作年限才适用《劳动合同法》（2012）经济补偿的新规定。此外，用人单位还要参考单位所在省级行政地区的法律法规规定。

一是《劳动合同法》（2012）实施前后经济补偿金的基数和年限都不封顶。（1）适用类型包括：医疗期满解除、客观情况变化解除、经济性裁员、企业破产解散等。（2）经济补偿金年限计算范围为从入职至离职。例如，A 于 1988 年 1 月 1 日入职，在 2010 年 4 月 30 日，A 因医疗期满被依法解除合同，其平均月工资为 5000 元，则其经济补偿金的基数是 5000 元。经济补偿金年限是 22 年零 4 个月（1988-01-01 至 2010-04-30，按 22.5 个月计算）；经济补偿金总额是 112 500 元（5000 元 × 22.5 个月）。

二是《劳动合同法》（2012）实施后经济补偿金的基数和年限不封顶，实施前有封顶。（1）适用类型包括协商一致解除，不能胜任解除，以暴力、威胁或者非法限制人身自由的手段强迫劳动，未按照约定支付劳动报酬或者提供劳动条件等情形。（2）工作年限：在 2008 年 1 月 1 日前按照 12 年计算，2008 年 1 月 1 日后按实计算。例如，B 于

1988年1月1日入职，在2010年4月30日其因不能胜任被解除合同，平均月工资为5000元。则其经济补偿金基数是5000元；经济补偿金年限为14.5个月［12个月（2008年前的）+2.5个月（2008年后的）］；经济补偿金为72 500元（5000元×14.5个月）。

三是《劳动合同法》（2012）实施后经济补偿金的基数和年限有封顶，实施前不封顶。（1）适用类型包括医疗期满解除、客观情况变化解除、经济性裁员、企业破产解散等。（2）工作年限：在2008年1月1日前按实计算，2008年1月1日后按实计算但不超过12年（2020年前不会发生）。（3）经济补偿金基数：2008年1月1日前按实计算，2008年1月1日后按照上一年度本市职工月平均工资的3倍（10 698元）计算。例如，C于1988年1月1日入职，2010年4月30日因经济性裁员被依法解除合同，其月平均工资为20 000元。2008年前，经济补偿金数额是400 000元（20个月×20 000元）。2008年后经济补偿金数额是26 745元（2.5个月×10 698元）。经济补偿金总额为426 745元（400 000元+26 745元）。

四是《劳动合同法》（2012）实施前封顶，实施后经济补偿金的基数和年限也封顶。（1）适用类型包括协商一致解除，不能胜任解除，以暴力、威胁或者非法限制人身自由的手段强迫劳动，未按照约定支付劳动报酬或者提供劳动条件。（2）工作年限：2008年1月1日前按照12年计算，2008年1月1日后按实计算但不超过12年（2020年前不会发生）。（3）经济补偿金基数：2008年1月1日前按实计算，2008年1月1日后按照上一年度本市职工月平均工资的3倍计算。例如，D于1988年1月1日入职，2010年4月30日因不能胜任被解除合同，其月平均工资为20 000元。2008年前经济补偿金数额是240 000元（12个月×20 000元）；2008年后经济补偿金数额是26 745元（2.5个月×10 698元）；经济补偿金总额是266 745元（240 000元+26 745元）。

（四）掌握经济补偿金的个人所得税

原则上，根据我国法律规定，劳动者获得经济补偿金需要缴纳个人所得税。若用人单位破产，劳动者获得的一次性安置费用可以免征个人所得税。

经济补偿金个人所得税计算方法。（1）经济补偿金总额在当地上年职工平均工资3

倍数额以内的部分，免征个人所得税。（2）经济补偿金总额超过当地上年职工平均工资3倍数额的部分除以劳动者在单位的工作年限，所得的商数按照工资薪金所得缴纳个人所得税。

【案例2-33】

甲在上海某单位工作4年离职时获得的经济补偿金是84 000元，假设当地上一年度的职工月平均工资是2000元（即年平均工资为24 000元）。则该雇员的经济补偿金个人所得税的计算方法如下。（1）第一步：计算应当缴纳个人所得税的经济补偿金。先用经济补偿金总金额减去免征个人所得税的部分，即84 000－24 000×3＝12 000（元）。（2）第二步：计算应当缴纳个人所得税的基数。将应纳税的经济补偿金12 000元除以甲的工作年限4年，即12 000元÷4＝3000（元）。（3）第三步：计算每年应当缴纳个人所得税的金额。将缴纳个人所得税的基数3000元按照个人所得税中的工资、薪金所得缴纳个人所得税，具体为基数减去税前扣除额按照九级累进计算个人所得税，即（3000－2000）×10%－25＝75（元）。（4）第四步：计算个人所得税的总金额。将甲每年应当缴纳个人所得税的金额乘以甲的工作年限4年，就算出了甲应当缴纳的个人所得税，即75×4＝300（元）。

【案例2-34】

乙在上海某单位工作3年，离职时取得经济补偿金30 000元。假设当地上一年度的职工月平均工资是2000元（年平均工资为24 000元），由于乙的经济补偿金小于当地上一年度职工年平均工资的3倍（72 000元），因此乙不用缴纳个人所得税。

劳动者获得的经济补偿金应扣除用于住房公积金、医疗保险金、基本养老保险金、失业保险基金的部分。

个人所得税是由于劳动者有了收入产生的纳税义务，因此缴纳个人所得税的人应当是获得经济补偿金的劳动者。

用人单位不仅有权利扣除，而且有义务从经济补偿金中扣除个人所得税。根据现行法律规定，用人单位向劳动者支付经济补偿金，用人单位是个人所得税的代扣代缴义务人。用人单位在向劳动者支付经济补偿金前有义务从经济补偿金中扣除应当由劳动者缴纳的个人所得税，并代替劳动者将这部分个人所得税缴纳至国家。

法律依据如下。（1）财政部、国家税务总局《关于个人与用人单位解除劳动关系取得的一次性补偿收入征免个人所得税问题的通知》（财税〔2001〕157号）；（2）国家税务总局《关于个人因解除劳动合同取得经济补偿金征收个人所得税问题的通知》（国税发〔1999〕178号）。

二、合规措施

一般而言，在双方协商解除劳动合同的情况下（可以分为劳动者提出辞职后协商一致的情况以及用人单位提出辞退后协商一致的情况两种），双方通常会对经济补偿金作出协商，因而一般不会产生争议。

用人单位若存在下列几种情况之一，劳动者主动解除劳动合同也有权获得经济补偿金。（1）用人单位没有按照约定提供劳动条件或劳动保护。实践中，劳动合同往往都是用人单位单方面制作的格式合同条款，它对于劳动条件和劳动保护往往一笔带过、含糊其辞，甚至完全没有，因此用人单位要主张劳动条件和劳动保护缺乏合同依据。但是，劳动者可以根据用人单位没有按照国家的强制性法律、法规规定提供劳动保护和劳动条件依法主张解除劳动合同。（2）未及时足额支付劳动报酬。上海市高级人民法院对"及时足额支付劳动报酬"作出了限制性解释，这种情形在实践中不多见。法院认为，要满足"未及时足额支付劳动报酬"条件，必须是用人单位存在恶意。如果用人单位只是少支付了一部分或在发放工资时计算错误，不能被认为是"未及时足额支付劳动报酬"。（3）未依法为劳动者缴纳社会保险费，这种情形在司法实践中比较常见，是劳动者主动提出解除劳动合同后获得经济补偿金的主要法律依据。（4）用人单位的规章制度违反法律、法规规定，损害劳动者权益。建议用人单位聘请律师等专业人士制定规章制度，防止其违法。（5）用人单位以欺诈、胁迫的手段或者乘人之危迫使劳动者违背真实意思订立或者变更劳动合同。《劳动合同法》（2012）规定，这样的合同属于无效合同，但是因为这个条款被认定劳动合同无效的情况非常罕见，主要原因有两个：一是客观上存在欺诈、胁迫或乘人之危的情况比较少；二是即便存在这些情况，劳动者往往也没有能力举证证明。所谓的欺诈、胁迫一定要达到一定的程度，仅仅因为口头的陈述与书面合同不一致，并不能认为用人单位存在欺诈情况。（6）用人单位免除自己的法定责任或者排除劳动者权利的劳动合同。《劳动合同法》（2012）规定，这样的合同属于无效合同。该种被认定劳动合同无效的情况比较少见，主要的原因是：目前常见的劳动合同往往比较简单，不会进行很多详细约定。（7）用人单位以暴力、威胁或者非法限制人身自由的手段强迫劳动者劳动。《劳动合同法》（2012）规定，在这种情况下，劳动者可以立即解除劳动合同，并要求用人单位支付经济补偿金。（8）用人单位违章指挥、强令冒险作业危及劳动者人身安全。《劳动合同法》（2012）规定，在这种情况下，劳动者可以立即解除劳动合同，并要求用人单位支付经济补偿金。实践中，在这种情况下劳动者还是有可能获得相关证据并主张经济补偿金的。但是所谓的"违章指挥、强令保险作业"需要达到一定程度，若仅仅是违反生产流程和生产规定而没有达到危及劳动者人身安全程度的情况，并不能构成劳动者解除劳动合同的理由。

▶ 第七节 劳动合同的解除

一、要点

（一）用人单位和劳动者双方协商解除的合规

《劳动合同法》（2012）第 36 条、《劳动法》（2018）第 24 条规定，协商一致解除，是指合同履行中的协商解除，不是合同事先约定以某种法定以外的条件解除。因此，当事人依据合同中约定的解除条件单方作出解除，不是合同履行中的协商解除，这种约定的解除仍因违反法定条件而不能成立。

【案例 2-35】

在《李某某与某某道路公司劳动争议纠纷案》[①]中，一审法院认为，李某某终止与某道路公司劳动关系的原因是双方协商一致，因 7 路公交线路停运，李某某自愿将其在某道路公司的工作年限合并计算为市公交公司的工作年限，由市公交公司根据实际需要确定李某某的工作岗位、薪酬标准，李某某与市公交公司重新签署劳动合同。李某某与某道路公司、市公交公司协议变更劳动关系的行为，符合《劳动合同法实施条例》第 10 条规定及《劳动合同法》（2012）第 35 条规定，李某某认为某道路公司非法解除与其劳动关系的说法，没有事实依据和法律依据。对本案的争议焦点之一，即某道路公司是否违法解除了与李某某的劳动合同，二审法院认为，由于某道路公司与李某某订立劳动合同的客观情况发生了重大变化，李某某实际已按协商意见与市公交公司分别签订了协议书和劳动合同书，并在市公交公司上班领取工资，以实际行为同意与某道路公司解除劳动合同关系，并与市公交公司建立了新的劳动关系。符合《劳动合同法实施条例》第 10 条"劳动者非因本人原因从原用人单位被安排到新用人单位工作的，劳动者在原用人单位的工作年限合并计算为新用人单位的工作年限"规定的情形，应当认定某道路公司与李某某协商一致解除了劳动关系。

（二）法定的用人单位单方解除劳动合同的合规情形

法定的用人单位单方解除，是指用人单位可以随时解除的情形，指的是在劳方严重违反资方规章制度等情况下，用人单位为了维护自身生产经营秩序对劳方进行惩罚，以

---

① 改编自《李某某与某道路公司劳动争议纠纷二审民事判决书》，海南省三亚市中级人民法院民事判决书（2016）琼 02 民终 1102 号。

恢复用人单位的秩序。

需要注意的是，用人单位单方解除权的情形是法定的，用人单位不可以在法定情形之外与劳动者另行约定，否则约定无效，法律依据有二。（1）《劳动法》（2018）第25条："劳动者有下列情形之一的，用人单位可以解除劳动合同：①在试用期间被证明不符合录用条件的；②严重违反劳动纪律或者用人单位规章制度的；③严重失职，营私舞弊，对用人单位利益造成重大损害的；④被依法追究刑事责任的。"劳动者有上述情形之一的，用人单位无须以任何形式提前通知劳动者，即可同劳动者解除劳动合同。注意，上述②中所称"违反"只有在达到"严重"的程度时，用人单位才能提出解除劳动合同。（2）《劳动合同法》（2012）规定，共有也只有8种法定解除情形[①]。①劳方在试用期间被证明不符合录用条件的；②劳方严重违反资方规章制度的；③劳方严重失职，营私舞弊，给资方造成重大损害的；④劳方同时与其他资方建立劳动关系，对完成本雇主的工作任务造成严重影响，或经资方提出而拒不改正的；⑤劳方以欺诈、胁迫的手段或乘人之危，使资方在违背真实意思的情况下订立或变更劳动合同的，该劳动合同无效或部分无效；⑥劳方被依法追究刑事责任的；⑦劳方患病或者非因工负伤，在规定的医疗期满后不能从事原工作，也不能从事由资方另行安排的工作的；⑧劳方不能胜任工作，经过培训或者调整工作岗位，仍不能胜任工作的。

建议用人单位做好以下合规工作。（1）对于第⑦、第⑧种情形，用人单位必须提前30日以书面形式通知劳方本人，或者额外支付劳方一个月工资后，才可以解除劳动合同。（2）用人单位在试用期解除劳动合同的，应当向劳动者说明理由。（3）用人单位在试用期解除劳动合同负有举证义务，即举证证明劳动者有上述8种法定情形，否则须承担因违法解除劳动合同所带来的法律后果。劳动者要求继续履行劳动合同的，用人单位应当继续履行；劳动者不要求继续履行劳动合同或劳动合同已经不能继续履行的，用人单位应当按照经济补偿金二倍的标准向劳方支付赔偿金。

---

① 详见《劳动合同法》（2012）第39条和第40条第1款、第2款。

1. 试用期内员工不符合录用条件

《劳动合同法》（2012）第 21 条规定，在试用期中，除劳动者有本法第 39 条和第 40 条第 1 款、第 2 款规定的情形外，用人单位不得解除劳动合同。用人单位在试用期解除劳动合同的，应当向劳动者说明理由[①]。但是，为体现人文主义精神，《劳动合同法》（2012）第 39 条规定，只有劳动者拥有单方解除权，用人单位只有在证明员工不符合录用条件时才能解约。是否在试用期间，应当以劳动合同为准；若劳动合同约定的试用期间超出法定最长时间，则以法定最长期限为准；若试用期届满后用人单位仍未办理劳动者转正手续，则其不能再以试用不合格为由辞退劳动者。

【案例 2-36】
试用期超期以不符录用条件解聘违法案

张先生和某跨国信息技术公司订立了 3 年期的劳动合同，其中前 6 个月为试用期。在试用期过半后，公司对张先生的工作能力等进行了一次考核，评价结果是张先生在与部门主管的沟通中存在不少问题，公司在收到这些参与评审人员发表评价意见的电子邮件以及绩效考核评分表后，认为张先生的专业能力无法达到公司的要求，沟通能力也与公司文化有差异。于是公司向张先生发出试用期解除劳动合同通知书，与张先生解除了劳动合同。张先生向劳动仲裁委提出申诉，要求甲公司支付未提前 30 日通知解除劳动合同的补偿金。劳动仲裁委认为，相关法律规定，试用期内如不符合用人单位录用条件的，用人单位可以解除合同。试用期是劳动者在用人单位展示自己工作能力的阶段，该公司所从事的行业特点决定了张先生的工作需要同多个部门相互沟通协调，而沟通协调的能力是无法用客观的标准加以衡量的。公司提供的各部门意见可以用于证明张先生的能力未达到公司的要求，而这些部门均是从工作角度出发的。因此，劳动仲裁委认为公司的

---

① 相关规定如《劳动部办公厅对〈关于如何确定试用期内不符合录用条件可以解除劳动合同的请示〉的复函》（劳办发〔1995〕16 号），称对试用期内不符合录用条件的劳动者，企业可以解除劳动合同；若超过试用期，则企业不能以试用期内不符合录用条件为由解除劳动合同。

解除行为成立。

2. 员工严重违反规章制度

用人单位的内部规章制度是资方对内进行管理的重要依据，是员工的行为准则。通过制定规章制度来约束、激励、管理员工，是用人单位的权利，员工不得违反。正因如此，《劳动合同法》（2012）第 39 条规定，劳动者严重违反用人单位的规章制度的，用人单位可以解除劳动合同，无须支付经济补偿金。

在这个方面，建议用人单位做好以下合规措施。

一是保证内部制定的规章制度的法律效力必须完全同时具备三个法定有效要件[1]，即合法、民主、公示，否则规章制度无效。

二是因用人单位做出的开除、除名、辞退、解除劳动合同、减少劳动报酬等决定而发生的劳动争议，用人单位要做好举证工作。

三是对员工是否违纪，应当以劳动者本人有义务遵循的劳动纪律以及用人单位的规章制度为准判断，其范围既包括全体劳动者都有义务遵循者，也包括劳动者本人依其职务、岗位有义务遵循者。

四是保留员工确实严重违纪的证据。实践中，被处理的员工有可能不认可用人单位的处理方式，认为自己的行为不足以构成严重违反公司规章制度或者认为自己根本不存在这种行为。如果公司没有证据证明员工存在这种行为，就涉嫌违法解除劳动合同。

【案例 2-37 】
企业应依规章制度解除劳动合同

李某和深圳某电子公司签订了一份为期 3 年的劳动合同，合同中特别约定：如违反

---

[1] 最高人民法院《关于审理劳动争议案件适用法律若干问题的解释》规定，用人单位内部制定的规章制度必须符合以下三个要件：（1）要符合国家法律、行政法规及政策规定；（2）要通过民主程序制定；（3）已向劳动者公示。

公司规章制度，情节严重，公司有权提前解除劳动合同，且无须支付经济补偿金。后来，李某接到公司的一份解雇通知，解雇理由是其上班时间经常上网聊天，根据公司规章制度，三次以上在上班时间上网聊天的，视为严重违纪，公司可与其解除劳动合同。李某辩解称自己一直不知道公司有该规定，公司从未将规章制度的内容向其公示，而公司称规章制度已向其公示，但无法举证证明规章制度已被公示。法院认为，用人单位的规章制度制定必须经过公示程序。在本案中，最高人民法院《关于审理劳动争议案件适用法律若干问题的解释》第19条规定，规章制度未公示的，不能作为人民法院审理劳动争议案件的依据。本案中，公司不能举证证明其规章制度已公示，其依据规章制度的有关规定解除劳动合同的主张将不能得到支持。

【案例 2-38 】
用人单位负有证明员工严重违纪的责任

马某与某医疗器械公司签订劳动合同，担任公司销售员。后马某升任该公司的区域销售经理，每月报销金额上限为 8000 元，超过部分需要找领导审批。某一天，医疗器械公司与马某协商将她调到生产部门，马某没有同意。双方还曾协商解除劳动合同，但因补偿问题未达成一致。医疗器械公司做出解除劳动合同通知书，通知中载明，马某在任职期间的差旅费用报销中存在虚报住宿天数、报销事由与发票明细不符、擅自伪造酒店住宿水单、不同月份发票联号等问题，并以此认定马某虚报及伪造票据申报金额达 22 899.4 元。依据员工手册和《劳动合同法》(2012)，医疗器械公司单方解除了与马某之间的劳动关系。马某向劳动仲裁委提出仲裁申请，请求公司支付报销款、解除劳动合同赔偿金等各项费用。劳动仲裁委支持了马某的部分诉讼请求，某医疗器械公司不服裁决，诉至法院。法院认为，医疗器械公司未能提供曾向员工公示员工手册的证据，且未提供员工手册是经过法定程序制定的证据。此外，该医疗器械公司在通知马某解除劳动合同时，尚未取得书面证据，证明马某存在严重票据造假的行为，公司仅凭电话查询住宿信息就作出了解除劳动合同的通知，该处理行为缺乏依据，不能认定马某严重违反公司规定，因此某医疗器械公司解除与马某的劳动合同依据不足，其应当支付马某解除劳动合同的经济补偿金，法院同时判决某医疗器械公司应支付报销款项。

【案例 2-39】

孙某某诉淮安西区人力资源开发有限公司劳动合同纠纷案 [①]

在审理本案时，法院认为：孙某某与淮安西区人力资源开发有限公司（以下简称"西区公司"）签订的劳动合同系双方真实意思表示，合法有效。劳动合同附件《奖励与处罚管理规定》作为用人单位的管理规章制度，不违反法律、行政法规的强制性规定，合法有效，对双方当事人均具有约束力。根据《奖励与处罚管理规定》，员工连续旷工 3 天（含）以上的，公司有权对其处以第五类处罚责任，即解除合同、永不录用。西区公司向孙某某送达的解除劳动合同通知书中明确载明，解除劳动合同的事由为孙某某曾无故旷工 3 天以上，孙某某诉请法院审查的内容也是西区公司以其无故旷工 3 天以上而解除劳动合同行为的合法性。虽然西区公司在庭审中另提出孙某某在工作期间存在不及时上交营业款、未穿工服、代他人刷考勤卡、在单位公共平台留言辱骂公司主管等其他违纪行为，也严重违反了用人单位的规章制度，公司仍有权解除劳动合同，但是根据在案证据及西区公司的陈述，西区公司在已知孙某某存在上述行为的情况下，没有提出解除劳动合同，而是主动提出重新安排孙某某从事其他工作，在向孙某某出具解除劳动合同通知书时，也没有将上述行为作为解除劳动合同的理由。因此对于西区公司在诉讼期间提出的上述主张，法院不予支持。

[①] 改编自《指导案例 180 号：孙某某诉淮安西区人力资源开发有限公司劳动合同纠纷案》，江苏省连云港市中级人民法院判决书（2019）苏 07 民终 658 号。

【案例 2-40】
有理由拒绝加班没有违反公司规章制度

　　某玩具公司司机李先生每月工资为 8840 元，加班工资另计。某天下午 5 点，公司要求李先生加班开车送客户，遭其拒绝，理由是他在开车整整一天后需要休息，李先生在公司办公室与管理人员发生争吵。第二天，公司以李先生不听从工作安排，违反厂规及扰乱写字楼秩序为由，解除与李先生的劳动关系。后李先生向法院起诉。一审法院经审理后认为：李先生作为公司的专职司机，上班时间和加班时间是不固定的，有需要就要出车。公司安排李先生接送客户，李先生应以积极认真的态度完成工作任务，而不应在办公室与公司管理人员理论，且李先生当天行车路程不远，行车路程只有 120 公里。据此一审法院判决李先生的行为严重违反了用人单位的规章制度，驳回李先生的诉讼请求，李先生提起上诉。二审法院认为，公司提交了李先生拒绝加班并与管理人员发生争吵的证据，但未举出其他证据证明李先生曾多次违反公司劳动纪律而被处罚。而且员工是否愿意加班应当遵循自愿的原则，李先生不愿意加班的情况下与公司有关管理人员发生争执，其行为尚不足以构成严重违反劳动纪律。因此二审法院判决撤销一审判决，并支持了李先生要求支付违法解除劳动合同的经济补偿金、额外经济补偿和提前通知工资的请求。

3. 员工严重失职致雇主产生重大损失

　　劳动者对用人单位的利益造成重大损失，是指劳动者在履行劳动合同期间，违反其忠于职守、维护和增进资方利益的义务，有未尽职责的严重过失行为或利用职务之便牟取私利的故意行为，使用人单位的有形财产、无形财产或人员遭受重大损失，但未达到受刑罚处罚的程度，如因玩忽职守而造成事故的，因工作不负责任而经常生产废品、损坏设备、浪费材料的等。在此方面，用人单位的合规措施是：因员工严重违反劳动纪律或规章制度而解除劳动合同关系的行为，必须要有明确的、合法的规章制度支持。所谓"明确的"，是指单位必须能拿出符合法律规定形式的规章制度，以证明员工确实违反了相应制度，且程度严重，以上两点缺一不可。

【案例 2-41】
公司高管签千万补偿备忘录被开除案

2020 年底，吴某以某外资公司"亚太一区经理"的身份，与常州一公司签署补偿给对方公司一千多万元的谅解备忘录一份，并提出了具体补偿方案。2021 年 1 月，外资公司以吴某无权签订谅解备忘录，且其行为已严重违反劳动法律和公司制度为由，决定与吴某解除劳动合同，并向其发出《解除劳动合同通知书》。吴某向劳动仲裁委申请仲裁，要求被告撤销解除劳动合同决定、恢复劳动关系等，劳动仲裁委于裁决中表示对原告的申诉请求不予支持。原告不服仲裁裁决，诉至法院请求解决。法院认为，吴某作为公司高级管理人员，理应知道应在职权范围内或经授权才能代表公司签署相关文件，以维护就业单位的权益。吴某擅自越权签署标的一千多万元的补偿备忘录，已给公司带来了赔偿风险和声誉影响。其过错行为，实际上已经符合用人单位可随时解除劳动合同的法定情形，因此公司作出与吴某解除劳动合同的决定并无不当。法院对于吴某要求恢复劳动关系等请求不予支持。

4. 员工同时与其他雇主建立劳动关系，多重工作相互影响

劳动合同的特点之一是，劳动合同必须由劳动合同当事人亲自履行。一般情况下，在常年性工作岗位上工作的劳动者若同时与其他用人单位建立劳动关系，必然影响劳动合同的正常履行。所以我国劳动者普遍只与一个用人单位签订劳动合同、建立劳动关系。

《劳动合同法》（2012）第 91 条规定，用人单位招用与其他用人单位尚未解除或者终止劳动合同的劳动者，给其他用人单位造成损失的，应当承担连带赔偿责任。兼职的人员一定要经过原单位同意，如员工在外兼职未经单位同意且对本职工作产生严重影响的，用人单位可以依据该条解除劳动合同。

【案例 2-42】
首席运营官"脚踏两只船"被公司"炒鱿鱼"

王某与玩网咨询公司签订劳动合同，出任该公司的技术部经理，月工资为人民币 5850 元。在合同履行过程中，双方于 2005 年 7 月重新签订为期 1 年的劳动合同，约定聘任王某担任公司的首席运营官一职，月工资为 1 万元。2006 年 6 月 12 日，玩网咨询公司向王某发出《解除劳动合同通知书》，提前解除了劳动合同，炒了王某的"鱿鱼"。王某不服公司决定，认为公司解除劳动合同违反法律规定，要求公司支付 2006 年 6 月的工资 1 万元及 25% 的经济补偿金 2500 元；支付未提前 30 日通知解除劳动合同的 1 个月工资 1 万元；支付解除劳动合同的经济补偿金 2 万元及 50% 的额外经济补偿金 1 万元。玩网咨询公司辩称，提前解除劳动合同是因为王某违反了劳动合同约定，在外与人投资开办一家数码科技公司还兼任监事一职。由于两家公司业务相同，王某将玩网公司的业务信息泄露给了那家公司，该行为严重违反了公司劳动纪律，公司有权提前解除王某合同。公司提供了与王某签订的劳动合同，约定"非经公司书面同意，王某不得受聘于其他任何机构和从事第二职业""严重违反公司劳动纪律及规章制度的，公司可以随时解除劳动合同"。而数码科技公司登记材料表明，以股东身份在册的王某出资 20 万元，兼任公司的监事一职。王某表示股东会决定由自己担任监事一职，自己事先并不知情也未签字；即使自己是该公司的监事，也不会与玩网咨询公司产生任何利害冲突。法院认为，首先王某作为某数码科技公司的股东，其对该公司股东决议决定由他担任监事一事应当知晓，特别是股东会决议须由公司递交工商登记材料，在工商局备案，具有公示效力。其次，王某投资的数码科技公司的经营范围与玩网咨询公司在业务上有重合，况且王某在未经玩网咨询公司同意下出任数码科技公司的监事一职，这势必要王某将一部分精力投入该公司的工作。

5. 因欺诈胁迫等签订劳动合同

出现《劳动合同法》（2012）第 26 条第 1 款的情形导致劳动合同无效或部分无效的，

是指以欺诈、胁迫的手段或者乘人之危，使对方在违背真实意思的情况下订立或者变更劳动合同的情形。

6. 员工被追究刑事责任

【案例 2-43】

用人单位开除受到治安处罚的员工违法

四川和益电力股份有限公司（以下简称"和益公司"）原工会主席付某某因违反《治安管理处罚条例》被罚款 5000 元。和益公司未征得工会同意，以付某某严重违纪为由，通知付某某解除劳动合同。付某某在收到该通知后，按通知要求办完移交手续，领取了安置费。后付某某认为和益公司解除劳动合同的行为错误，向劳动仲裁委申请劳动争议仲裁，劳动仲裁委以超过仲裁时效为由不予受理，付某某向法院提起诉讼。两级法院通过一审、二审认为，和益公司解除劳动合同的行为违反了《劳动法》（2018）第 25、26、27、29 条及劳动部[①]《关于企业工会主席签订劳动合同问题的通知》规定。和益公司解除与付胜军之间的劳动合同应当征得工会委员和上级工会的同意，和益公司没有征得同意就解除劳动合同的行为在程序上及实体上不符合法律规定，法院判决和益公司解除与付某某的劳动合同的行为无效。

7. 因员工伤病而解约

因伤病变更，是指劳动者患病或者非因工负伤，在医疗期满后不能从事原工作，用人单位依法对其进行调岗调薪。这是依《劳动合同法》（2012）第 40 条作出的劳动合同内容变更。按照该条规定，劳动者患病或者非因工负伤，在规定的医疗期满后不能从事原工作，也不能从事由用人单位另行安排的工作的，用人单位可以解除劳动合同。在解除劳动合同之前，实施劳动合同内容变更，即调岗调薪。如果调岗调薪达到了目的，劳动者基本能够从事调整后的岗位工作，则不得解除劳动合同；如果调岗调薪不能达到目

[①] 于 2008 年 3 月被撤销。

的，即劳动者还是不能从事另行安排的岗位工作，则用人单位可以解除劳动合同。

《劳动合同法》（2012）第40条第1款规定，劳动者患病或者非因工负伤，在规定的医疗期满后不能从事原工作，也不能从事由用人单位另行安排的工作的，用人单位提前30日以书面形式通知劳动者本人或者额外支付劳动者1个月工资后，可以解除劳动合同。所谓医疗期，《企业职工患病或非因工负伤医疗期规定》（劳部发〔1994〕479号）第2条规定，是指企业职工因患病或非因工负伤停止工作、治病休息但不得解除劳动合同的时限。

劳动者因患病或非因工负伤，需要停止工作治病休息的，用单人根据劳动者本人实际参加工作年限和在本单位工作年限，给予其3~24个月不等的医疗期，见《企业职工患病或非因工负伤医疗期规定》（劳部发〔1994〕479号）第3条。（1）实际工作年限10年以下的，在本单位工作年限5年以下的为3个月，5年以上的为6个月。（2）实际工作年限10年以上的，在本单位工作年限5年以下的为6个月，5~10年的为9个月，10~15年的为12个月，15~20年的为18个月，20年以上的为24个月（见表2-2）。

表2-2　企业职工患病或非因工负伤医疗期规定

实际工作年限	10年以下		10年以上				
本单位工作年限	5年以下	5年以上	5年以下	5~10年	10~15年	15~20年	20年以上
医疗期月数	3	6	6	9	12	18	24

关于病休时间的计算问题，《企业职工患病或非因工负伤医疗期规定》（劳部发〔1994〕479号）第4条规定："医疗期3个月的，按6个月内累计病休时间计算；6个月的，按12个月内累计病休时间计算；9个月的，按15个月内累计病休时间计算；12个月的，按18个月内累计病休时间计算；18个月的，按24个月内累计病休时间计算；24个月的，按30个月内累计病休时间计算。"

关于医疗期的计算问题，《关于贯彻〈企业职工患病或非因工负伤医疗期规定〉的通知（劳部发〔1995〕236号）》规定：（1）医疗期计算应从病休第一天开始，累计计算。如应享受三个月医疗期的职工，如果从1995年3月5日起第一次病休，那么该职工的医疗期应在 3 月 5 日至 9 月 5 日之间确定，在此期间累计病休 3 个月即视为医疗期满。其他依此类推。（2）病休期间，公休、假日和法定节日包括在内。对于特殊疾病的医疗期，《关于贯彻〈企业职工患病或非因工负伤医疗期规定〉的通知（劳部发〔1995〕236 号）》规定，对某些患特殊疾病（如癌症、精神病、瘫痪等）的职工，在 24 个月内尚不能痊愈的，经企业和劳动主管部门批准，可以适当延长医疗期。

关于医疗期内的薪资待遇问题，《企业职工患病或非因工负伤医疗期规定》（劳部发〔1994〕479 号）第 5 条规定："企业职工在医疗期内，其病假工资、疾病救济费和医疗待遇按照有关规定执行。"《企业职工患病或非因工负伤医疗期规定》（劳部发〔1994〕479 号）第 8 条规定："医疗期满尚未痊愈者，被解除劳动合同的经济补偿问题按照有关规定执行。"《关于贯彻执行〈中华人民共和国劳动法〉若干问题的意见》（劳部发〔1995〕309 号）第 59 条规定，在医疗期内企业支付的病假工资标准不得低于最低工资标准的 80%。

医疗期满后，劳动者如不能从事原工作，同时也不能从事用人单位另行安排的工作的，用人单位可以解除合同。《企业职工患病或非因工负伤医疗期规定》（劳部发〔1994〕479 号）第 6 条规定："企业职工非因工致残和经医生或医疗机构认定患有难以治疗的疾病，在医疗期内医疗终结，不能从事原工作，也不能从事用人单位另行安排的工作的，应当由劳动鉴定委员会参照工伤与职业病致残程度鉴定标准进行劳动能力的鉴定。被鉴定为一至四级的，应当退出劳动岗位，终止劳动关系，办理退休、退职手续，享受退休、退职待遇；被鉴定为五至十级的，医疗期内不得解除劳动合同。"第 7 条规定："企业职工非因工致残和经医生或医疗机构认定患有难以治疗的疾病，医疗期满，应当由劳动鉴定委员会参照工伤与职业病致残程度鉴定标准进行劳动能力的鉴定。被鉴定为一至四级的，应当退出劳动岗位，解除劳动关系，并办理退休、退职手续，享受退休、退职待遇。"

因伤病变更劳动合同内容是《劳动合同法》（2012）所采取的用于保护因体能等因素导致不能从事原工作的劳动者的一种救济措施，在采取这一措施时，用人单位必须遵循以下具体步骤。（1）患病或者非因工负伤、医疗期满后的劳动者，向用人单位提交不能从事原工作、另行安排工作即变更劳动合同内容的书面请求。（2）用人单位对劳动者的变更请求进行审查，并根据审查结果对劳动者的变更请求作出两种处理意见，即予以认可或不予认可。（3）对于予以认可的劳动合同变更请求，用人单位直接在变更请求处签署"同意变更"意见，对于不予认可的变更请求，则用人单位需要对劳动者的劳动能力进行鉴定。经鉴定，劳动者能够从事原工作的，用人单位在劳动合同变更请求上签署"不同意变更"意见；劳动者不能从事原工作的，则用人单位在劳动合同变更请求上签署"同意变更"意见。（4）用人单位签署"不同意变更"意见的，变更请求直接返回给劳动者，签署"同意变更"意见的，变更请求各执一份作为劳动合同附件备查。（5）对于不同意变更的劳动合同内容变更请求，劳动者应当继续履行原劳动合同书上载明的工作岗位和工作内容，用人单位应当给劳动者原岗位工资，对于同意变更的劳动合同内容变更请求，用人单位应当本着合理原则变更劳动者岗位，同时调整劳动者的工资。

8. 员工经培训 / 换岗仍不能胜任工作

因胜任能力变更，是指用人单位在劳动者不能胜任工作的情形下，依法对劳动者调岗调薪。与因伤病变更一样，因胜任能力变更也是依《劳动合同法》（2012）第40条作出的劳动合同内容变更。按照该条规定，劳动者不能胜任工作，经过培训或者调整工作岗位，仍不能胜任工作的，用人单位可以解除劳动合同。在解除劳动合同之前，实施劳动合同内容变更，即调岗调薪。如果调岗调薪达到了目的，劳动者基本能够胜任调整后的岗位工作，则劳动合同不得解除，如果调岗调薪不能达到目的，劳动者还是不能胜任另行安排的岗位工作，则用人单位可以解除劳动合同。

劳动者不能胜任工作，经过培训或调整工作岗位仍不能胜任工作的，意味着劳动者缺乏履行劳动合同的劳动能力，用人单位可以解约，但条件有二：提前30日以书面形式通知劳动者本人或额外支付劳动者一个月工资[1]。

所谓"不能胜任工作"，是指不能按要求完成劳动合同中约定的任务或者同工种、同岗位人员的工作量。目前法律上对"不能胜任工作"无统一的标准，我们只能对个案进

---

[1] 《劳动合同法》（2012）第40条第2款。

行具体分析。一般应采用公开、公平、公正的原则；员工有权复核；对同一群体统一标准，通常采用 360 度考核办法；上级、下级、客户的综合评价一般被认为是公平的。

需要掌握不属于"不能胜任工作"的两类情形：（1）单一的领导对单一的下属的结论；（2）采用末位淘汰制认定不能胜任的。

建议用人单位采取以下合规措施：（1）用人单位按照规范的考核内容、考核标准和考核程序对劳动者的岗位胜任度进行考评，并得到劳动者不胜任岗位工作的考评结论。（2）用人单位向不胜任岗位工作的劳动者发出调整其岗位并相应调整其工资的通知。（3）劳动者对用人单位的调岗调薪通知表示认可或者表示异议。如果表示异议，则需要将异议理由以书面形式提交用人单位。（4）如果劳动者的异议成立，用人单位表示接受，则收回对劳动者的调岗调薪通知，继续履行原劳动合同约定的岗位工作内容；如果劳动者的异议不成立，用人单位不予接受的，或者劳动者没有提交异议的，向劳动者发出的调岗调薪通知经劳动者签署"同意变更"意见后，由用人单位和劳动者各执一份作为劳动合同附件备查。（5）对于同意调岗调薪的劳动合同内容变更通知，用人单位应当本着合理原则变更劳动者岗位，同时调整劳动者工资。这里有一点需要注意的，就是在实施因胜任能力变更劳动合同的行为时，用人单位要在有关调岗调薪的通知后附下列证据证明劳动者不能胜任工作：劳动者所在岗位职责和要求，劳动者的日常工作业绩、考核标准、考核流程等。如果缺少这些证明文件，则劳动者不能胜任岗位工作常常很难得到佐证。

【案例 2-44】

刘先生是一家合资公司的业务部经理。后公司以刘先生不胜任业务部经理工作，影响公司业务的推动和开展为由，向刘先生发出了解除劳动合同通知书。刘先生不服，把公司告到了劳动仲裁委。在仲裁调查中，公司称有四个理由可以认定刘先生不能胜任工作。一是刘先生任职以来的考核成绩不佳，在公司七个部门经理中，刘先生在全年 12 个月中有 8 个月排名第五，全年总成绩也排名第五。根据公司的《考核制度》，该考核结果应判定为"一般"，尚达不到"中等"水平。二是刘先生工作纪律较差，经常迟到，他全年共迟到 50 多次，最高记录为一个月迟到 14 次。三是其他几个部门的经理均认为其团队合作性差。四是刘先生在业务拓展上无任何思路与行动。本案主要涉及不胜任工作的判断标准，以及在此基础上以法定的程序和方式解除与劳动者的劳动关系问题。《劳动法》（2018）《劳动合同法》（2012）均未规定劳动者不胜任工作的标准，而是将其留给了用人单位，但是用人单位一般要遵守以下做法：首先，用人单位内部规章制度中有对员工工作业绩进行考核的标准；其次，考核标准需要履行向员工告知的程序；再次，企业要有员工不胜任工作的证据，并且这些证据要与考核标准相对应。依此对照本案案情，用人单位给出的四个不胜任工作的理由是不成立的。《劳动合同法》（2012）第 40 条第 2 款规定，以不胜任工作为由解除劳动合同的前提必须是劳动者存在两次不胜任工作的情形，并且用人单位还须对此承担举证责任，履行提前 30 日通知的程序义务。

（三）用人单位可以单方预告解约的合规

雇主单方预告解约，是指订约所依客观情况发生重大变化而解约。

劳动合同订立时所依据的客观情况发生重大变化，致使劳动合同无法履行，经用人单位与劳动者协商，未能就变更劳动合同内容达成协议的，用人单位提前 30 日以书面形式通知劳动者本人或者额外支付劳动者一个月工资后，可以解除劳动合同[①]。

对此，把握好以下三个合规要点。

一是明晰"客观情况发生重大变化"，一般是指劳动合同在履行过程中，发生了诸如企业被兼并、合并、分立，企业进行转产，企业进行重大技术改造，使员工的原工作岗位不复存在等情况。

二是当出现"客观情况发生重大变化，致使原劳动合同无法履行"的情况后，用人单位解除劳动合同需要履行三个前提：（1）必须是当事人协商不能就变更劳动合同达成协议时；（2）必须提前 30 天以书面形式通知劳动者本人；（3）必须按规定给予劳动者经济补偿金。

---

① 《劳动合同法》（2012）第 40 条第 3 款。

三是明确"因客观情况变更"是指订立劳动合同时所依据的客观情况发生重大变化，致使原劳动合同无法履行，当事人一方要求变更相关内容而实施的劳动合同内容变更。这也是依《劳动合同法》（2012）第40条作出的劳动合同内容变更。按照该条规定，劳动合同订立时所依据的客观情况发生重大变化，致使劳动合同无法履行，经用人单位与劳动者协商，未能就变更劳动合同内容达成协议的，用人单位可以解除劳动合同。在解除劳动合同之前，实施劳动合同内容变更，即调岗调薪。如果调岗调薪达到了目的，双方同意履行调岗调薪后的劳动合同，则不得解除劳动合同，如果调岗调薪不能达到目的，双方不能就调岗调薪达成一致意见，则用人单位可以解除劳动合同。因此可以说，"因客观情况变更"是《劳动合同法》（2012）所采取的用于保护因客观情况发生重大变化而导致原劳动合同无法继续履行的一种救济措施。

【案例2-45】
解雇员工不通知工会被判支付赔偿金

登某于2019年1月7日进入某书局公司工作至2020年8月8日，工作岗位为销售顾问。双方签订了书面劳动合同，合同期限为2019年1月至2021年1月。双方约定除法定节假日外，登某每周休息一天。某书局公司次月通过银行转账支付登某工资。在工作期间，某书局公司为登某办理了社会保险。

2020年8月，某书局公司向登某出具《员工辞退通知书》，以登某违反《劳动合同》《××公司案场客户管理制度》《承诺书》等约定和公司管理的规章制度为由，与登某解除劳动关系。某书局公司称登某违反了"老带新"制度，提交《老带新登记确认表》和电话回访记录予以证明。其中《××公司案场客户管理制度》第5条规定，"在执行老带新及全民经纪人销售活动期间，如发现置业顾问与业主、客户串通骗取相关老带新、全民经纪人奖励者，无论职级高低，一经查证一律开除并扣发所有未结算奖金；如造成公司损失巨大，移送相关司法机关"。但某书局公司未举证证明《××公司案场客户管理制度》及公司规章制度经民主程序制定并已向劳动者公示。某书局公司尚未建立工会，在解除与登某劳动关系前未通知单位所在地工会。

法院认定，本案中，某书局公司未举证证明《××公司案场客户管理制度》及公司规章制度经民主程序制定，也未举证证明解除与登某劳动关系前向全体职工说明情况、听取职工的意见，通知单位所在地工会，故应认定某书局公司解除与登某劳动合同系违法解除，公司应向登某支付解除劳动关系赔偿金数千元。

用人单位预告通知解除劳动合同的合规措施。首先，明确用人单位预告通知解除劳动合同，是指劳动者本身并不存在过失，但是由于存在特定情况，用人单位可以解除劳动合同。法律依据是《劳动合同法》（2012）第40条规定，有下列情形之一的，用人单位提前30日以书面形式通知劳动者本人或者额外支付劳动者一个月工资后，可以解除劳动合同。（1）劳动者患病或者非因工负伤，在规定的医疗期满后不能从事原工作，也不能从事由用人单位另行安排的工作的；（2）劳动者不能胜任工作，经过培训或者调整工作岗位，仍不能胜任工作的；（3）劳动合同订立时所依据的客观情况发生重大变化，致使劳动合同无法履行，经用人单位与劳动者协商，未能就变更劳动合同达成协议的。

其次，做好预告通知解除劳动合同的举证责任工作，举证责任有以下两种。（1）劳动者医疗期满后仍然不能从事原来的工作的举证责任。（2）劳动者被证明不能胜任工作，经过培训或者调整工作岗位，仍不能胜任工作的举证责任。《劳动合同法》（2012）第40条规定，用人单位解除劳动合同需要同时具备以下两个条件。（1）劳动者被证明不能胜任工作，这要求用人单位在与劳动者签订劳动合同时，要明确员工的工作内容，特定行业的还需要明确工作量；如果在签订劳动合同时没有明确工作量，则用人单位只能参照同工种同岗位人员的工作量来确定。（2）经培训或者调岗后，仍不能胜任工作的。即用人单位解除劳动合同要走程序，必须先培训，或者调岗，如劳动者还不能满足新的岗位要求，用人单位才可以解除劳动合同。为防止在解除劳动合同时发生举证不能的风险，用人单位需要在劳动合同中或在岗位说明书中确定员工的工作量，如果因此而培训员工的，还需要保存相应的培训资料。（3）劳动合同订立时所依据的客观情况发生重大变化而解约的举证责任。《劳动合同法》（2012）第40条第3款规定，用人单位在具体操作时要注意必须同时符合以下两个条件。①证明客观情况发生重大变化致使原劳动合同无法履行。所谓客观情况发生变化，是指发生不可抗力或出现导致劳动合同全部或部分条款无法履行的情况，如单位迁移、被兼并、被上级主管部门撤销等致使劳动合同无法履行或无法完全履行。如果用人单位与当事人对某一种情形是否属于"客观情况发生重大变化"的认识不一致，那么此类情况应由劳动仲裁委和法院进行裁定。②要证明双方未能就变更劳动合同内容或者中止劳动合同达成协议。用人单位在确因客观情况发生重大变化需要解除劳动合同时，一定要注意与员工的沟通和协商，即与劳动者要先走协商变更劳动合同程序，只有双方经协商无法就变更劳动合同达成一致意见，用人单位才可以解除劳动合同。

（四）用人单位不得提出解雇的法定情形

现行劳动法律规定，用人单位对下述老、弱、病、残等员工不得进行裁减：从事接触职业病危害作业的劳动者未进行离岗前职业健康检查，或疑似职业病病人在诊断或者医学观察期间的；在本单位患职业病或者因工负伤并被确认丧失或部分丧失劳动能力的；患病或者非因工负伤，在规定的医疗期内的；女职工在孕期、产期、哺乳期的；在本单位连续工作满15年距法定退休年龄不足5年的；法律行政法规规定的其他情形。

尽管资方在裁员时首先考虑的裁减对象就是上述劳动能力降低、竞争能力减弱的四类人员，但是这四类人员却是法律侧重保护的对象，如果资方在裁员时违法裁减了上述人员，那么其将面临违法解除劳动合同的风险。

【案例2-46】

刘女士和某电子科技有限公司签订了劳动合同，约定合同期限为2005年5月26日至2006年5月25日，刘女士任业务副经理。刘女士在为公司跑业务的过程中，因其怀有7个月身孕，身体不便，下车时不慎踩空，医生建议需要休息，故其向公司请假看病，并寄去了假条。公司负责人唐某却告诉她："此前没有遇到你这种情况，公司得商量商量再通知你。"此后就再也没给她回过电话。在此期间，刘女士先后四次给公司传真了请假条，但公司方面没有理睬。随后，刘女士就收到了公司的《解聘通知书》，告知她的行为属于旷工，公司称按照自己的规章制度，员工旷工三次就可以解除劳动合同。刘女士顺利生产后，将公司告上法院，请求法院判令公司支付生育费用、产假全额工资、劳动合同解除补偿金等各项费用共计 11 120 元。法院认为，刘女士与公司通过签订劳动合同的方式建立了劳动关系，双方的合法权益均受劳动法律保护。公司以刘女士旷工、违反公司规章制度为由与刘女士解除了劳动关系，并向其送达了解聘通知书。根据相关规定，女职工在孕期、产期、哺乳期内，用人单位不得与劳动者解除劳动合同。虽然公司的考勤制度规定原则上不允许员工电话请假，除非有突发事件发生致使不能当面请假，在此期间刘女士正处于孕期，且其在医生建议休息的情况下及时向公司请假并将假条及时传真给公司，所以公司单方面解除劳动合同的行为无效。刘女士在公司工作期间，公司未为其办理生育保险。根据相关规定，用人单位应当赔偿职工由此造成的损失，故公司应承担刘女士生育费中应当报销的部分。在刘女士孕期、产期时双方劳动关系并未解除，故公司应当按照刘女士原工资标准向其支付工资。除此之外，公司还应向刘女士支付双方合同存续期间的基本生活费。

（五）劳动者单方即时解除劳动合同的合规

劳动者单方解除劳动合同，是指劳动合同依法订立后尚未全部履行以前，因当事人双方主客观情况的变化或某种法定事由的出现，由劳动者一方提前终止劳动合同的行为。所谓单方解除权，是指当事人依法享有的，无须对方当事人同意而单方决定解除劳动合同的权利。单方解除权性质上为形成权，即不须对方当事人同意便可产生法律效力的权利。

法律依据是《劳动合同法》（2012）第 38 条，劳动者单方即时解除劳动合同有以下六种情形。（1）未按照劳动合同约定提供劳动保护或者劳动条件的；（2）未及时足额支付劳动报酬的；（3）未依法为劳动者缴纳社会保险费的；（4）用人单位的规章制度违反法律、法规规定，损害劳动者权益的；（5）因本法第 26 条第 1 款规定的情形致使劳动合同无效的；（6）法律、行政法规规定劳动者可以解除劳动合同的其他情形。用人单位以暴力、威胁或者非法限制人身自由的手段强迫劳动者劳动的，或者用人单位违章指挥、强令冒险作业危及劳动者人身安全的，劳动者可以立即解除劳动合同，无须事先告知用人单位。由上可知，以上六种情形是劳动者"可以通知后立即解除"劳动合同的情形，其与第 2 款劳动者"可以不通知用人单位就立即辞职"解除劳动合同的情形不同。

【案例 2-47】

在《埃尔凯公司与王某劳动合同纠纷案》[①]中法院认为，埃尔凯公司未及时足额支付劳动报酬，依照《劳动合同法》（2012）第 38 条规定，王某可以解除劳动合同，且埃尔凯公司应当向其支付经济补偿金。而且，王某是依照《劳动合同法》（2012）第 38 条规定解除劳动合同的，该规定并未要求劳动者应提前 30 天书面通知用人单位，埃尔凯公司主张劳动者应按照第 37 条之规定提前 30 日书面通知用人单位后方可解除劳动合同的主张缺乏法律依据。《劳动合同法》（2012）第 38 条第 1 款和第 2 款的区别在于是否需要通知用人单位，在本案中，王某以特快专递的方式通知了用人单位，符合《劳动合同法》（2012）第 38 条第 1 款规定。

1. "可以通知后立即解除"的劳动合同

《劳动合同法》（2012）第 38 条第 1 款规定的是劳动者单方即时解除劳动合同的情形。

第一，用人单位如未按照劳动合同约定提供劳动保护或者劳动条件，劳动者"可以通知后立即解除"劳动合同。在实践中，有三种情况容易被法院认为是"用人单位未按照劳动合同约定提供劳动保护或者劳动条件"。（1）用人单位的劳动保护条件太差。在《宏安集团公司与于某劳动合同纠纷案》[②]中，于某的工作单位受徐矿集团旗山矿透水事件

---

① 改编自《埃尔凯公司与王某劳动合同纠纷二审民事判决书》（2016 粤 04 民终 1485 号）。

② 改编自《宏安集团公司与于某劳动合同纠纷二审民事判决书》（2013 徐民终字第 2292 号）。

的影响，所在矿井存在严重的安全隐患，已不具备安全生产条件，但单位依旧违章生产，于某以本条本款本项为由解除劳动合同并要求用人单位支付经济补偿金，最终被法院支持。（2）用人单位对劳动者调岗降薪。在《濠景轩酒家与黄某某劳动争议案》[①]中，法院认为：濠景轩公司调整了黄某某的工作岗位，该行为不能证实系其生产经营需要，调整后黄某某的工资水平明显低于原岗位，故濠景轩公司该行为不属合法行使用工自主权，改变了劳动者的原有劳动条件，损害了劳动者的原有工资待遇，因此关于原审法院认定的濠景轩公司的行为符合《劳动合同法》（2012）的第38条第1款第1项，审判并无不当。（3）用人单位不给劳动者安排工作。在《远大铝业东北分公司与陈某某劳动争议纠纷案》[②]中，法院认为，《劳动合同法》（2012）第38条第1款第1项规定，本案中，分公司因机构改革确定陈某某为富余人员，通知陈某某停工放假，不能为陈某某提供劳动条件。陈某某以此为由提出解除劳动合同，符合法律规定，分公司应当支付经济补偿金。

第二，用人单位未及时足额支付劳动报酬，主要包括拖欠和克扣工资等情形，劳动者"可以通知后立即解除"劳动合同，并依照《劳动合同法》（2012）第46条要求用人单位支付经济补偿金。

【案例2-48】

在《某电缆公司与陈某某劳动争议案》[③]中，二审法院认为，用人单位未按照劳动合同约定提供劳动保护或者劳动条件的或未及时足额支付劳动报酬的，劳动者可以解除劳动合同，用人单位应当向劳动者支付经济补偿金……本案中，陈某某以某电缆有限公司无故克扣工资，不提供劳动条件为由，提出解除双方的劳动关系，且某电缆有限公司存在克扣或者无故拖欠陈某某工资的情形，故一审法院判决的某电缆有限公司应向陈某某支付解除劳动关系的经济补偿金，存在事实和法律依据。

---

① 改编自《濠景轩酒家与黄某某劳动争议二审民事判决书》（2016 粤 02 民终 663 号）。
② 改编自《远大铝业东北分公司与陈某某劳动争议纠纷二审民事判决书》（2017 辽 01 民终 4710 号）。
③ 改编自《某电缆公司与陈某某劳动争议二审民事判决书》（2016 豫 01 民终 13832 号）。

第三，用人单位未依法为劳动者缴纳社会保险费的，劳动者"可以通知后立即解除"劳动合同。《劳动法》(2018)第 72 条规定，用人单位和劳动者必须依法参加社会保险，缴纳社会保险费；可知不缴社保是一种典型的劳动违法行为，劳动者当然可以通知单位后立即解除劳动合同。实践中常见的另外一种情况是，用人单位不足额缴纳社保，即不按劳动者的每月实际工资数额缴纳，而是按第一档或者是最低档社保数额缴纳，对此劳动者是否可以单方面解除劳动合同？这提醒用人单位要注意各自所在地方的政策。大部分地区认为未足额缴纳社保费难以成为解除劳动合同的理由，原因在于是否足额缴纳社会保险费的确认权在社保部门而非法院；基于我国社保政策的特殊性，实践中有相当多的用人单位是不足额为劳动者缴纳社保的，如果将不足额缴纳社保作为可以解除劳动合同的理由，容易引发大面积的争议，也不利于社会整体劳动关系的和谐稳定。因此，实践中一般不会将不足额缴纳社保作为解除劳动合同的理由，至少不会仅凭"不足额缴纳社保"这一个理由就认定劳动者有权解除劳动合同。例如，2014 年北京市在《关于劳动争议案件法律适用问题研讨会会议纪要》的第 31 条中规定："劳动者以用人单位未足额缴纳或欠缴社会保险费为由请求解除劳动合同并要求用人单位支付经济补偿金的，不予支持。"再如广东省高级人民法院、广东省劳动仲裁委《关于适用、若干问题的指导意见》(粤高法发〔2008〕13 号)第 24 条规定："劳动者以用人单位未足额缴纳或欠缴社会保险费为由请求解除劳动合同并要求用人单位支付经济补偿金的，不予支持。"不过，也有"高标准、严要求"的地方，将不足额缴纳社保作为解除劳动合同的理由。例如 2013 年天津市人社局发布的《关于印发天津市贯彻落实〈劳动合同法〉若干问题规定的通知》(津人社局发〔2013〕24 号)的第 15 条规定："因用人单位原因导致未缴纳或未足额缴纳社会保险费的，劳动者可以依据《劳动合同法》(2012)第 38 条规定解除劳动合同，并要求用人单位支付经济补偿。"

司法实践也有不同的主张，见案例 2-49 和案例 2-50。

【案例 2-49】

在审理《余某与某汽车公司等劳动合同纠纷案》^①时，法院不支持以不足额缴纳社保作为解除劳动合同的理由。法院指出，涉案的余某所主张的未足额缴纳社会保险费，主要是指某汽车公司 2003 年 6 月至 2004 年 2 月未为其缴纳社会保险费，以及降低了缴费基数，未足额为其缴纳社会保险费。某汽车公司虽然未于建立劳动关系之日即为余某缴纳社会保险费，但其后已于 2014 年 3 月依法为余某建立了社会保险关系并按时缴纳社会保险费，而因社保缴费时间不足及社保缴费基数不足导致的未足额缴纳社会保险费并不等同于未依法为劳动者缴纳社会保险费，二者不能相混。余某就此主张其有权解除劳动合同并获得经济补偿金的主张，依据不足，法院不予采纳。

【案例 2-50】

在审理《天津某工具公司与杨某某劳动争议纠纷案》^②时，法院支持以不足额缴纳社保作为解除劳动合同的理由。法院指出，《天津市贯彻落实〈劳动合同法〉若干问题的规定》的第 15 条规定，用人单位应当按照法律规定为劳动者缴纳社会保险费，因用人单位原因导致未缴纳或未足额缴纳社会保险费的，劳动者可以根据《劳动合同法》（2012）第 38 条规定解除劳动合同，并要求用人单位支付经济补偿金。本案现有证据证明，上诉人存在未足额为被上诉人缴纳社会保险费的事实，故被上诉人有权解除劳动合同，上诉人应当向被上诉人支付经济补偿金。

第四，用人单位的规章制度违反法律、法规规定，损害劳动者权益的，劳动者"可以通知后立即解除"劳动合同。条件有两个：一是用人单位的规章制度违法，二是该违法的规章制度损害了劳动者的权利。

---

① 改编自《余某与某汽车公司等劳动合同纠纷二审民事判决书》（2016 粤 04 民终 1216 号）。
② 改编自《天津某工具公司与杨某某劳动争议纠纷二审民事判决书》（2015 二中保民终字第 68 号）。

【案例 2-51】

在《南纺公司、乔某某劳动争议案》①中，法院指出，南纺公司将 8 小时工作制改为 12 小时工作制，损害了劳动者的合法权益的事实，已被所在地的市人力资源和社会保障局限期责令改正。法律规定，用人单位的规章制度违反法律、法规的规定，损害劳动者权益，劳动者解除劳动合同的，用人单位应向劳动者支付经济补偿金。本案乔某某虽单方解除了合同，但根据法律规定，南纺公司的规章制度违反法律、法规的规定，损害了乔某某的权益，在乔某某解除合同后，南纺公司应向乔某某支付经济补偿金，故原判决判令的南纺公司应支付乔某某经济补偿金的决定是正确的。"

第五，用人单位因《劳动合同法》（2012）第 26 条第 1 款规定的情形致使劳动合同无效，劳动者"可以通知后立即解除"劳动合同。《劳动合同法》（2012）第 26 条第 1 款规定："下列劳动合同无效或者部分无效：（1）以欺诈、胁迫的手段或者乘人之危，使对方在违背真实意思的情况下订立或者变更劳动合同的；（2）用人单位免除自己的法定责任、排除劳动者权利的；（3）违反法律、行政法规强制性规定的。"例如，用人单位以虚假招聘广告欺诈劳动者与其签订劳动合同，用人单位与劳动者约定"劳动者出现工伤工亡一概与本单位无关"，约定"加班时自愿放弃加班费"等行为，都是侵害劳动者权益的行为，劳动者可以在通知单位后立即解除劳动合同。

第六，出现法律和行政法规规定的劳动者可以解除劳动合同的其他情形。到底何为"法律、行政法规规定劳动者可以解除劳动合同的其他情形"？司法实践中可能会被法院考虑纳入这一情形的是《工伤保险条例》第 36 条，"职工因工致残被鉴定为五级、六级伤残的……经工伤职工本人提出，该职工可以与用人单位解除或者终止劳动关系"；第 37 条，"职工因工致残被鉴定为七级至十级伤残的……或者职工本人提出解除劳动、聘用合同的，由工伤保险基金支付一次性工伤医疗补助金，由用人单位支付一次性伤残就业补助金"。对于劳动者因工致残被鉴定为五级至十级伤残的，其能否以发生工伤为由单方

---

① 改编自《南纺公司、乔某某劳动争议二审民事判决书》（2017 豫 17 民终 992、993 号）。

解除劳动关系并主张经济补偿金的问题，实践中的意见并不统一，我们应具体情况具体分析。

持支持意见的可参考案例 2-52。

【案例 2-52】

在《明鲲公司与李某某劳动争议案》①中，法院认为，本案中的李某某系工伤（九级伤残），其要求与明鲲公司解除劳动关系，符合《工伤保险条例》第 37 条第 2 款之规定，属于法律、行政法规规定劳动者可以解除劳动合同的其他情形，按照上述法律规定，明鲲公司应当向李某某支付经济补偿金。

持反对意见的可以参考案例 2-53。

【案例 2-53】

在《谭某某与环宇社保服务公司等的劳动争议案》中②，法院认为："上诉人谭某某认为其依据《工伤保险条例》第 37 条规定提出与环宇公司解除劳动合同关系的情形，属于《劳动合同法》（2012）第 38 条第 1 款第 6 项规定的'其他情形'，因此谭某某（十级伤残）可以单方解除劳动关系，并主张经济补偿金……但是，《劳动合同法》（2012）第 38 条是为保护劳动者的合法权益，遏制用人单位的违法行为，而规定的劳动者在用人单位违约或者严重侵犯劳动者合法权益的情况下，可以单方面解除劳动合同……本案中上诉人谭某某提出与被上诉人环宇公司解除劳动合同关系并非认为环宇公司存在违法行为，其只是认为自己依据《工伤保险条例》规定，可以提出与环宇公司解除劳动合同。为此，谭某某主张环宇公司应当向其支付经济补偿金的请求，没有事实和法律依据，本院不予支持。"

---

① 改编自《明鲲公司与李某某劳动争议二审民事判决书》（2015 渝一中法民终字第 00770 号）。
② 改编自《谭某某与环宇社保服务公司等的劳动争议二审民事判决书》（2017 鄂 05 民终 806 号）。

2."可以不通知"即可解除的劳动合同

《劳动合同法》（2012）第 38 条第 2 款规定，劳动者"可以不通知用人单位，立即辞职"："用人单位以暴力、威胁或者非法限制人身自由的手段强迫劳动者劳动的，或者用人单位违章指挥、强令冒险作业危及劳动者人身安全的，劳动者可以立即解除劳动合同，不需要事先告知用人单位。"这是因为暴力胁迫、非法限制人身自由、强令冒险作业等行为是严重违法行为的，一旦触犯，用人单位可能要负行政责任，甚至有可能构成故意伤害、非法拘禁、强令违章冒险作业等刑事犯罪。

【案例 2-54】

在《何某某与某五金制品公司劳动争议案》[①]中，法院指出："在本案中，首先，某市公安局派出所出具的"情况说明"反映被告老板林某某用工具击打了原告，使其背部红肿，充分证明了被告对原告施加了暴力行为的事实……结合 2013 年 3 月 3 日，原告因不愿意在法定假日加班而受到记过处罚的事实，应认为被告有强迫原告劳动的行为。综上，原告认为于 2013 年 9 月 23 日，被告以暴力手段强迫原告劳动的主张成立，本院予以采信。原告的诉讼请求符合以上法律法规规定，因此，针对原告的辞职，被告应依法向原告支付解除劳动合同经济补偿金，本院支持原告诉请。"

需要说明的是，劳动者根据本条解除劳动合同的，根据《劳动合同法》（2012）第 46 条规定，用人单位应当向劳动者支付经济补偿金。

二、合规措施

用人单位在行使解约权的时候，建议重点关注以下问题。

1. 制定合法、规范，具有可操作性的内部规章制度，以防范在发生劳动争议时出现

---

① 改编自《何某某与某五金制品公司劳动争议一审民事判决书》（2013 东三法民一初字第 8452 号）。

的法律风险，确保用人单位时刻处于主动地位。

2. 完善用人单位的人力资源管理制度，特别是用人单位要完善劳动合同的签订与管理、职工考勤、绩效考核等方面的制度。

3. 加强对劳动合同的动态管理。用人单位要建立劳动关系预警机制，定期清理和跟踪管理现有的劳动关系和劳动合同的履行情况，对快要到期的劳动合同，预留2～3个月的时间提前操作，以方便劳动合同的续订或终止，避免出现劳动合同已经到期，员工还在继续工作，形成事实劳动关系的情况。

4. 树立证据意识，在单位内部形成一整套的签字、公示、备案、归档制度，为可能发生的劳动争议提供证据。在日常管理工作中，用人单位对劳动合同的变更、解除或终止，对违反单位劳动规章制度的事件以及对劳动者的处理，都要进行详细记录，履行签字手续，并以书面形式存档，以避免由于操作不当而承担法律责任。

5. 依法为劳动者出具证明、转移关系。用人单位应当在解除或终止劳动合同时，出具解除或终止劳动合同的书面证明。在出具书面证明的同时，还应在 15 日内为劳动者办理人事档案和社会保险关系的转移手续。对解除或终止的劳动合同文本及出具的书面证明、转移关系的手续、工作交接的清单等材料，存档保存至少两年以上。

6. 在劳动者行使解约权的时候，用人单位应该注意以下细节，维护自己的合法权利。

（1）劳动者在行使辞职权时，必须履行法定程序（即提前 30 日以书面形式，在试用期内须提前 3 日通知用人单位）方可解除劳动合同。如果劳动者自动离职，其就属于违法解除劳动合同，是无权享受经济补偿金的；给用人单位造成损失的，还应当承担赔偿责任。

（2）劳动者在行使提前 30 天解除权时，一定要保留好通知凭证。如果劳动者没有有效的通知凭证，一旦用人单位称未收到提前 30 日解除通知，且主张劳动者违法辞职，提出巨额索赔，劳动者可能将面临败诉的风险。

▶ **第八节　违约金**

一、要点

违约金，是指按照当事人的约定或法律规定，当合同当事人一方不履行或不适当履行合同时，应向另一方支付一定数额的金钱，该笔钱是用人单位或者劳动者违反双方劳动合同约定时需要向对方支付的金钱。

《劳动法》（2018）第 19 条将违约责任列为必备条款，但对如何约定违约责任，包括是否可以约定违约金或赔偿金条款、违约金或赔偿金数额，则无明确规定。但一些地方立法对违约金或赔偿金条款已作限制性规定，主要有：（1）对可以约定违约金的情形进行限制。如《上海市劳动合同条例》第 17 条规定，劳动合同对劳动者的违约行为设定违约金的，仅限于违反服务期约定和违反保守商业秘密约定的情形。在《浙江省劳动合同办法》第 16 条中还增加了一项"法律、法规、规章规定可以设定违约金的其他情形"。（2）对违约金的数额进行限制。如《北京市劳动合同规定》第 19 条规定，劳动者向用人单位支付的违约金最多不得超过本人解除劳动合同前 12 个月的工资总额，但劳动者与用人单位协商一致解除劳动合同的除外。《上海市劳动合同条例》第 17 条规定，违约金数额应当遵循公平、合理的原则约定。（3）规定赔偿金的标准。如《广州市劳动合同管理规定》第 37 条规定，劳动合同当事人一方因过错不履行劳动合同而给对方造成经济损失的，赔偿金一般不得超过违反劳动合同时上年度广州市职工平均工资的二倍，但属于教育培训、商业秘密等方面的损失赔偿除外。

《劳动合同法》（2012）增加了违约金的条款，对其适用范围及标准作出了规定：明确了在劳动合同中设定的违约金条款只限于劳动者违反服务期约定和违反保守商业秘密约定两种情况。除此之外，劳动者在履行"提前通知义务"后，可以与用人单位解除劳动合同关系，这是行使了法定的辞职权，不构成违约，劳动者无须支付提前解除劳动合同违约金。

【案例 2-55 】

某设备进出口公司招用小张担任进出口经理，双方在劳动合同中约定，公司出资安排小张到国外培训一个月，培训费为 15 万元，均由单位承担，但小张必须为公司服务 5年，小张如提前离开公司，要赔偿培训费。小张回国后工作期间，公司一直未给小张缴纳社会保险费。第二年结束的时候，小张提出解除合同，单位要求小张赔偿五分之三即 9 万元的违约金。法院认为，《劳动合同法实施条例》第 26 条第 1 款规定："用人单位与劳动者约定了服务期，劳动者依照《劳动合同法》（2012）第 38 条规定解除劳动合同的，不属于违反服务期的约定，用人单位不得要求劳动者支付违约金。"在本案中，小张是因单位没有为其办理社会保险这一违法行为而解除的合同，因此其无须承担培训协议中约定的违约责任。

二、合规措施

第一，在对员工进行专业培训时，用人单位应事先对培训的性质、培训时间、培训后的服务期限以及违约赔偿责任等作出书面约定，并与劳动者签订该协议。

第二，应保留提供专项培训费的财务支出凭据和相关委托或聘用培训合同等相关证据。

第三，用人单位与劳动者约定服务期的，不影响按照正常的工资调整机制提高劳动者在服务期期间的劳动报酬。

第四，劳动合同期满，但是用人单位与劳动者依照《劳动合同法》（2012）第 22 条规定约定的服务期尚未到期的，劳动合同应当续延至服务期满；双方另有约定的，遵从其约定。

▶ ## 第九节　用人单位的经济性裁员

经济性裁员，是指资方在濒临破产进行法定整顿期间或生产经营状况发生严重困难之时，为改善生产经营状况而辞退成批人员。严格来说，经济性裁员属于资方单方面解除劳动合同的行为，但是解除劳动合同关系的对象是劳动者集体，而非劳动者个人。

一、要点

（一）裁员的适用条件合规

《劳动合同法》（2012）第 41 条第 1 款规定，用人单位在以下情形下可以裁员。

- 依照企业破产法规定重整的。用人单位应提供法院出具的关于重整的裁定书，若无法院出具的重整裁定，则不能以此为由裁员。

- 生产经营发生严重困难的。用人单位须举证证明生产经营发生了困难，且是严重的困难，这需要对企业相关财务状况进行举证，否则企业的裁员行为往往属于违法解雇。

- 企业转产、重大技术革新或经营方式调整，经变更劳动合同后，仍须裁员的。此种裁员的前提条件是资方须先与劳方变更劳动合同，否则属于违法解约，资方须承担违法解约责任。

- 其他因劳动合同订立时所依据的客观经济情况发生重大变化，致使劳动合同无法履行的。"客观经济情况发生重大变化"一般是指发生不可抗力，或出现致使劳动合同全部或部分条款无法履行的其他情况，如企业迁移、兼并、分立、合资等。

代通知金，是指资方以额外支付一个月工资代替提前 30 日书面形式通知劳方本人解除劳动合同而支付的金钱，裁员情况下不适用"代通知金"条款。

根据现行法律规定，雇主只有在三种情况下解除劳动合同，才可能支付代通知金①。（1）劳方患病或非因工负伤，在规定的医疗期满后不能从事原工作，也不能从事由资方另行安排的工作的；（2）劳方不能胜任工作，经过培训或者调整工作岗位，仍不能胜任工作的；（3）劳动合同订立时所依据的客观情况发生重大变化，致使劳动合同无法履行，经劳资双方协商，未能就变更劳动合同内容达成协议的。

【案例 2-56】

某科技公司总体员工有 100 人，2020 年年底，公司进行重大技术革新，经变更劳动合同后，其仍须裁减一定数量的销售人员。从 2021 年 2 月开始，上海的公司总部便裁撤市场销售人员 5 人，广州办事处裁撤市场销售人员 4 人；对所有被裁减人员，公司都按"在本单位工作每满一年，发给相当于一个月工资补偿"的标准支付了经济补偿金。2021 年 3 月，广州办事处的李先生上午尚在参加公司例会，下午就被通知裁员，不用再来。公司给予李先生经济补偿金，但他仍提起仲裁，要求恢复与公司间的劳动关系，并要求公司向其支付恢复期间的工资并缴纳保险。劳动仲裁委认为，对于裁员，法律规定了明确的适用条件和程序要求，涉案公司的总职工人数有 100 人，按照"占企业职工总数 10% 以上"要求计算得出该公司的裁员标准为 10 人。事实上，公司在上海和广州总共裁减的人数仅为 9 人，这既不符合裁减人员"20 人以上"的要求，也不符合"占企业职工总数 10% 以上"的比例，因此公司实行裁员计划并不符合法定理由，其行为不属于法定的"裁员"行为。

（二）裁员的法定程序合规

资方裁员程序可以用图 2-1 进行简略概括。

---

① 《劳动合同法》（2012）第 40 条。

| 启动程序 | → | 进行协商 | → | 提交报告 | → | 公布方案 |

图 2-1 资方裁员程序

第一，启动程序。启动裁员程序必须满足一定的人数要求，即裁减人员须达到 20 人或者裁减不足 20 人但占企业职工总数 10% 以上。如果裁减人员人数不足上述法定标准，资方就不能启动裁员程序成批解除劳动合同，只能根据《劳动合同法》（2012）第 36 条、第 39 条、第 40 条规定，单个地解除劳动合同；否则裁员行为违法，资方应当承担违法解雇的法律风险。

第二，进行协商。初步决定裁员后，资方应提前 30 日向工会或全体职工（不包括职工代表）说明情况，并提供有关生产经营状况的资料。同时，应当保留提前通知工会或全体职工的书面证据，若资方未提前通知或不能举证证明，将面临违法裁员风险。在提出裁减人员方案并征求工会或全体职工的意见后，资方需要对裁员方案进行修改和完善；工会或职工对裁减提出的合理意见，资方应认真听取；如资方违反法律法规规定和集体合同约定裁减人员，工会有权要求其重新处理。

第三，提交报告。资方的裁员方案须向当地劳动行政部门报告并听取其意见；劳动行政部门对资方违反法律法规和有关规定裁减人员的，会依法制止和纠正。资方应当保留劳动行政部门签收的相关证据。资方履行报告程序后即可裁员，无须劳动行政部门批准。根据上海市的有关规定，企业经济性裁减人员方案，应按本市集体合同的审核管辖规定分别向市劳动和社会保障行政部门、区县劳动行政部门报告。报告时须提交以下材料：（1）企业经济性裁减人员方案；（2）企业代表与工会代表对经济性裁减人员方案的协商意见。

第四，公布方案。由用人单位正式公布裁减人员方案，与被减人员办理解除劳动合同手续，按照有关规定向被裁减人员本人支付经济补偿金，出具裁减人员证明书。

用人单位实施经济性裁员如果不符合法定条件、法定程序，裁员行为会被认定为违法解除劳动合同行为，劳动者可以要求其支付赔偿金，赔偿金按照经济补偿金的二倍支付。《劳动合同法实施条例》明确了赔偿金的计算年限为自用工之日起计算，即违法解除劳动合同赔偿金的计算年限应该包括劳动者 2008 年 1 月 1 日之前的工作年限。

【案例 2-57】

2009 年 3 月 30 日，戴尔公司以"业务调整、岗位撤销"为由，以书面形式通知杨先生解除劳动合同。2009 年 4 月 30 日，戴尔公司通过银行转账向杨先生支付了经济补偿金等共计 268 378.63 元。杨先生表示确已收到上述款项，但认为该款项应为其销售提成和报销款项。杨先生主张：自己与公司签订了 3 年的固定期限劳动合同（合同到期日为 2011 年 9 月），职位为销售高级客户经理；公司提出解雇时，自己正处于医疗期内。杨先生要求戴尔公司支付工资损失 33 336 元及 25% 的赔偿金 8334 元，未报销的电话费、交通费、招待费 472 411.62 元。庭审中，戴尔公司提交了公司经营情况恶化的新闻报道，决定取消部分工作岗位。公司在通知杨先生解除劳动合同之前与其进行了协商，并试图通过协商与杨先生解除劳动合同，但被杨先生拒绝了。戴尔公司请求法院确认他们解除与杨先生的劳动合同合法有效。法院经审理认为，杨先生与戴尔公司的劳动关系成立。2009 年 3 月 30 日，戴尔公司以"业务调整、岗位撤销"为由，书面通知杨先生解除劳动合同，但未就变更劳动合同与杨先生进行协商；同时，戴尔公司未就其解除劳动合同的理由提供充分的证据，因此其单方提出解除劳动合同的行为构成了违法解除，据此法院判决双方继续履行劳动合同。

（三）优先留用的人员合规

《劳动合同法》（2012）第 41 条第 2 款规定：用人单位在裁减人员时，应当优先留用下列人员：（1）与本单位订立较长期限的固定期限劳动合同的；（2）与本单位订立无固定期限劳动合同的；（3）家庭无其他就业人员，有需要扶养的老人或者未成年人的。第 3 款规定：用人单位依照本条第 1 款规定裁减人员，在 6 个月内重新招用人员的，应当通知被裁减的人员，并在同等条件下优先招用被裁减的人员。

劳动部《关于实行劳动合同制度若干问题的通知》第 19 条规定：因经济性裁员而被

资方裁减的职工，在 6 个月内又被原单位重新录用的，对职工裁减前和重新录用后的工作年限应当连续计算为本单位工作时间。

此外，用人单位还要注意遵守地方法规，尤其是地方法规的更高规定。《上海市劳动合同条例》（2002）第 34 条规定，"劳动者有下列情形之一的，用人单位不得依据本条例第 32 条、第 35 条规定解除劳动合同。（1）患职业病或者因工负伤并被确认丧失或者部分丧失劳动能力的；（2）患病或者负伤，在规定的医疗期内的；（3）女职工在孕期、产期、哺乳期内的；（4）法律、法规规定的其他情形。"《上海市劳动合同规定》第 21 条规定：劳动者有下列情形之一的，用人单位不得依据本规定第 19 条、第 20 条规定解除劳动合同：（1）患职业病或者因工负伤并经劳动鉴定委员会鉴定丧失或者部分丧失劳动能力的；（2）患病或者负伤，在规定的医疗期内的；（3）女职工在孕期、产期、哺乳期内的；（4）在本单位工作满 10 年，距法定退休年龄 3 年以内的；（5）法律、法规、规章规定的其他情形。

如果用人单位在实施经济型裁员时未遵守上述法律要求优先留用的人员范围，将涉嫌违法裁员，雇员可以提起诉讼以维护自己的合法权益。

（四）裁减试用期员工的合规

实践中，用人单位在裁员时往往首先考虑的是先裁减试用期员工，但法律规定"在试用期中，除劳动者有《劳动合同法》（2012）第 39 条和第 40 条第 1 款、第 2 款规定的情形外，用人单位不得解除劳动合同"。也就是说，如果在试用期内，用人单位裁减员工是无法律依据的，其将面临违法解除劳动合同的风险。

为了避免法律风险，建议用人单位选择协商解约方式，或在试用期届满后再裁员。

【案例 2-58】

2018 年 6 月 1 日，刘某入职某软件公司，从事程序员工作。双方签订的劳动合同约定试用期为 2018 年 6 月 1 日至 11 月 30 日。同年 7 月 8 日，公司召集全体员工开会，向员工说明，因为与公司合作的第三方公司项目突然减少，公司处于无订单的状态，需要裁减人员。9 月 10 日，公司经过一系列的裁员程序后，通知刘某与其解除劳动合同，支付刘某半个月的工资作为经济补偿。刘某向劳动仲裁委提起劳动仲裁，后又向法院提起诉讼，请求撤销解除决定，继续履行劳动合同。法院认为，符合《劳动合同法》（2012）第 41 条规定情形后，用人单位可以进行经济性裁员，用人单位单方面与试用期员工解除劳动合同要符合法律规定的情形。在本案中，刘某在试用期当中，用人单位以经济性裁员为由与刘某解除劳动合同，而经济性裁员未包含在用人单位可以解除试用期劳动合同的情形中，用人单位与刘某解除劳动合同违法，法院对刘某的诉讼请求予以支持。

二、合规措施

《劳动合同法》（2012）规定的裁员条件与程序要求相当严格，而且设置了裁员禁止规定，以及优先留用人员规定，建议用人单位做好以下合规工作，防范法律风险。

第一，在经济性裁员时严格履行以下法定程序。（1）提前 30 日向工会或全体职工说明情况，并提供有关生产经营状况的资料；（2）提出裁减人员方案，征求工会或全体职工的意见，并对方案进行修改和完善；（3）向当地劳动行政部门报告裁减人员方案以及工会或全体职工的意见，并听取劳动行政部门的意见；（4）正式公布裁减人员方案，与被裁减人员办理解除劳动合同手续等工作。对于其他情形，用人单位应根据《工会法》第 21 条规定，在单方面解除职工劳动合同时，事先将理由通知工会，若工会认为用人单位有违法违约行为而要求重新研究处理时，用人单位则应当研究工会的意见，并将处理结果书面通知工会。此外，还需要注意解除劳动合同的提前通知期问题、书面的通知形式问题，以及工会的预先告知问题等，防患于未然。

第二，建议用人单位采用以下方案实施经济性裁员，防范法律风险。

一是协商减少薪资。 减少员工的薪资方式可分为单方减薪和协商减薪两种。由于单方减薪是用人单位在未经雇员同意的情况下降低雇员的劳动报酬，会被视为克扣或者未足额支付劳动报酬，雇员有权要求足额发放，而且用人单位还会面临劳动监察方面的法律责任。所以，尽量不要采用单方降薪的方式，建议采取协商降薪的方式，双方协商一致来降低劳动报酬的一定比例，共渡难关。在具体运用中，用人单位必须保留与员工协商一致的书面证据，比如劳动合同变更协议书、劳动报酬变更协议书等。

二是缩减加班时间。对于劳动密集型用人单位，员工往往靠长时间加班来获取较高的劳动报酬，而一旦加班时间减少或者不安排加班，其劳动报酬可能只是最低工资标准或略高于最低工资标准。尽管这些员工可能产生抵触情绪，但这属于合法行为，用人单位可以用减少加班时间或不安排加班作为裁员的代替方案，而不必担心由此带来的法律风险（见《劳动法》（2018）第 41 条）。

三是实行带薪放假。根据现行法律规定，雇主在使用放假作为裁员替代手段时，只有带薪放假是合法的。《工资支付暂行规定》第 12 条规定，非因雇员原因造成单位停工、停产在一个工资支付周期内的，雇主应按劳动合同规定的标准支付雇员工资。超过一个工资支付周期的，若雇员提供了正常劳动，则支付给雇员的劳动报酬不得低于当地的最低工资标准；若雇员没有提供正常劳动，应按国家有关规定办理。根据该规定，放假必须符合两个条件：（1）雇主有停工停产的事实；（2）停工停产非雇员原因造成。另外，雇主还须支付相应的工资及生活费。因此雇主在正常经营的情况下给雇员放假是不合法的，将被认定为不给雇员提供劳动条件，雇主需要承担相应的法律后果。

第三，企业（雇主）事先须建立包括离职管理在内的规章制度。

企业须防患于未然，事先在规章制度中设计好离职管理制度，重点关注以下三点。（1）内容合法，程序合法。（2）不得违反劳动合同或集体合同的约定。（3）须向员工公示。根据现行劳动法，未经公示的规章制度是无效的，因此，在员工离职时才交予员工阅知的规章制度，对员工不具有约束力。

企业应完善离职工作交接事务的处理。

在员工离职时，员工所在的工作部门及企业的人力资源部门应认真处理好以下问题。（1）企业在办理员工入职手续时即应要求提供并核实清楚该员工的相关证件材料，以备追查线索；（2）在日常管理中应建立起相关工作制度与物品管理制度，对于办公物品的管理、领用、使用实行登记备案制度；（3）企业应分析员工的离职心理，寻找员工离职的动机；（4）员工擅自带走企业财物且数额较大的，企业应及时向公安机关报案以维护企业利益；（5）工作内容的交接方面，企业应针对其工作内容采取一定的包括签署法律文件等的措施，特别是针对高层员工的离职。比如，企业可以根据《会计法》第 41 条规定，在离职会计人员不予配合办理工作交接手续时，暂缓为其办理离职手续。

企业应关注离职中的薪资处理。

离职阶段常常是劳动纠纷的多发阶段，通常是员工离职时双方没有就工资、补偿金数额等问题达成一致意见而引起的，建议企业采取以下措施防范法律风险。（1）一次性结清工资。企业在依法解除劳动关系或终止劳动合同时，应一次付清工资，尽力避免要求离职员工在企业下月正常发薪日来领取工资的做法。（2）支付经济补偿金和赔偿金。在员工离职时，企业应依法或依约向员工支付经济补偿金、赔偿金。（3）妥善处理其他薪酬福利事项。员工在企业工作期间，企业为员工缴纳各项社会保险及住房公积金等，在员工办理离职时，企业应与员工协商确定转移手续的办理时间及双方如何配合办理等。

第四，进行人事档案转移。

员工离职时，企业有义务为员工办理必要的相关手续，包括向员工出具离职证明、转移员工个人人事档案等。对实践中诸如以员工在离职时不向企业交付培训费用等理由扣留员工的个人档案，或不给员工办理有关离职手续等做法，企业应该尽力避免。如果员工拒绝承担违约责任或赔偿责任不辞而别，企业应该通过提起劳动争议仲裁申诉等合法途径来维护自己的合法权益。

第五，离职手续文件的签署。

员工离职时，企业应要求离职员工签署离职文件，履行必要的内部手续。企业应妥善保管这些离职文件，在内容及形式上均完整、准确地记录下离职环节。若员工离职后针对企业某项行为提起劳动争议仲裁申诉，企业在文件材料这项应对措施上能有所准备。

第六，应对擅自离职员工的法律措施。

员工不辞而别，实质是雇员单方面擅自解除与企业的劳动合同关系，违反了劳动法规定的"劳动者在解除劳动合同时，应当严格按照规定，提前 30 日以书面形式向用人单位提出"一条。对于此种情形，企业可以采取以下措施应对。（1）书面通知该员工限期上班，并提出对逾期不上班的处理措施；（2）对逾期未上班者，作违纪辞退解除合同，并书面通知其前来办理离职手续，其中包括索赔数额等内容；（3）若员工不办理手续，则依规定办理解除劳动关系手续，同时企业可依法申请仲裁，保护自己的合法权益；（4）企业可以在平衡利弊的基础上决定是否采取诉讼。

▶ 第十节　集体合同

《集体合同规定》第3条规定，集体合同是指用人单位与本单位职工根据法律、法规、规章的规定，就劳动报酬、工作时间、休息时间、劳动安全卫生、职业培训、保险福利等事项，通过集体协商签订的书面协议。集体合同与用人单位的规章制度、劳动合同都是确立劳资双方权利和义务的重要依据、规范劳动行为的准则、协调劳动关系的重要制度，是雇主用以调整劳动关系的三大支柱。

《劳动合同法》（2012）第51条规定："企业职工一方与用人单位通过平等协商，就劳动报酬、工作时间、休息休假、劳动安全卫生、保险福利等事项，可以订立集体合同。集体合同草案应当提交职工代表大会或者全体职工讨论通过。"

《集体合同规定》第5条明确规定：进行集体协商，签订集体合同或专项集体合同，应当遵循下列原则。（1）遵守法律、法规及国家有关规定：订立集体合同的主体、内容、形式、程序必须符合国家法律、法规的规定。例如：集体合同的内容不得与法律、法规的规定相抵触；集体合同必须采用书面形式，其他形式一律无效；应严格遵循法定程序订立集体合同等。（2）相互尊重，平等协商：用人单位和劳动者在法律地位上是平等的，都是以平等的主体身份进行协商的，只有这样才能保证各自独立地、充分地表达自己的意志，做到意思表示真实。（3）诚实守信，公平合作：用人单位和劳动者的利益是此消彼长的关系，因此为达成一个"双赢"的集体合同，双方必须在互谅互让的基础上，相互磋商，把各自的利益控制在合理的限度内，这样才能促成集体合同的订立。（4）兼顾双方合法权益。（5）不得采取过激行为。

依照《劳动法》（2018）第33、34条和《集体合同规定》，集体合同的签订须经过以下程序。

一是确定集体协商代表。集体协商代表是按照法定程序产生并有权代表本方利益进行集体协商的人员。集体协商双方的代表人数应当对等，每方至少有3人，并各确定1名首席代表。（1）职工一方的协商代表由本单位工会选派；未建立工会的，由本单位职工民主推荐，并经本单位半数以上职工同意。职工一方的首席代表由本单位工会主席担任。工会主席可以书面委托其他协商代表代理首席代表。工会主席空缺的，首席代表由工会主要负责人担任。未建立工会的，职工一方的首席代表从协商代表中民主推举产生。（2）用人单位一方的协商代表，由用人单位法定代表人指派，首席代表由单位法定代表人担任或由其书面委托的其他管理人员担任。协商代表应履行下列职责：（1）参加集体协商；（2）接受本方人员质询，及时向本方人员公布协商情况并征求意见；（3）提供与集体协商有关的情况和资料；（4）代表本方参加集体协商争议的处理；（5）监督集体合同或专项集体合同的履行；（6）法律、法规和规章规定的其他职责。

二是集体协商程序。集体协商任何一方均可就签订集体合同或专项集体合同以及相关事宜，以书面形式向对方提出进行集体协商的要求。一方提出进行集体协商要求的，另一方应当在收到集体协商要求之日起20日内以书面形式给以回应，无正当理由不得拒绝进行集体协商。协商代表在协商前应进行下列准备工作。（1）熟悉与集体协商内容有关的法律、法规、规章和制度；（2）了解与集体协商内容有关的情况和资料，收集用人单位和职工对协商意向所持的意见；（3）拟定集体协商议题，集体协商议题可由提出协商一方起草，也可由双方指派代表共同起草；（4）确定集体协商的时间、地点等事项；（5）共同确定一名非协商代表担任集体协商记录员。记录员应保持中立、公正，并为集体协商双方保密。集体协商会议由双方首席代表轮流主持，并按下列程序进行。（1）宣布议程和会议纪律；（2）一方首席代表提出协商的具体内容和要求，另一方首席代表就对方的要求做出回应；（3）协商双方就商谈事项发表各自意见，开展充分讨论；（4）双方首席代表归纳意见。达成一致的，应当形成集体合同草案或专项集体合同草案，由双方首席代表签字。集体协商未达成一致意见或出现事先未预料的问题时，经双方协商，可以中止协商。中止期限及下次协商时间、地点、内容由双方商定。

三是职工讨论，通过草案。经双方协商代表协商一致的集体合同草案或专项集体合同草案应当提交职工代表大会或者全体职工讨论。职工代表大会或者全体职工讨论集体合同草案或专项集体合同草案，应当有三分之二以上职工代表或者职工出席，且须经全体职工代表半数以上或者全体职工半数以上同意，集体合同草案或专项集体合同草案方获通过。集体合同草案或专项集体合同草案经职工代表大会或者职工大会通过后，由集体协商双方首席代表签字。

四是签字上报、审查备案。集体合同或专项集体合同签订或变更后，应当自双方首席代表签字之日起10日内，由用人单位一方将文本一式三份报送劳动保障行政部门审查。劳动保障行政部门对报送的集体合同或专项集体合同应当办理登记手续。

1. 审查机关：集体合同或专项集体合同审查实行属地管辖，具体管辖范围由省级劳动保障行政部门规定。中央管辖的企业以及跨省、自治区、直辖市的用人单位的集体合同应当报送劳动保障部或劳动保障部指定的省级劳动保障行政部门。

2. 审查内容：劳动保障行政部门应当对报送的集体合同或专项集体合同的下列事项进行合法性审查：（1）集体协商双方的主体资格是否符合法律、法规和规章规定；（2）集体协商程序是否违反法律、法规、规章规定；（3）集体合同或专项集体合同内容是否与国家规定相抵触。

3. 审查程序：（1）登记、编号；（2）审查；（3）制作《集体合同审查意见书》；（4）备案、存档。

4. 审查期限：劳动保障行政部门对集体合同或专项集体合同有异议的，应当自收到文本之日起15日内将《审查意见书》送达双方协商代表。《审查意见书》应当载明以下内容：（1）集体合同或专项集体合同当事人双方的名称、地址；（2）劳动保障行政部门收到集体合同或专项集体合同的时间；（3）审查意见；（4）做出审查意见的时间。《审查意见书》应当加盖劳动保障行政部门印章。

五是即行生效、公布履行。劳动保障行政部门自收到文本之日起15日内未提出异议的，集体合同或专项集体合同即行生效。生效的集体合同或专项集体合同，应当自其生效之日起由协商代表及时以适当的形式向本方全体人员公布，并积极履行各自义务，确保集体合同的顺利实现。法律依据是《劳动合同法》（2012）第54条：集体合同订立后，应当报送劳动行政部门；劳动行政部门自收到集体合同文本之日起15日内未提出异议的，集体合同即行生效。依法订立的集体合同对用人单位和劳动者具有约束力。行业性、区域性集体合同对当地本行业、本区域的用人单位和劳动者具有约束力。

【案例 2-59】

章先生一直在一家制衣厂工作。2010年元宵节刚过，其老乡沈小姐等12人自愿跟随章先生一同外出打工，并称章先生为她们的"包工头"，并同意其从沈小姐等12人工资中适度提成作为回报。次日，章先生以"包工头"的身份代沈小姐等12人与制衣厂签订了劳动合同。一个月后，沈小姐等12人发现自己的工资低于当地政府规定的最低标准，遂要求涨工资。制衣厂则以其和沈小姐等12人的集体劳动合同中，对工资已有明确约定为由予以拒绝。在本案中，沈小姐等12人只是同意从自己工资中适度提成给章先生作为报酬或感谢费，并没有推举章先生代表自己与制衣厂签订劳动合同，章先生也不是上级工会指派的人员。根据《劳动法》（2018）第33条第2款、《劳动合同法》（2012）第51条第2款规定，章先生不是签订集体劳动合同的主体，因此本案不属于集体合同。《劳动合同法》（2012）第55条规定，即使本案的集体劳动合同成立，沈小姐等12人的工资也不得低于当地政府规定的最低标准。

【案例 2-60】

2010年元旦，李先生等二人作为公司60名员工推举的代表，代表大家与公司签订了集体劳动合同。但合同草案事先并未经讨论。合同签订后，也未报送劳动行政部门备案。不久，大家发现，公司的上班时间并不规律，甚至绝大多数情况下员工一天要工作超过10小时。陈女士等6名员工遂要求公司明确工作时间，加班应另付加班工资。但员工的要求遭到公司拒绝，理由是"依法订立的集体合同对用人单位和劳动者具有约束力，而他们的集体合同并没有限定工作时间，公司自然有权支配，员工们也必须无条件服从"。根据《劳动法》（2018）第 33 条、《劳动合同法》（2012）第 51 条，劳动时间、加班工资属于集体合同的内容，而且"集体合同草案应当提交职工代表大会或者全体职工讨论通过"。本案中的集体合同草案未经员工讨论，其有损劳动者利益的部分当然无效。陈女士等员工有权要求公司明确劳动时间及加班工资。《劳动合同法》（2012）第 54 条规定："集体合同订立后，应当报送劳动保障行政部门；劳动保障行政部门自收到集体合同文本之日起 15 日内未提出异议的，集体合同即刻生效。"本案中的集体合同并未报送劳动保障行政部门，因而尚未生效，它也就没有法律约束力。

第三章

薪资待遇

工资是指用人单位依据国家有关规定或劳动合同的约定，以货币形式直接支付给劳动者的劳动报酬，是劳动关系中劳动者因履行劳动义务而获得的、由用人单位以货币方式支付的对价。工资是劳动者劳动报酬的重要组成部分，劳动报酬，除工资形式外，还包括劳务费、佣金、稿酬等，但二者有许多不同之处。如前者属劳动法的范畴，由劳动法调整，实行按劳分配、同工同酬的原则；而后者属民法的范畴，由民法调整，实行自愿、公平、等价有偿的原则。

▶ 第一节　工资形式合规

工资形式，是指计量劳动和支付工资的方式。现行的工资形式主要有计时工资、计件工资两种基本形式和奖金、津贴两种辅助形式。具体采用什么工资形式，一般由用人单位确定。

一、掌握各类工资形式

一是计时工资，是按照劳动者的技术熟练程度、劳动繁重程度、工资时间长短等支付工资的一种形式，是最基本的工资形式。根据计算工资的时间单位的不同，计时工资可分为月工资制、日工资制和小时工资制。职工全勤，按月工资标准计发工资；职工缺勤或加班、加点，按日工资标准或小时工资标准扣除或加发工资。计时工资的优点是操作简单易行，适用于任何企业和工种；缺点是以劳动时间作为计算工资报酬的依据，不能完全将工资报酬与劳动的数量和质量挂钩。

二是计件工资，是按照劳动者生产合格产品的数量和预先规定的计件工资标准来计算的工资，是对已做工作按计件单价支付的劳动报酬。它是用一定时间内的劳动成果来计算的工资，即用间接劳动时间来计算，因此它是计时工资的转化形式。计件工资的优点是能够使劳动成果与劳动报酬直接联系起来，提高员工工作的积极性，效率最高，更好地体现了按劳分配的原则。但工价的制定是关键，公司可以结合当地操作工和技术工的工资，进行定价。一般而言，新成立的公司可以采取计件工资制，而且工人一定要由最少两个班组组成（这是为了防止工人抱团故意怠工），这样可以测算工人的最大化产量。然后再逐步转向计时工资，工时制定可以参考计件工资以及产量。缺点是容易因追求数量而忽视了质量，甚至影响安全生产。

【案例 3-1】

某派遣公司招用王某从事招聘工作，具体的工作起止时间是 2020 年 12 月 1 日至 2021 年 2 月 2 日，双方口头约定其待遇为每招聘一名员工入职，公司为其支付相应的提成费用。王某辞职时，派遣公司根据当时口头约定的提成标准支付了费用共计 850 元。王某称于 2020 年 12 月 1 日至 2021 年 2 月 2 日期间从网站上为该单位招聘职工，在单位上网、出勤，但单位只按照招聘人员数量支付了其提成费用，未按照国家规定足额支付其应得工资。法院认为，该单位在招用职工时未签订书面的合同，虽然派遣公司没有对职工的工作时间和工作地点做具体的安排，但是在用工过程中派遣公司对于职工已经发生的工作地点、工作内容、工作时间均表示认可，提成工资也属于约定工资的一部分，在支付工资时不管单位以什么名目支付给职工，在法定出勤时间内，单位支付工资标准也不应低于当地最低工资标准规定。为维护劳动者的合法权益，劳动监察机关向派遣公司讲解了相关法律、法规，同时要求单位按照不低于最低工资的标准支付王某工资。

三是奖金，是以货币形式支付给职工的物质奖励，是超额劳动和增收节支的劳动报酬，是计时工资的辅助形式。奖金按劳动者付出的超额劳动来支付，是对劳动者做出优异成绩的一种奖赏。奖金对于调动劳动者的生产积极性，更好地体现按劳分配原则具有重要的意义。奖金的种类很多，主要有以下几种。（1）超产奖，按超额劳动成果的数量来计付。（2）质量奖，在完成产量的前提下，以产品质量合格率作为考核标准。（3）节约奖，在完成生产任务的前提下，按节约原材料、燃料消耗的数额计付。（4）安全生产奖，在完成生产任务的前提下，按安全生产的情况给予奖励。

四是津贴和补贴，这是为了补偿劳动者特殊或额外的劳动消耗，和因其他特殊原因而支付给劳动者的津贴，以及为了保证劳动者工资水平不受物价变化影响支付给劳动者的各种补贴，是劳动报酬的一种补充形式。津贴和补贴的种类繁多，主要可分为以下几类。（1）为补偿劳动者在特殊劳动条件下的劳动消耗和额外劳动消耗而设的津贴，有矿山井下津贴、高温津贴、野外施工津贴等。（2）为补偿劳动者特殊劳动消耗和额外生活支出而设的津贴，有林区津贴、山区津贴、驻岛津贴、艰苦气象台站津贴等。（3）为特种保健要求而设的津贴，有保健津贴和补贴。（4）为补偿物价变动设置的津贴，主要有生活费补贴、价格补贴等。（5）岗位津贴，主要包括从事废旧物资回收加工利用工作的劳动者的津贴等。

五是年薪，这是以一年为时间单位来支付劳动者工资的特殊工资形式，主要适用于企业高级管理人员等特定人员。2000 年 11 月，劳动和社会保障部发布《进一步深入企业内部分配制度改革指导意见》，指出要在具备条件的企业积极试行董事长、总经理年薪制。

二、加班费的合规

加班费，即延长工作时间的劳动报酬，是劳方在法定标准工作时间之外超时劳动所获得的额外劳动报酬。

在实践中，很多用人单位为了避免加班费的支付，会制定一个所谓的"加班审批制度"，规定员工的加班行为必须获得用人单位审批同意，未经审批的延时工作行为一律不视为加班，不支付加班费。应该说，加班审批制度在避免员工故意延时来获取加班费方面有一定作用，在发生劳动争议时，也可以给用人单位带来一个抗辩理由。《江苏省高级人民法院、江苏省劳动仲裁委关于审理劳动争议案件的指导意见》中认为，用人单位有明确的加班审批制度，对劳动者仅以电子考勤记录主张存在加班事实的，不予支持。于是，有很多用人单位就认为这个"加班审批制度"是不用付加班费的万能良药，以为有了这个制度就可以高枕无忧。在实践中，用人单位千万不要将这个当免死金牌。但是，如果细细思量，会发现这个加班审批制度存在逻辑上的问题，如果是劳动者主动要求加班的还好说，但本来就是用人单位安排的加班行为，还要员工提交加班申请，是不是很奇怪？另外，从实操角度看，员工提交了加班审批表，用人单位进行审批，这份加班审批表最终操持在用人单位手中。当打官司时，劳动者主张加班费，用人单位一概不认，也不提供劳动者已提交的加班审批表，就以劳动者没有加班申请为由进行抗辩，这时，劳动者手中没有审批表，根本无法证明加班已获审批，如果裁判机关据此不予支持加班费，那么是不是对劳动者不公平？

从劳动法的规定看，用人单位支付加班费的前提是劳动者的加班行为是用人单位安排的，请看劳动法第 44 条：有下列情形之一的，用人单位应当按照下列标准支付高于劳动者正常工作时间工资的工资。（1）安排劳动者延长时间的，支付不低于工资的 150% 的工资报酬；（2）休息日安排劳动者工作又不能安排补休的，支付不低于工资的 200% 的工资报酬；（3）法定休假日安排劳动者工作的，支付不低于工资的 300% 的工资报酬。

如果有证据证明劳动者的加班行为是用人单位安排的，虽然没有加班审批记录，用人单位也应当按照法律规定支付加班费。

【案例 3-2】

在《利某房地产开发公司与曾某劳动合同纠纷案》[①]中，法院指出：员工手册中关于

---

① 改编自《利某房地产开发公司与曾某劳动合同纠纷二审民事判决书》。

劳动者加班必须申报规定，其目的是用以防止劳动者在非工作必需的情况下擅自加班并索取加班费的情况，用人单位不能以未批准加班为由拒绝支付劳动者因正当加班而产生的加班费。因此，公司以员工手册关于加班必须申报规定为由，拒绝支付相关加班费的行为缺乏法律依据，本院依法不予支持。

【案例 3-3】

在《骏众公司与施某劳动合同纠纷案》[1] 中，法院指出：在劳动争议案件审理中，劳动者的举证能力明显弱于用人单位。在本案中，骏众公司虽有明确的加班管理制度，即员工加班应当填写加班申请单经主管批准，鉴于施某尚未能及时办理相关手续，其所提供的考勤卡等一系列证据足以证明其所主张的上述加班事实成立。原审法院根据查明的事实判决骏众公司支付加班费并无不当。

【案例 3-4】

孙某 2012 年 2 月 18 日至 2017 年 8 月 1 日在天津某物业公司处从事保安工作，工资标准为 3300 元，每周工作 6 天，每天工作 12 小时，公司未支付孙某加班费。2017 年 9 月，孙某向天津市和平区劳动仲裁委递交了劳动仲裁申请书，要求公司支付其延时加班费 126 000 元、休息日加班费 104 832 元、法定节假日加班费 9072 元等请求。2017 年 12 月 25 日，仲裁委员会作出仲裁裁决书，裁决公司向孙某支付延时加班费 47 508.62 元、休息日加班费 26 351.45 元。公司不服仲裁裁决，向法院提起诉讼。法院对公司不承担支付加班费义务的诉讼请求不予支持。

---

① 改编自上海二中院在（2013）沪二中民三（民）终字第 1146 号判决。

三、不属于工资的情形

《关于贯彻执行〈中华人民共和国劳动法〉若干问题的意见》（劳部发〔1995〕309号）第 53 条规定，劳方以下劳动收入不属于工资范围。

1. 支付给雇员个人的社会保险福利费用：丧葬抚恤救济费、生活困难补助费、计划生育补贴等。

2. 劳动保护方面的费用：雇主支付的工作服、解毒剂、清凉饮料费用等。

3. 按规定未列入工资总额的各种劳动报酬，及其他劳动收入：根据国家规定发放的创造发明奖、国家星火奖、自然科学奖、科学技术进步奖、合理化建议和技术改进奖、中华技能大奖等，以及稿费、讲课费、翻译费等。

四、最低工资保障

最低工资是指劳动者在法定工作时间或依法签订的劳动合同约定的工作时间内提供了正常劳动的前提下，用人单位应支付的最低劳动报酬。法律依据是劳动和社会保障部发布的《最低工资规定》（2003）。最低工资包括基本工资和奖金、津贴，但不包括加班加点工资、特殊劳动条件下的津贴，国家规定的社会保险和福利待遇排除在外。

最低工资具有以下三个要件。（1）劳动者在单位时间里提供了正常劳动，这是取得最低工资的前提。所谓正常劳动，是指劳动者按依法签订的劳动合同约定，在法定工作时间或劳动合同约定的工作时间内从事的劳动。（2）最低工资标准是由政府直接确定的，而不是劳动关系双方自愿协商的。省、自治区、直辖市范围内的不同行政区域可以有不同的最低工资标准。（3）只要劳动者提供了单位时间的正常劳动，用人单位支付的劳动报酬就不得低于政府规定的标准。

▶ 第二节　**工资的支付**

一、要点

（一）支付的一般规则

《劳动法》（2018）及《工资支付暂行规定》规定，用人单位支付工资必须按照以下方式执行。

1. 工资应以法定货币支付，不得以实物及有价证券替代货币支付；"货币形式"排除发放实物、发放有价证券等形式。

2. 支付工资时，用人单位必须书面记录支付劳动者工资的数额、时间、领取者的姓名，并保存 2 年以上备查。

3. 支付工资时，应向劳动者提供一份其个人的工资清单。

4. 工资必须在用人单位与劳动者约定的日期支付，如遇节假日或休息日，则应提前在最近的工作日支付。

5. 工资至少每月支付一次，实行周、日、小时工资制的，可按周、日、小时支付工资。

6. 对完成一次性临时性劳动或某项具体工作的劳动者，用人单位应按有关协议或合同规定在其完成劳动任务后支付工资。

   "按月支付"理解为每月至少发放一次工资，实行月薪制的单位，工资必须每月发放，超过企业与职工约定或劳动合同规定的每月支付工资的时间发放工资即为不按月支付。实行小时工资制、日工资制、周工资制的单位，工资也可以按日或按周发放，并且要足额发放。由于劳动定额等劳动标准都与制度工时相联系，因此，劳动者日工资可统一按劳动者本人的月工资标准除以每月制度工作天数进行折算。根据国家关于职工每日工作 8 小时、每周工作时间 40 小时的规定，每月制度工时天数为 21.5 天。

7. 工资不得无故拖欠和克扣。"无故拖欠"系用人单位无正当理由超过规定付薪时间未支付劳动者工资，不包括：（1）用人单位遇到非人力所能抗拒的自然灾害、战争等原因，无法按时支付工资；（2）用人单位确因生产经营困难、资金周转受到影响，在征得本单位工会同意后，可暂时延期支付劳动者工资，延期时间的最长限制可由各省、自治区、直辖市劳动行政部门根据各地情况确定。

"克扣"系用人单位无正当理由扣减劳动者应得工资（即在劳动者已提供正常劳动的前提下，用人单位按劳动合同规定的标准应当支付给劳动者的全部劳动报酬），不包括以下减发工资的情况：（1）国家的法律、法规中有明确规定的；（2）依法签订的劳动合同中有明确规定的；（3）用人单位依法制定并经职代会批准的厂规、厂纪中有明确规定的；（4）企业工资总额与经济效益相联系，经济效益下浮时，工资必须下浮的（但支付给劳动者工资不得低于当地的最低工资标准）；（5）因劳动者请事假等相应减发工资的。

【案例 3-5】

张先生与东万设备公司签订了"试用员工工资、奖金制度"协议，约定：张先生从事润滑油销售工作，试用期为 3 个月，基本工资为 1000 元，奖金在公司所派任务完成的情况下每桶提取 10 元；如未完成销售任务——每月结款 10 桶润滑油，公司有权给予其处罚或者不发试用期基本工资。张先生从合同签订之日起便开始上班，但是由于在职期间未能推销出润滑油，公司拒绝为其支付工资。张先生在试用期内申请辞职，后向劳动仲裁委提出仲裁申请，要求公司支付工资，劳动仲裁委裁决支持了张先生的请求。公司后诉至法院。法院认为，本案中双方当事人的有关协议违反了《劳动法》（2018）以下规定。（1）用人单位支付给劳动者的工资不得低于当地最低工资标准；（2）工资应当按月支付给劳动者本人；（3）不得克扣或者无故拖欠劳动者的工资。法院遂裁定该条款的约定不具有法律效力，公司应按协议约定以 1000 元 1 个月的标准向张先生支付试用期工作期间的工资。

（二）特殊人员的工资支付

1. 劳动者受处分后的工资支付。

（1）劳动者受行政处分后仍在原单位工作（如留用察看、降级等）或受刑事处分后重新就业的，应主要由用人单位根据具体情况确定其工资报酬。

（2）劳动者受刑事处分期间，如收容审查、拘留（押）、缓刑、监外执行或劳动教养期间，其待遇按国家有关规定执行。

2. 学徒工、熟练工、大中专毕业生在学习期、熟练期、见习期、试用期及转正定级后的工资待遇由用人单位自主确定。

3. 新就业复员军人的工资待遇由用人单位自主确定，到企业的军队转业干部的工资待遇，按国家有关规定执行。

4. 经济困难的企业执行劳动部《工资支付暂行规定》，确有困难的，应根据以下规定执行。

（1）《关于做好国有企业职工和离退休人员基本生活保障工作的通知》规定，"企业发放工资有困难时，应发给职工基本生活费，具体标准由各地区、各部门根据实际情况确定"。

（2）《关于国有企业流动资金贷款的紧急通知》规定，地方政府通过财政补贴，企业主管部门有可能也要拿出一部分资金，银行要拿出一部分贷款，共同保证职工基本生活和社会的稳定。

（3）《国有企业富余职工安置规定》规定："企业可以对职工实行有限期的放假。职工放假期间，由企业发放生活费。"

（三）特殊情况下的工资支付

一是掌握特殊情况下支付的工资的含义：其是指在非正常情况下，或暂时离开工作岗位时，按照国家法律法规规定对劳动者的工资支付。

二是掌握特殊情况下支付的工资的种类。

1. 履行国家和社会义务期间的工资。劳动者占用生产或工作时间履行下列义务时，用人单位应按规定的标准支付工资。（1）依法行使选举权或被选举权。（2）当选代表出席乡（镇）、区以上政府青年团、妇女联合会、党派、工会等组织召开的会议。（3）出任人民法庭证明人、陪审员、辩护人。（4）不脱产工会基层委员会委员因工会活动占用的生产或工作时间。（5）其他依法参加的社会活动。

2. 加班加点工资。加班费，即延长工作时间的劳动报酬，是劳方在法定标准工作时间之外超时劳动所获得的额外的劳动报酬。

   《劳动法》（2018）第 44 条规定，有下列情形之一的，用人单位应当按照下列标准支付高于劳动者正常工作时间工资的工资报酬。（1）安排劳动者延长工作时间的，支付不低于工资的 150% 的工资报酬。（2）休息日安排劳动者工作的，而又不能安排补休的，支付不低于工资的 200% 的工资报酬。（3）法定休假日安排劳动者工作的，支付不低于工资的 300% 的工资报酬。

   如果有证据证明劳动者的加班行为是用人单位安排的，虽然没有加班审批记录，也应当按照法律规定支付加班费。比如，深圳市中级人民法院在《深圳市利某房地产开发有限公司与曾某劳动合同纠纷二审民事判决书》中这样认为："关于利某公司主张其员工手册中关于加班必须申报的规定，本院认为，员工手册中关于劳动者加班必须申报的规定，其设立目的是防止劳动者在非工作必需的情况下擅自加班并索取加班费，用人单位不能以未批准加班为由拒绝支付劳动者因正当加班而产生的加班费。因此，利某公司以员工手册关于加班必须申报的规定为由，拒绝支付相关的加班费，缺乏法律依据，本院依法不予支持。"

3. 休假期间的工资，主要包括以下几种。（1）婚丧假工资。《劳动法》（2018）第 51 条规定，劳动者婚丧假期间，用人单位应当依法支付工资。婚丧假是指劳动者本人结婚以及其直系亲属死亡时依法享受的假期。（2）年休假工资。《劳动法》（2018）第 45 条规定，劳动者连续工作一年以上的，享受带薪年休假。在年休假期间，用人单位应当依法支付工资。（3）探亲假工资。探亲假工资是指依法支付给职工探望配偶、父母期间的工资。1981 年 3 月，国务院在《关于职工探亲假待遇的规定》

中规定，职工探望配偶和未婚职工探望父母的往返路费由所在单位负担；已婚职工探望父母的往返路费，在本人月标准工资 30% 以内的由本人自理，超过部分由所在单位负担。职工在探亲假期间的工资，按照本人的标准工资发放。（4）停工期间的待遇。为了保障职工在停工期间的基本生活需要，国务院《关于企业工人、职员停工津贴的暂行规定》规定：（1）职工因本身过失造成的停工，不发给过失者津贴。（2）因非职工本身过失造成的停工，一般按本人标准工资的 75% 发给停工津贴。（3）试用新机器、新工具，试行先进经验及合理化建议期间，非职工本人过失造成的停工，按照本人标准工资的 100% 发给停工津贴。（4）停工期间的地区津贴、野外津贴、生活补贴均按停工津贴发放。学徒工的生活补贴照发，但若发放高于本企业一级工的停工津贴时，应按一级工的停工津贴发放。在停工期间，企业应积极设法安排职工从事其他劳动。确实无法安排的，停工连续 3 个工作日以内的工资照发；超过 3 个工作日以上的，发给停工津贴。

4. 企业依法破产时劳动者的工资。在破产清偿中，用人单位应按《企业破产法》规定的清偿顺序，首先支付欠付本单位劳动者的工资。

5. 学习和培训期间工资。经过用人单位推荐或批准，劳动者临时脱产或半脱产到有关学校参加学习期间，工资照发；经本单位同意脱产参加函授学习的，在规定的脱产面授学习期间，工资照发；经本单位同意脱产参加成人教育学习的，学习期间工资照发。

【案例 3-6】

在《神舟公司与李某某劳动合同纠纷案》（深圳中院 2013）[①] 中，神舟公司请求对法院依法判决自己无须向被上诉人支付加班工资 10 304 元等，其理由是原审法院认定加班事实有误，被上诉人从未提交证明其周六加班事实存在的基础性证据，上诉人无须向被上

---

① 改编自《神舟公司与李某某劳动合同纠纷二审民事判决书》，广东省深圳市中级人民法院民事判决书（2013）深中法劳终字第 4935 号。

诉人支付加班费。被上诉人李某某答辩称,在劳动仲裁阶段,被上诉人已向劳动仲裁委提交了指纹打卡的考勤记录,同样在仲裁阶段,上诉人也向劳动仲裁委提交了被上诉人从入职时起到离职时止的完整的考勤记录,被上诉人和上诉人同时提交了考勤记录,二者完全吻合、相互印证,证明了被上诉人从入职到离职每周六都加班的事实,上诉人从未向被上诉人支付过任何加班费。法院认为,关于加班事实问题,被上诉人已经提供考勤记录为证,上诉人没有提供证据反驳,仅以公司存在加班审批制度,没有被上诉人的加班审批记录即可推断没有加班的事实作为理由,此理由于法无据,原审法院不予采纳。被上诉人确实存在加班事实,上诉人应向被上诉人支付加班工资,上诉人请求无须支付的主张,本院不予支持。最终判决驳回上诉,维持原判。

(四)合法扣工资的情形

《劳动法》(2018)第 50 条规定,用人单位必须按月支付劳动者工资,工资应当以货币形式按月支付给劳动者本人。用人单位不得克扣或者无故拖欠劳动者的工资。

《工资支付暂行条例》中规定了两种可以合法扣工资的形式,一是代扣,二是赔偿单位损失。

1. 代扣工资,扣的钱是员工应依法缴纳的个人所得税、五险一金社保费用,或者输了抚养权官司要给的抚养费、被法院判定扣给父母的赡养费。扣下来的钱并不归单位。

   《工资支付暂行条例》第 15 条规定,用人单位不得克扣劳动者工资。有下列情况之一的,用人单位可以代扣劳动者工资:(1)用人单位代扣代缴的个人所得税;(2)用人单位代扣代缴的应由劳动者个人负担的各项社会保险费用;(3)法院判决、裁定中要求代扣的抚养费、赡养费;(4)法律法规规定可以从劳动者工资中扣除的其他费用。

2. 赔偿单位损失——因员工本人工作出错,导致公司遭受的经济损失,比如前段时间网传某公司实习生乱用"微软雅黑"字体,导致公司被方正公司和 Adobe 索赔天价赔偿金,公司有权要求直接过错人赔偿自己的损失,不行就扣工资,月付还钱。但这种扣工资也不能全扣，要保障员工的生活。

《工资支付暂行条例》第 16 条规定，因劳动者本人原因给用人单位造成经济损失的，用人单位可按照劳动合同的约定要求其赔偿经济损失。

经济损失的赔偿，可从劳动者本人的工资中扣除。

每月扣除的部分不得超过劳动者当月工资的 20%。若扣除后的剩余工资部分低于当地月最低工资标准，则按最低工资标准支付。

另外，员工请了病假、事假，单位可以依法扣除请假当天应发的工资，不干活就不拿工资，这部分规定还是合理的。

（五）非法扣工资的情形

实务中，用人单位要办年会没钱，就扣工资；上班指纹打卡晚了 25 秒，就扣工资；项目要的 PPT 标点都用了半角，就扣工资；团建活动上多吃了一份甜点，就扣工资……各种大大小小的扣工资的理由千奇百怪，但以上几种情况基本都是违法的。

1. **上班迟到早退扣工资违法**。用人单位可以通过设立规章制度等合法手段来"奖勤罚懒"，规章制度内容应合法化、程序化，并且及时公示给员工。如果规章制度的内容明显缺乏合理性，或与《劳动法》（2018）相关规定冲突，也会在劳动仲裁或诉讼中被认定无效。

2. **员工没有按时完成工作任务扣工资违法**。很多公司会在劳动合同里加上这样一条：如果员工没有按时按量地完成工作任务，就按一定的比例扣除员工的工资。这种协议是不具有法律效力的。法律依据是《劳动法》（2018）：只要员工提供了正常的劳务，并且在劳动中无懒散等不良行为，公司就不能对员工罚款，应该全额发放工资。

3. **员工因不可抗因素迟到早退扣工资违法**。员工无故迟到早退旷工，公司当然是可以根据规章罚款，但如果遇到大暴雨等情况，用人单位"迟到一分钟扣 10 元钱"违法。法规规定：员工因不可抗因素（例如地震、水患、火灾等）而出现上述行为时，公司不能克扣员工工资。

4. **销售任务未完成扣工资违法**。《关于贯彻执行〈中华人民共和国劳动法〉若干问题的意见》中有关于"业绩没完成就扣工资"现象的明确规定。双方当事人约定的劳动者在未完成劳动定额或承包任务的情况下，用人单位可低于最低工资标准支付劳动者工资的条款不具有法律效力。根据本规定，无论劳动者是否完成定额或承包任务，也无论劳动合同、协议上双方是怎么约定的，只要劳动者提供了正常劳动，单位就必须向劳动者发放工资，至少要按照当地最低工资标准发放。

5. **员工休年假扣工资违法**。不仅年假，在员工休探亲假、婚假、丧假期间，用人单位都应按照劳动合同的规定支付工资。

6. **女员工孕期频繁请产检假扣工资违法**。很多公司都规定了产假的期限，但还是会有一些小公司会出现因为女职工孕期频繁请假去医院而扣工资的情况。《女职工劳动保护特别规定》规定：孕期请假检查不但不能扣工资，公司还应该将这些时间计入该女员工的劳动时间，算作正常出勤，不能按病假、事假、旷工等来处理。

7. **以扣工资方式"逼捐"违法**。《公益事业捐赠法》规定：员工有权自行决定是否捐款以及捐款的数额，并且应自行处理捐出的财物，公司不能直接从员工工资里扣除。

8. **辞职未提前 30 天通知扣工资违法**。《劳动法》（2018）第 3 条规定，劳动者有获得劳动报酬的权利。《工资支付暂行规定》第 9 条规定，劳动关系双方依法解除或终止劳动合同时，用人单位应在解除或终止劳动合同时一次性付清劳动者工资。因此，用人单位规定必须提前一个月通知人事部门离职事宜，但就算员工没有这么做，公司也不能以此为由克扣员工工资。如果员工不是因主观原因离职，而且其离开对工作影响可控，公司可以通一下人情，允许员工离职；如果员工因主观原因离职，比如跳槽，而且行为确对工作有较大影响，公司可要求员工延长"拟离职日期"至满足提前一个月条件，但就算员工不同意，公司也不能以此为由克扣员工工资。当然，公司也可以要求他再工作一个月，他若仍坚持离开，公司也不能扣工资吗？如果是这样，性质就变了。属于员工自动离职的，可按合同约定或公司规章处理；如果公司以"你人已经走了，最后一个月工资不给了"为由克扣工资的，则是违法的，无论员工是否提前 30 天告知公司。此外，员工如果主动提出离职，有三种情况也是可以索要赔偿的。

（1）**用人单位强迫员工从事危险劳动**。用人单位以暴力、威胁等非法手段强迫员工进行超过合同约定的劳动，或者员工人身安全无法得到保障时，比如用人单位调员工到非洲工作，员工可以随时主动离职，并可以依法向用人单位索要补偿金。

（2）**用人单位强制修改劳动合同**。即用人单位以欺瞒等手段致使员工非自愿修改劳动合同或变相强迫员工离职时，比如强迫员工调岗，员工可以随时主动辞职并索要赔偿。

（3）**用人单位剥削压榨员工**。用人单位存在严重剥削压榨员工的情况时，比如迟到一会儿就扣一天的工资，员工可以随时主动离职，并索要赔偿。赔偿的标准以该员工在该公司工作的年限和工资为基础，每满一年可以索要一个月的工资作为补偿。6 个月以上不满一年的，按一年计算支付一个月工资；不满 6 个月的，按半年计算支付半个月工资；最高年限不超过 12 年，即用人单位最多补偿一年的工资。

提示 1：有些收入是不列入工资总额的，企业没有权利以任何形式予以克扣。

（1）有关劳动保险和职工福利方面的各项费用；

（2）有关离休、退休、退职人员待遇的各项支出；

（3）劳动保护的各项支出；

（4）稿费、讲课费及其他专门工作报酬；

（5）出差伙食补助费、误餐补助、调动工作的差旅费和安家费；

（6）对购买本企业股票和债券的职工所支付的股息（包括股金分红）和利息；

（7）劳动合同制职工解除劳动合同时由企业支付的医疗补助费、生活补助费等；

（8）计划生育独生子女补贴等。

提示 2：要分清是"**扣工资**"还是"**扣奖金**"。现在很多用人单位给员工的工资都采用"工资＋绩效"的形式。效果就是单位在处罚员工时，扣的不是工资而是奖金，例如奖金部分包括全勤、绩效等，用人单位将奖金发放给无迟到早退、无事病假休、无旷工、无违反公司规定的员工，对存在违规行为的员工不发或少发奖金，这种行为是被法律允许的。

二、合规措施

1. 明晰在支付劳动者劳动报酬时拒绝举证的法律风险

用人单位对支付劳动者的劳动报酬负有不可推卸的举证责任，不得拒绝，否则将承担不利的后果。

最高人民法院《关于审理劳动争议案件适用法律若干问题的解释》（法释〔2001〕14号）第 13 条规定："因用人单位作出的开除、除名、辞退、解除劳动合同、减少劳动报酬、计算劳动者工作年限等决定而发生的劳动争议，用人单位负举证责任。"最高人民法院《关于审理劳动争议案件适用法律若干问题的解释（二）》第 1 条第 1 款规定，在劳动关系存续期间产生的支付工资争议，用人单位能够证明已经书面通知劳动者拒付工资的，书面通知送达之日为劳动争议发生之日。用人单位不能证明的，劳动者主张权利之日为劳动争议发生之日。这一规定实际上延长了劳动者可以申请仲裁的时效，对劳动者有利。第 2 条规定，拖欠工资争议，劳动者申请仲裁时劳动关系仍然存续，用人单位以劳动者申请超过时效为由主张不再支付的，人民法院不予支持，但用人单位能够证明劳动者已经收到拒付工资的书面通知的除外。这一条实际上也是放宽了劳动者申请仲裁的时效，时间持续到劳动关系存续终止显然对劳动者是有利的。第 3 条规定，劳动者以用人单位的工资欠条为证据直接向人民法院起诉，诉讼请求不涉及劳动关系其他争议的，视为拖欠劳动报酬争议，按照普通民事纠纷受理。实际上，这一规定大大延长了受理时效，因为根据《民法通则》规定，向人民法院请求保护民事权利的诉讼时效期间为 2 年，这一规定对劳动者也是有利的。

最高人民法院《关于民事经济审判制度改革》第 30 条规定："有证据证明持有证据

的一方当事人无正当理由拒不提供，如对方当事人主张该证据的内容不利于证据持有人，可以推定该主张成立。

2. 掌握对支付劳动者劳动报酬应该举证的事项和方法

根据有关法律、法规和规章的规定，用人单位对支付劳动者劳动报酬应该举证的有以下事项。（1）内部工资支付制度、集体合同或工资集体协议；（2）劳动合同；（3）用人单位编制的工资支付表（工资支付花名册），其中必须载明支付单位、支付时间、支付对象的姓名、工作天数、加班时间、应发的项目和金额、扣除的项目和金额等事项；（4）用人单位工资支付清单和劳动者领取工资的签收手续；（5）为实行同工同酬举证。《劳动合同法》（2012）第 11 条和第 18 条都规定了劳动报酬约定不明的处理，其中兜底的方式就是实行同工同酬。这两条中的"同工同酬"，是指用人单位对于从事相同工作、付出等量劳动且取得相同劳绩的劳动者，应支付同等的劳动报酬。在操作实务中，实行同工同酬也存在一个举证问题，从事相同工作容易举证，但是付出等量劳动且取得相同劳绩不容易举证。

▶ 第三节　二倍工资问题

二倍工资制度是《劳动合同法》（2012）首创的一个法律概念，规定于该法的"法律责任"中的第 82 条。《劳动合同法》（2012）确立二倍工资制度的初衷在于促使用人单位，即企业，依法订立书面劳动合同，构建劳动就业市场规范有序、劳资双方利益平衡的和谐关系。

（一）二倍工资的起算点

《劳动合同法》（2012）第 82 条规定，用人单位自用工之日起，超过一个月不满一年未与劳动者订立书面劳动合同的，应当向劳动者每月支付二倍的工资。

对于支付二倍工资的起算时间，《劳动合同法实施条例》分两种情形作出了规定。（1）第一种情形：用人单位自用工之日起超过一个月不满一年未与劳动者订立书面劳动合同的，应当依照《劳动合同法》（2012）第82条规定向劳动者每月支付二倍的工资，并与劳动者补订书面劳动合同，用人单位向劳动者每月支付二倍工资的起算时间为用工之日起满一个月的次日，截止时间为补订书面劳动合同的前一日。（2）第二种情形：用人单位自用工之日起满一年未与劳动者订立书面劳动合同的，自用工之日起满一个月的次日至满一年的前一日应当依照《劳动合同法》（2012）第82条规定向劳动者每月支付二倍的工资，并视为自用工之日起满一年的当日已经与劳动者订立无固定期限劳动合同，用人单位应当立即与劳动者补订书面劳动合同。

【案例3-7】

2018年新年伊始，某信息咨询公司招聘李某担任客服部经理，与他口头约定试用期为3个月。李某投入工作后，人力资源部一直没有通知他签订书面劳动合同。4月10日，口头约定的试用期满，李某提出转正申请，公司以李某不胜任工作为由要和他解除劳动合同。李某同意了，但要求公司向其支付未签订劳动合同的二倍工资。在协商中，双方就法律对支付二倍工资的规定产生不同理解。李某认为，一个月的期限是法律规定签订劳动合同的期限，与二倍工资的赔偿没有关系，二倍工资的计算应自入职之日起；公司则认为，法律既然赋予了公司一个月的时间期限，在这一个月内，用人单位就无须承担法律责任，二倍工资应当自李某入职满一个月后起算。李某与公司的理解似乎都有道理，法律对此没有进行明确规定。

劳动者主张二倍工资仲裁时效从何时起算，关系到劳动者的主张能够支持多少，但目前司法实践中对这个问题的处理较混乱，存在三种不同的起算方法。

1. **逐月分别计算仲裁时效法**。例如《上海市高级人民法院关于劳动争议若干问题的解答》就二倍工资的时效问题作了如下解答："关于二倍工资的时效问题……对双方约定的劳动报酬以外属于法定责任的部分，劳动者申请仲裁的时效应适应《劳动争议调解仲裁法》第 27 条第 1 款至第 3 款规定，即从未签订书面劳动合同的第二个月起按月分别计算仲裁时效。"《深圳劳动人事争议疑难问题研讨会纪要》规定："关于未订立劳动合同二倍工资的诉请，受仲裁时效期间的限制。仲裁时效的审查，逐月起算。"该计算方法是严格按照仲裁时效期间从当事人知道或者应当知道其权利被侵害之日起计算的法律规定得出的，我认为更符合时效制度规定，但从劳动者权益保障角度看，稍显不利，实践中该方法可能导致劳动者每月都要申请仲裁主张权利。当然，劳动者可以采用时效中断的方式，保留向企业主张权利的书面证据或录音证据，届时统一主张权利也可。

2. **自劳动关系终止之日起计算法。** 四川省高级人民法院在 2011 年 12 月发布了 6 个审判指导典型案例，其中一个劳动争议案例涉及未签订劳动合同的二倍工资时效起算点的问题。在审理该案时，成都中院认为，二倍工资的规定目的是通过惩罚督促订立书面劳动合同，更好地保护劳动者的合法权益，因此用人单位与劳动者未订立书面劳动合同，劳动者请求支付二倍工资的仲裁时效起算期间，应自劳动关系终止之日起计算。这种算法无疑无限制延长了仲裁时效，如果劳动者与用人单位的劳动关系一直延续，则时效一直存在，如果是无固定期限劳动合同，则到退休时主张权利也在时效内，个人认为这种意见与仲裁时效的立法原意相违背。

3. **自违法行为结束之次日开始计算或从一年届满之次日起计算法。** 例如《江苏省高级人民法院、省劳动仲裁委关于印发〈关于审理劳动人事争议案件的指导意见（二）〉的通知》（苏高法审委〔2011〕14 号）的第 1 条规定："劳动者因用人单位未与其签订书面劳动合同而主张用人单位每月支付二倍工资的争议，劳动仲裁委及人民法院应依法受理。对二倍工资中属于用人单位法定赔偿金的部分，劳动者申请仲裁的时效适用《调解仲裁法》第 27 条第 1 款规定，即从用人单位不签订书面劳动合同的违法行为结束之次日开始计算一年；如劳动者在用人单位工作已经满一年的，劳动者申请仲裁的时效从一年届满之次日起计算一年。"《佛山市中级人民法院、佛山市劳动仲裁委关于审理劳动争议案件若干问题的指导意见》第 64 条规定，对于因未签订书面劳动合同而应支付二倍工资差额的仲裁申请期间的起算应分如下情形确定。（1）2008 年 1 月 1 日前建立劳动关系的，用人单位自 2008 年 1 月 1 日起满一年仍未签订书面劳动合同的，劳动争议仲裁时效从 2009 年 1 月 1 日起算；（2）2008 年 1 月 1 日前建立劳动关系的，用人单位自 2008 年 1 月 1 日起满一个月的次日至建立劳动关系后一年内签订劳动合同的，自签订劳动合同之日起，应视为劳动者知道或应当知道其权利被侵害，劳动争议仲裁申请期间应自签订劳动合同之日起算；（3）2008 年 1 月 1 日后建立劳动关系的，用人单位自与劳动者建立劳动关系后一个月的次日起至建立劳动关系后一年内签订劳动合同的，自签订劳动合同之日起，应视为劳动者知道或应当知道其权利被侵害，劳动争议仲裁申请期间应自签订劳动合同之日起算；（4）2008 年 1 月 1 日后建立劳动关系的，用人单位与劳动者建立劳动关系后超过一年仍未签订劳动合同的，自双方建立劳动关系满一年的次日起开始计算。

（二）二倍工资的范围和时间

《劳动合同法》（2012）第 82 条规定："用人单位自用工之日起超过一个月不满一年未与劳动者订立书面劳动合同的，应当向劳动者每月支付二倍的工资。用人单位违反本法规定不与劳动者订立无固定期限劳动合同的，自应当订立无固定期限劳动合同之日起向劳动者每月支付二倍的工资。"

在实践中，未签订劳动合同，向劳动仲裁委申请仲裁索要二倍工资的，劳动仲裁委一般只支持 11 个月，而法院的判决不一，有支持多于 11 个月的。

此外，将"二倍工资"简单理解成"工资的二倍"是不正确的。实际上，"二倍工资"是指劳动者每月实发的工资的二倍，已发放的工资部分应该扣除，具体应按照实际发放的工资来计算。

【案例 3-8 】

2008 年 6 月 1 日，黄先生入职北京一家服装公司。入职时双方未签订劳动合同，直至年后双方签订了为期 1 年的劳动合同（2009 年 6 月 1 日—2010 年 6 月 1 日）。黄先生认为，公司延期 1 年才与其签署劳动合同的行为违反了《劳动合同法》（2012）的规定，公司应承担支付二倍工资的责任（此间黄先生的月工资收入为税前 6000 多元）。于是黄先生向劳动仲裁委申请仲裁，要求服装公司支付 2008 年 6 月 1 日至 2009 年 6 月 1 日期间未签订劳动合同的二倍工资差额 76 000 元。劳动仲裁委审理后认为，服装公司在 2008 年 7 月至 2009 年 6 月期间，因未签订劳动合同，应向黄先生支付二倍工资差额 23 000 元。黄先生不服裁决，认为工资差额的计算标准不正确。根据《劳动合同法》（2012）第 82 条规定，用人单位自用工之日起超过一个月不满一年未与劳动者订立书面劳动合同的，应向劳动者每月支付二倍的工资；用人单位违规不与劳动者订立无固定期限劳动合同的，自应当订立无固定期限劳动合同之日起向劳动者每月支付二倍的工资。

（三）未续签劳动合同时的二倍工资

《北京市高级人民法院、北京市劳动仲裁委关于劳动争议案件法律适用问题研讨会会议纪要》第 28 条规定："劳动合同期满后，劳动者仍在用人单位工作，用人单位超过一个月未与劳动者订立书面劳动合同的，应当依照《劳动合同法》（2012）第 82 条规定，向劳动者支付二倍工资。二倍工资的计算基数，应以相对应的月份的应得工资为准，合同期满不续签合同，劳动者可获补偿。

实践中，很多劳动者的劳动合同到期了，但单位通知不续签了，双方解除了劳动关系，由于是合同到期使合同终止，所以单位拒绝支付经济补偿没有过错。但是，劳动者何时可以得到补偿？法律依据是《劳动合同法》（2012）第 46 条规定："有下列情形之一的，用人单位应当向劳动者支付经济补偿……除用人单位维持或者提高劳动合同约定条件续订劳动合同，劳动者不同意续订的情形外，依照本法第四十四条第一款规定终止固定期限劳动合同的……"以及第 97 条之规定："本法施行之日存续的劳动合同在本法施行后解除或者终止，依照本法第四十六条规定应当支付经济补偿的，经济补偿年限自本法施行之日起计算；本法施行前按照当时有关规定，用人单位应当向劳动者支付经济补偿的，按照当时有关规定执行。"因此，在合同期满后不续签，劳动者能拿到经济补偿；但是，需要注意一种特殊情况，如单位在维持、提高待遇的情况下跟劳动者续签劳动合同而劳动者仍不同意续签的。

另外，当劳动者主动离职的理由是正当的，其也是可以得到经济补偿的。法律依据是《劳动合同法》（2012）第38条规定："用人单位有下列情形之一的，劳动者可以解除劳动合同。（一）未按照劳动合同约定提供劳动保护或者劳动条件的；（二）未及时足额支付劳动报酬的；（三）未依法为劳动者缴纳社会保险费的；（四）用人单位的规章制度违反法律、法规的规定，损害劳动者权益的；（五）因本法第二十六条第一款规定的情形致使劳动合同无效的；（六）法律、行政法规规定劳动者可以解除劳动合同的其他情形。"第46条之规定："有下列情形之一的，用人单位应当向劳动者支付经济补偿。（一）劳动者依照本法第三十八条规定解除劳动合同的……"

可见，劳动者辞职时所写的理由是很重要的，其首先要考虑是否存在《劳动合同法》（2012）第38条规定的情况。司法实践中，有的法院或劳动仲裁委是需要劳动者来证明离职理由的，这提醒了劳动者，要注意保留证据。

第四章

公司人力资源管理合规

一、要点

（一）规章制度的合规要素

用人单位规章制度几乎涉及劳动关系的各个方面和劳动关系运行的各个主要环节，与劳动者在劳动过程中的权利、义务密切相关。从经济学角度讲，用人单位和其投资者所追求的目标通常是资本利益最大化，即利润最大化，而劳动者所追求的目标是劳动利益最大化，即工资福利最大化和就业保障最大化。这两种目标的不同，导致用人单位可能忽视劳动利益，甚至为扩大资本利益而牺牲劳动利益。

对此，我国《劳动合同法》（2012）规定，用人单位在制定直接涉及劳动者切身利益的规章制度或者重大事项时，应当经职工代表大会或者全体职工讨论，提出方案和意见，与工会或者职工代表平等协商确定。同时，由于用人单位的规章制度对全体劳动者都有约束力，就应当为全体劳动者所知晓。因此，用人单位对其制定的规章制度应尽公示或告知的义务，用人单位未尽公示或告知义务的，规章制度不具有法律效力。实践中的通常做法是，用人单位应给劳动者印发或在主要工作场所公告、悬挂或以其他方式公示规章制度，规章制度经公示才能生效。

【案例 4-1】

上海某公司员工王某拒绝参加公司安排的培训、私自对客户报低价、私自安排外协转换公司产品，被某公司严重警告 3 次。某公司依据《员工手册》向王某出具《警告和解聘函》，某公司以王某收到 3 份严重警告处分为由，决定当日起解除与王某的劳动合同。王某申请仲裁，要求某公司支付违法解除劳动合同赔偿金。劳动仲裁委裁决某公司支付违法解除劳动关系赔偿金 609 624 元。某公司提起诉讼。一审法院判决，因某公司的《员工手册》未履行民主程序和告知程序，所以解除员工行为违法，某公司须支付赔偿金 760 377.75 元。法院指出，用人单位在与劳动者建立劳动关系的过程中，首先应在程序上告知劳动者有关公司的规章制度，其次才能在实体上依据该规章制度对劳动者进行管理。而规章制度的制定和适用也应履行相应法定程序，在制定时应履行民主程序，在制定后也应履行告知程序。在未履行相应民主程序的基础上，用人单位以公司的单方规定对劳动者作出的任何决定，均不符合程序正义，该决定也就失去意义。法院判决某公司应支付王某违法解除劳动合同的赔偿金为 760 377.75 元。二审法院维持原判。高级人民法院裁定驳回某公司的再审申请。

【案例 4-2】

某商贸公司以韩先生违反了公司的《员工处罚条例》第 6 条为由，与其解除劳动合同。韩先生对该公司与其解除劳动合同的理由不予认可，申请仲裁，要求该公司支付违法解除劳动合同赔偿金 15 000 元。韩先生称自己从未学习过该公司提供的《员工处罚条例》，并表示不愿意再回该公司工作，某商贸公司也未就该《员工处罚条例》曾经公示或告知韩先生提供有效证据。劳动仲裁委依法裁决某商贸公司向韩先生支付违法解除劳动合同的赔偿金。劳动仲裁委指出，《劳动合同法》（2012）第 4 条规定，未经公示或告知的公司管理制度不可以作为用人单位与劳动者解除劳动合同的合法依据。本案中，某商贸公司不能出示已将《员工处罚条例》公示告知韩先生的证据，应承担举证不能的责任。某商贸公司在未履行告知义务的前提下，作出的解除劳动合同行为属程序违法。因韩先生不愿意继续履行劳动合同，公司应根据《劳动合同法》（2012）第48条、第87条规定，向其支付违法解除劳动合同的赔偿金。

【案例 4-3】

　　戴先生于1996年11月4日进入某玻璃公司工作，为包装股员工，2010年11月起任包装股课长。双方最后一期劳动合同期限自2014年3月1日起，至2019年2月28日止，约定戴先生的工作岗位为操作工，公司根据工作需要，按照诚信原则，可依法变动戴先生的工作岗位，戴先生正常工作时间工资为最低工资标准，加班加点工资计发基数为最低工资标准，戴先生接受公司所给予的职务调整和变动等。公司采用末位淘汰制，后戴先生考核未能通过，被辞退。戴先生向劳动仲裁委申请仲裁，要求公司支付2015年7月至2016年6月期间的工资差额21 741.50元、未足额支付工资的经济补偿金5435元。劳动仲裁委作出裁决驳回戴先生的仲裁请求。戴先生不服仲裁裁决，向市人民法院提起诉讼。一审法院认为，双方的劳动合同约定，公司根据工作需要，按照诚信原则，可依法变动戴先生的工作岗位。对戴先生是否符合课长职务进行考评的末位淘汰制应属公司企业管理自主权范围。二审法院认为，用人单位依法变动劳动者工作岗位、降低其工资水平，应当符合用人单位依法制定的规章制度，但用人单位不得违反诚信原则，滥用权力，对劳动者的工作岗位作出不合理的变动。法院认为，劳动者排名末位与劳动者不能胜任工作岗位之间并无必然联系，故用人单位根据末位淘汰制解除劳动关系行为违反法律规定。但在除解除劳动关系情形之外，末位淘汰制并非当然违法。根据本案查明的事实，戴先生调岗前担任的职务为公司包装股课长，该岗位具有一定的管理性质，要求劳动者具备更优秀、全面的职业技能。用人单位根据劳动者的工作业绩安排相对更为优秀的劳动者担任该职务，既符合用人单位对于保证和提高产品质量的要求，亦能较大程度激发劳动者的工作积极性，故法院对用人单位依据末位淘汰制调整劳动者工作岗位的行为，在一定条件下应予以支持。

（二）罚款权的合法性问题

在实践中，很多用人单位，特别是企业会规定，如果员工违反规章制度、劳动手册等，则企业可以对其予以一定数额的罚款。严格来说，罚款实际上是对公民财产的剥夺，因而企业设定罚款权是无效的，除非有相关法律法规的明确授权。《宪法》规定"公民合法的私有财产权不受侵犯"。《立法法》和《行政处罚法》规定，对财产的处罚只能由法律法规和规章设定。因此，企业的合规做法是：对于劳动者严重违反法律、规章制度，以及严重失职、营私舞弊，为企业造成重大损害的行为，企业可以并且只能采取解除劳动合同、要求劳动者赔偿损失以及按约定支付违约金等措施。

【案例 4-4】

王某系某客运集团公司驾驶员。2018 年 3 月 6 日，王某驾驶车辆到加油站加油时，与电力大队车辆发生事故，王某负事故的全部责任，事故造成经济损失 31 969 元，公司依据《安全生产处罚条例通知》规定，对王某处罚 3000 元。因王某未缴纳上述罚款，公司在王某的每月工资中扣除 500 元，罚款已执行完毕。2019 年 10 月 21 日，王某申请仲裁，要求返还罚款 3000 元，劳动仲裁委驳回了王某的申请。王某不服，起诉到法院。一审、二审法院支持王某的诉讼请求。公司向高级人民法院申请再审，称一、二审法院适用法律错误。

高级人民法院经审查认为，单位（企业）根据自身经营情况和特点，可以制定相关的规章制度和劳动纪律对单位职工进行约束。但是，单位（企业）制定的规章制度和劳动纪律不得违反相关法律法规规定。高级人民法院认为，本案中，公司对王某的处罚措施是罚款。《中华人民共和国行政处罚法》（以下简称《行政处罚法》）第 8 条规定："行政处罚的种类：（一）警告；（二）罚款；（三）没收违法所得、没收非法财物；（四）责令停产停业；（五）暂扣或者吊销许可证、暂扣或者吊销执照；（六）行政拘留；（七）法律、行政法规规定的其他行政处罚。"该法第 9 条第 1 款规定，法律可以设定各种行政处罚。因此，罚款作为行政处罚的种类，只能由法律作出规定。公司作为企业单位，没有权力制定对其内部职工进行罚款的惩处条例。因此，高级人民法院裁定驳回公司的再审申请。

（三）员工末位淘汰制问题

用人单位的末位淘汰制，涉及整个管理环节。

一是招聘录用过程中的"末位淘汰"。

在招聘录用过程中，用人单位往往通过对员工作出是否符合"录用条件"的结论来实现对试用期员工的筛选。其中将"末位淘汰制"结合"录用条件"运用是企业的普遍做法，具体主要有两种类型。（1）将末位淘汰制度作为试用期员工的录用条件，考核结果最差的 10% 员工，视为不符合录用条件，用人单位依据《劳动合同法》（2012）第 39条第 1 款解除劳动关系；（2）明确具体客观事实作为录用条件，综合运用末位淘汰制。比如，对于销售岗位人员，约定录用条件为符合下列条件之一：①销售业绩达到某数据；②销售业绩未达到某数据，但在同期业绩考核的排名超过 3 位试用期人员。

建议用人单位在试用期间运用末位淘汰制时，应当将该制度与岗位录用条件的设置相关联。考虑末位淘汰制度中的末位"是一种客观存在，不是主观行为"，总会有员工在末位淘汰机制的考核中排名末位。末位是相对于考核基数人群而言的，并不是基于一个客观的标准。试用期间，若用人单位无法证明末位人员不符合录用条件设置的客观标准，仅以员工试用期间排名末位即依据《劳动合同法》（2012）第 39 条第 1 款作出单方解除劳动关系决定，用人单位将面临认定违法解除的法律风险；同样，简单地将末位考核结论等同于不符合录用条件，同样无法避免认定为违法解除的法律风险。如果我们将录用条件与客观标准、末位淘汰制进行综合运用，企业最终基于员工不符合录用条件这一客观标准作出单方解除劳动关系的处理，则应被认定合法。

二是调岗调薪解读的"末位淘汰"。用人单位因生产经营管理需要，根据员工的工作业绩安排相对更为优秀的员工担任某一职务或从事某一岗位，必然涉及员工工作岗位的调动和薪酬的变化。用人单位可以将末位淘汰制写入企业规章制度或劳动合同中，以此作为调岗、调薪的重要依据。

《劳动合同法》（2012）第 35 条规定，"用人单位与劳动者协商一致，可以变更劳动合同约定的内容。变更劳动合同，应当采用书面形式"，显然调岗调薪属于双方可约定的情形。因此，用人单位与员工在劳动合同中明确约定适用末位淘汰制度调岗、调薪的情形，同时该末位淘汰制度已按照《劳动合同法》（2012）第 4 条规定履行民主、公示程序，且制度内容不违反国家法律、行政法规及政策规定，企业运用末位淘汰制度对员工作出调岗、调薪处理，应当属于企业行使经营自主权、用工管理权的范畴，不存在相应法律风险。

三是经济性裁员阶段的"末位淘汰"。经济性裁员是指由于生产经营状态发生变化等经济方面的原因出现劳动力过剩情况，企业需要一次性辞退部分员工，以此作为改善生产经营状况的一种手段。我国《劳动合同法》（2012）第 40 条对经济性裁员应当满足的条件、规则、流程等进行了明确规定。因此，只要用人单位单方解除劳动合同符合上述规定，即为劳动关系的合法解除。在裁员过程中，用人单位通过末位淘汰机制筛选被裁减人员名单，应属于其自主用工管理范畴，不存在相应法律风险。

四是不能胜任时解雇员工的"末位淘汰"。《劳动合同法》（2012）第 40 条第 2 款规定，若员工不胜任工作，则企业可以单方解除劳动合同。企业通常应满足以下几点。（1）有明确的现有工作岗位职责和岗位胜任力评估标准；（2）通过胜任力评估，判断员工不能胜任现有工作岗位；（3）基于员工不能胜任现有工作岗位的现状，企业曾对员工不足之处进行培训或者调整工作岗位；（4）培训或者调岗后，经评估，员工仍不能胜任工作岗位。由此可见，企业能否证明员工不能胜任工作是判断企业据此单方解除劳动关系合法性的基础。若企业能够按照上述规定举证证明员工不能胜任工作，即便员工经末位淘汰制度考核并非末位等次，企业同样可以单方解除劳动关系；反之，若企业不能够举证证明员工不能胜任工作，员工经末位淘汰制度考核为末位等次，则企业单方解除劳动关系属违法解除。

【案例 4-5】

在中兴公司诉王某劳动合同纠纷案[①]中，法院认为：为了保护劳动者的合法权益，构建和发展和谐稳定的劳动关系，《劳动法》(2018)、《劳动合同法》(2012)对用人单位单方解除劳动合同的条件进行了明确限定。原告中兴公司以被告王某不胜任工作，经转岗后仍不胜任工作为由，解除劳动合同，其对此应负举证责任。《员工绩效管理办法》规定："C(C1、C2)考核等级的比例为 10%"，虽然王某曾经的考核结果为 C2，但是 C2等级并不完全等同于"不能胜任工作"，中兴公司仅凭该限定考核等级比例的考核结果，不能证明劳动者不能胜任工作，不符合据此单方解除劳动合同的法定条件。2009 年 1 月王某从分销科转岗，但是转岗前后其均从事销售工作，存在由于分销科解散导致王某转岗这一根本原因，故公司不能证明王某系因不能胜任工作而转岗。因此中兴公司主张王某不胜任工作，经转岗后仍然不胜任工作的依据不足，存在违法解除劳动合同的情形，其应当依法向王某支付经济补偿金。

【案例 4-6】

在《戴某某诉台玻长江玻璃有限公司追索劳动报酬纠纷案》[②]中，法院认为：劳动者排名末位与劳动者不能胜任工作岗位之间并无必然联系，故用人单位根据末位淘汰制解除劳动关系违反法律规定。但在除解除劳动关系情形之外，末位淘汰制并非一定违法。根据本案查明的事实，戴某某调岗前担任的职务为台玻公司包装股课长，该岗位具有一定的管理性质，要求劳动者具备更优秀、全面的职业技能。用人单位根据劳动者的工作业绩安排相对更为优秀的劳动者担任该职务，既符合用人单位对于保证和提高产品质量的要求，亦能较大程度激发劳动者的工作积极性，故用人单位依据末位淘汰制调整劳动

[①] 改编自《中兴公司诉王某劳动合同纠纷案》(最高人民法院指导案例 18 号)。

[②] 改编自《戴某某诉台玻长江玻璃有限公司追索劳动报酬纠纷案——用人单位依据末位淘汰制对员工实行调岗调薪是否合法》,《最高人民法院公报》2021 年第 2 期(总第 292 期)。

者工作岗位的行为在一定条件下应被予以支持。本案的台玻公司与戴某某的劳动合同中明确约定了，台玻公司根据工作需要，按照诚信原则，可依法变动原告的工作岗位。台玻公司根据人员配置公告和戴某某的2015年度考绩汇总表对戴某某的工作岗位进行调整，此举不违反双方劳动合同的约定，亦符合《劳动合同法》（2012）的相关规定，应被认定为合法，因本次调岗而引起的薪资变动亦属合法。

二、合规措施

用人单位的劳动规章制度要对员工具有约束效力，须满足《劳动合同法》（2012）第4条所规定的事项，并按照《劳动合同法》（2012）第4条规定的程序制定，这样的制度才是具有法律效力的规章制度，才能对员工具有约束力。建议用人单位从以下四个方面加以衡量。

一是规章制度的内容要合法，即不能与现行的法律法规、社会公德等相违背。劳动规章制度的合法，要从内容合法、制定程序合法、公示程序合法三个方面把握。用人单位要明确劳动规章制度违法的合规风险。（1）部分制度在仲裁或诉讼中不能作为审理劳动争议案件的依据。最高人民法院《关于审理劳动争议案件适用法律若干问题的解释》第19条规定，规章制度必须符合"民主程序制定""合法""公示"三个条件，才可被作为人民法院审理劳动争议案件的依据。不合法的劳动规章制度，在仲裁或诉讼中不能作为审理劳动争议案件的依据。（2）用人单位可能要承担给劳动者造成损害的赔偿责任。《劳动合同法》（2012）第80条规定，规章制度违反法律、法规规定的，由劳动行政部门责令改正，给予警告；给劳动者造成损害的，应当承担赔偿责任。（3）劳动者可以随时解除劳动合同。《劳动合同法》（2012）第38条规定，用人单位的规章制度违反法律、法规的规定，损害劳动者权益的，劳动者可以解除劳动合同，用人单位还需要支付经济补偿金。值得一提的是，规章制度制定好以后，用人单位还要根据法律法规的变化进行定期或不定期检查，及时修改、补充相关内容。

二是规章制度须经民主程序制定，并保留职工代表大会或者全体职工讨论、协商的相关书面证据。从法律规定看，劳动规章制度的制定、修改流程为：职工代表大会或者全体职工讨论→提出方案和意见→与工会或者职工代表平等协商确定→公示告知。为此，用人单位在制定和修改规章制度时，必须进行平等协商，并务必留好记录，保存好相关证据，如会议纪要、讨论情况和经过、张贴公告的记录等。一旦双方在劳动规章制度效力问题上发生争议，则用人单位需要举证证明其规章制度经过平等协商程序且曾向劳动者公示、告知，如果用人单位不事先保留相应证据，就无法证明相应的内容了。

三是规章制度已经向员工履行了"公示程序"，用人单位要选择易于举证的公示或告知方式，并保留已公示或告知的书面证据。司法实践中，规章制度是否向劳动者公示直接决定用人单位在劳动争议案件中的胜败，例如员工的违纪行为本已经达到了规章制度中规定的解除劳动合同条件，但员工称不知道有这个制度，用人单位如无法证明曾向员工公示的证据，则面临败诉的风险，建议用人单位采用以下公示与告知的方法。（1）员工手册发放（要由员工签领确认）；（2）内部培训法（注意一定要包括：培训时间、地点、参会人员、培训内容、与会人员签到）；（3）劳动合同约定法；（4）考试法（开卷或闭卷，保留试卷）；（5）传阅法（保留员工签名）；（6）入职登记表声明条款（保存有员工签名的登记表）；（7）意见征询法（保留员工意见的签名和书面资料）。

四是"末位淘汰制"的合规措施。末位淘汰制具有激励员工、优化绩效、节约成本的功能，但实践中常常引发纠纷。为此，建议用人单位做好以下合规措施。

1. 对不胜任的员工解约的合规措施。（1）对各类工作岗位的性质任务、职责权限、岗位关系、劳动条件和环境，以及员工承担本岗位任务应具有的岗位任职资格条件进行系统研究，制定《岗位职责说明书》《录用条件确认书》，要求员工签字确认；（2）结合《岗位职责说明书》《录用条件确认书》，对该岗位需要具备的核心能力和素养进行描述，明确岗位胜任特征；（3）综合岗位职责、岗位胜任特征等要素，明确可操作性强的工作绩效考核指标，制定绩效考核制度。其中企业在设置末位考核的标准及分数级别时，被评为末位的结果要与"不胜任"的考核结果相一致；（4）在证明考核"末位"即为不胜任本职工作的前提下，按照《劳动合同法》（2012）第40条第2款规定程序解除劳动关系。

2. 变更劳动合同时的末位淘汰合规措施。（1）基于日常生产经营管理需要，制定末位淘汰、末等调整等制度，并按照《劳动合同法》（2012）第 4 条规定通过民主公示程序；（2）在劳动合同中明确约定劳动合同变更的情形，其中包括企业可对上述制度考核排名末等的人员进行调岗、调薪约定，并要求员工签字确认；（3）综合岗位职责、岗位胜任特征等要素，明确可操作性强的工作绩效考核指标，制定绩效考核制度。企业依据绩效考核结果，结合企业依法制定的规章制度和劳动合同约定，对排名末位的员工采取降级降职或调岗调薪等变更劳动合同措施。

3. 岗聘分离阶段的末位淘汰的合规措施：岗聘分离并非法律术语，一般理解为在劳动关系存续期间，通过岗位聘用协议明确任职期限、岗位职责、权利义务、业绩目标、薪酬待遇、解聘（退出）条件等，实现劳动关系的存续时间与工作岗位从事的时间以及岗位职责相对分离的一种管理制度。建议用人单位参考国务院国有企业改革领导小组办公室制定的《"双百企业"推行经理层成员任期制和契约化管理操作指引》，采取以下合规措施。（1）采用岗位说明书等方式，明确所有岗位的岗位职责和任职资格；（2）在规章制度中明确公司建立并实行"岗聘分离制度"，且该制度依法进行民主公示程序；（3）依照法律规定与员工签署《劳动合同》，同时与员工签订相应期限的《岗位聘用协议》。

第五章

劳动者休息休假

休息休假权是指劳动者在参加一定时间的劳动（工作）之后所获得的休息休假的权利。

《宪法》规定了劳动者的休息权，国家发展劳动者休息和休养的设施，以保证劳动者能够实施这一权利。为了保障劳动者的休息休假权利，国家通过劳动立法，规定工作时间制度、休息休假制度和对延长工作时间进行限制。1994 年 1 月，国务院通过《关于职工工作时间的规定》，实行每日工作 8 小时，平均每周工作 44 小时的工时制。1995 年 3 月，国务院发布《关于修改〈国务院关于职工工作时间的规定〉的决定》，自 1995 年 5 月 1 日起实行每周 5 天工作制，即职工每日工作 8 小时，每周工作 40 小时。法定工时制的不断缩短，体现了国家对劳动者休息权的重视，缩短的工时制将更加有利于生产率的提高和经济的全面发展，更加有利于劳动者改善生活状况、提高生活水平。

为了明确劳动者的休息休假时间，国家通过一系列劳动法律、法规作了直接规定。《劳动法》（2018）第 38 条规定："用人单位应当保证劳动者每周至少休息一日。"第 40 条规定："用人单位在下列节日期间应当依法安排劳动者休假：①元旦；②春节；③国际劳动节；④国庆节；⑤法律、法规规定的其他休假节日。"此外，根据劳动法法规，劳动者的法定休息休假时间还包括工作日内的间歇时间、两个工作日之间的休息时间、探亲假和年休假。在以上休息休假时间内，劳动者可以依法享有休息的权利，进行充分的休息、休养。

为了保证用人单位认真遵守劳动者的休息时间制度，防止用人单位侵犯劳动者的休息权利，劳动立法还对用人单位延长时间（加班加点）作出了相应的限制规定。

▶ 第一节 休息时间

休息休假是指劳动者按规定不必进行工作而自行支配的时间，是《宪法》赋予劳动者的权利。休息休假的具体时间根据劳动者的工作地点、工作种类、工作性质、工龄长短等各有不同，劳资双方在约定休息休假事项时应当遵守劳动法及相关法律法规的规定，但至少应保证每周至少休息 1 日。

法律依据：（1）《劳动法》（2018）第 39 条规定："企业因生产特点不能实行本法第 36 条、第 38 条规定的，经劳动行政部门批准，可以实行其他工作和休息方法。"（2）《全国年节及纪念日放假办法》规定了全体公民放假的节日、部分公民放假的节日及纪念日、少数民族习惯的节日以及纪念日的放假办法等。

一、工作日内的休息时间

工作日内的休息时间，又称工作日的间歇时间，是指劳方在劳动过程中的休息和用膳时间，包括 1 个工作日内的间歇时间，以及 2 个工作日之间的间歇时间。

- 1 个工作日内的间歇时间：劳方在每日的工作岗位上生产或工作的过程中的工间休息时间和用膳时间。工间休息和用膳时间因工作岗位和工作性质的不同而有不同，一般休息 1 至 2 小时，最少不能少于半小时。间歇时间一般于工作 4 小时后开始，不算作工作时间。即便由于生产不能间断而不能实行固定的间歇时间的岗位，也要使劳方在工作时间内有用膳时间。实行工间操制度（在上午和下午各 4 小时的工作时间中间规定 20 分钟的休息时间），一般在工作 2 小时后开始，计入工作时间。

- 2 个工作日之间的间歇时间：劳方在 1 个工作日结束后至下一个工作日开始的期间内所享有的休息时间，其长度应以保证劳方的体力和工作能力得到恢复为标准，一般为 15 ～ 16 小时。实行轮班制的，其班次必须平均调换，一般可在休息日之后调换。在调换班次时，工人不得连续工作两个工作日。

二、休息日

休息日是指在不违反劳动法规定的情况下，劳资双方约定的休息日，这是法律保障劳动者休息权利的强制性要求。正常情况下，星期六和星期日为每周休息日，双休日不计薪，全年共 104 天。

休息日一般是指周末双休，但具体到劳动者个人则与劳动合同具体约定有关：若劳动合同约定员工享有双休，则双休日为休息日；若因为工作岗位及工种性质不同而约定其他休息方式，只要不违反劳动法对劳动者休息时间的最低保障规定，均为合法。

安排劳动者在休息日工作的，首先应该安排其补休，补休时间应等同于加班时间；如不能安排补休的，则按不低于劳动者本人日工资或小时工资的 200% 支付加班工资。

【案例 5-1】

自 2018 年 7 月至 2020 年 6 月，李先生在长华公司从事消防、保安监控及夜间电话总机值班工作，月工资为 850 元。2020 年 6 月，李先生以身体不适为由，向长华公司以书面形式提出解除劳动合同的请求，在长华公司表示同意后，双方办理了相应手续。李先生离开该公司以后不久便将该公司申诉至当地的劳动仲裁委。李先生已上 24 小时班，之后再休息 48 小时（即当日晚上 6 点上班，一直到次日晚上 6 点下班，然后可以休息两整天，第 5 天再上班），每月实际工作 240 小时，超出国家规定的工作时间。该公司既未安排他休息，也未足额支付其加班费。因此，他要求该公司支付其法定休假日的工资以及周末休息日工资。该公司却认为，李先生在公司工作时，每天工作 24 小时就休息 48

小时，而且每个工作班组有两个人，可以倒班休息、吃饭，并且他们已经向当地劳动部门申报了综合计算工时的申请，并且得到了批准。还有，在法定节假日，该公司已经按照每天 20 元的标准支付了李先生的加班补助（如果倒休就不享受 20 元钱的补助）。劳动仲裁委裁定双方签订的书面劳动合同合法有效，用人单位与劳动者约定的工作岗位、工作时间和报酬，不违背有关规定。但是，在法定休假日工作的，加班费不能用补休来代替，所以判决该公司参照国家规定的加班费标准，以李先生个人工资为基数按照 300% 的标准补足支付加班费的不足部分。

三、休假时间

（一）法定节假日

法定休假日，即通常所说的节假日。

一是国家法定休假日，是全民假日，共计 11 天，即①元旦，放假 1 天（1 月 1 日）；②春节，放假 3 天（农历正月初一、初二、初三）；③清明节，放假 1 天（农历清明当日）；④劳动节，放假 1 天（5 月 1 日）；⑤端午节，放假 1 天（农历端午当日）；⑥中秋节，放假 1 天（农历中秋当日）；⑦国庆节，放假 3 天（10 月 1 日、2 日、3 日）。——法律依据：《全国年节及纪念日放假办法》（2007）第 2 条。

根据《劳动法》（2018）第 44 条，法定休假日安排劳动者工作的，支付不低于工资 300% 的工资报酬。

全体公民放假的假日，如适逢周六周日，应当在工作日补假。——法律依据：《全国年节及纪念日放假办法》（2007）第 6 条。

《江苏省工资支付条例》第 29 条规定：劳动者依法享有的法定节假日以及年休假、探亲假、婚丧假、晚婚晚育假、节育手术假、女职工孕期产前检查、产假、哺乳期内的哺乳时间、男方护理假、工伤职工停工留薪期等期间，用人单位应当视同劳动者提供正常劳动并支付其工资。

二是部分公民放假的节日及纪念日：（1）妇女节（3月8日）：妇女放假半天；（2）青年节（5月4日）：14周岁以上的青年放假半天；（3）儿童节（6月1日）：不满14周岁的少年儿童放假1天；（4）中国人民解放军建军纪念日（8月1日）：现役军人放假半天。——*法律依据：《全国年节及纪念日放假办法》（2007）第3条。*

部分公民放假的假日，如适逢周六周日，不补假。——*法律依据：《全国年节及纪念日放假办法》（2007）第6条。*如果部分公民放假的假日不逢休息日，而用人单位要求劳动者正常上班的，单位是无须支付加班费的。

三是少数民族节日，由各少数民族聚居地区的地方政府按各该民族习惯规定放假日期。——*法律依据：《全国年节及纪念日放假办法》（2007）第4条。*

工资：法定休假日安排劳方工作的，资方应支付不低于工资300%的工资报酬。——*法律依据：《劳动法》（2018）第44条第3款。*

【案例5-2】

李小姐是广东某服装生产公司的工资核算员，其与公司签订的劳动合同中明确约定月工资为900元。加上三种补贴300元（包括交通费80元/月、通信补贴40元/月、伙食补贴180元/月），实际上每月收入达到1200元。三种补贴是以充值卡和现金的形式发放的，未在工资总额中体现。当地最低保障收入为750元/月。2008年春节前一月，由于工作忙，李小姐被要求在一个周末加班两天。在春节前第二周，由于工作未完成，李小姐自己决定每天加班2小时。在春节期间，李小姐被公司安排值班三天（初一、初四和初五）。当月累计加班时间50小时。春节后上班，李小姐向人力资源部递交了辞职申请，并在第二天获得同意辞职的批复。在结算工资的时候，李小姐获得的加班工资为180元，过节费为150元，公司在春节上班后的第一周安排李小姐补休1天。李小姐认为加班费的计算不合理，要求人力资源部提供加班工资的算法。人力资源部计算出来的李小姐的加班工资是240元（计算方法是750÷25÷8×32×2）。李小姐主张：（1）计算加班工资基数应该是每月的实际收入1200元；（2）春节前一周的加班10小时应该计算加班费；（3）补休只能补休休息日加班，而不应补休初一的三倍加班工资。因此，李小姐主张自己的加班工资是 522 元［计算方法是 1200÷25÷8×（24×2+10×1.5+8×3）］，要求公司补发 282 元。公司不同意李小姐的要求，认为：（1）加班工资基数在不低于当地最低生活保障的情况下可以自行决定；（2）春节前每天加班 2 小时是李小姐的自愿行为，公司无须支付加班费；（3）公司给李小姐发了过节费，又给了补休，因此，可以不按 3 倍计发初一的加班工资。双方不能达成一致，李小姐向当地劳动仲裁委申请仲裁。劳动仲裁委认定李小姐的加班工资为 372 元［计算方法是 900÷21.75÷8×（24×2+8×3）］，裁定公司补发李小姐加班工资 132 元，同时认为服装公司在 1 月内安排李小姐的累计加班时间为 40 小时，超过了规定的 36 小时，对服装公司作出行政处罚。

（二）工伤假

《企业职工患病或非因工负伤医疗期规定》（1995）规定，医疗期是指企业职工因患病或非因工负伤停止工作治病休息而不得解除劳动合同的时限。

企业职工因患病或非因工负伤，需要停止工作医疗时，企业根据职工本人实际参加工作年限和在本单位工作年限，给予其 3～24 个月的医疗期：（1）实际工作年限 10 年以下的，在本单位工作年限 5 年以下的为 3 个月；5 年以上的为 6 个月。（2）实际工作年限 10 年以上的，在本单位工作年限 5 年以下的为 6 个月；5～10 年的为 9 个月；10～15 年的为 12 个月；15～20 年的为 18 个月；20 年以上的为 24 个月。

医疗期 3 个月的按 6 个月内累计病休时间计算；6 个月的按 12 个月内累计病休时间计算；9 个月的按 15 个月内累计病休时间计算；12 个月的按 18 个月内累计病休时间计算；18 个月的按 24 个月内累计病休时间计算；24 个月的按 30 个月内累计病休时间计算。

企业职工在医疗期内，其病假工资、疾病救济费和医疗待遇按照有关规定执行。

企业职工非因工致残和经医生或医疗机构认定患有难以治疗的疾病，在医疗期内医疗终结，不能从事原工作，也不能从事用人单位另行安排的工作的，应当由劳动鉴定委员会参照工伤与职业病致残程度鉴定标准进行劳动能力的鉴定。被鉴定为一至四级的，应当退出劳动岗位，终止劳动关系，办理退休、退职手续，享受退休、退职待遇；被鉴定为五至十级的，医疗期内不得解除劳动合同。

企业职工非因工致残和经医生或医疗机构认定患有难以治疗的疾病，医疗期满，应当由劳动鉴定委员会参照工伤与职业病致残程度鉴定标准进行劳动能力的鉴定。被鉴定为一至四级的，应当退出劳动岗位，解除劳动关系，并办理退休、退职手续，享受退休、退职待遇。

医疗期满尚未痊愈者，被解除劳动合同的经济补偿问题按照有关规定执行。

【案例 5-3】

韦某于 2010 年 12 月入职某公司，先后从事电焊、切片开机工作。劳动合同约定："乙方（韦某）的违法、违纪、违规行为符合公司《奖励和惩处管理制度》单方解除劳动合同相关条例规定的，公司可单方解除劳动合同且不支付任何经济补偿金。"同时，某公司的《奖励和惩处管理制度》规定："员工未经公司许可在其他企业兼职或具有不诚实和欺骗行为的，视为严重违反公司规章制度，公司与其解除劳动合同并不支付任何经济补偿金。"

2020 年 6 月至 8 月，韦某以其被诊断为腰椎间盘突出症，医院建议卧硬板床配合理疗为由，先后四次向某公司提出休病假一周的申请，某公司均予准许。在韦某休病假期间，某公司发现其连续多天进出某电器公司。经调查，该电器公司老板称，韦某在自己的公司做焊工。韦某在劳动仲裁及法院审理过程中陈述，其于病假期间打了两天工并学了学手艺。2020 年 8 月 18 日，某公司以韦某违反公司《奖励和惩处管理制度》规定为由，与韦某解除了劳动合同。

韦某遂申请仲裁，请求裁令某公司支付违法解除劳动合同的赔偿金。仲裁裁决后，韦某不服，向法院起诉。法院经审理认为，韦某在享受某公司的病假待遇的同时，又至其他公司提供劳动，行为不仅有违诚实信用，亦属于某公司《奖励和惩处管理制度》规定的可以解除劳动合同的情形。法院对韦某主张支付赔偿金的请求不予支持。

（三）婚假／丧假／产假

1. 婚假

《关于国营企业职工请婚假和路程假问题的通知》规定："（1）职工本人结婚或职工的直系亲属（父母、配偶和子女）死亡时，可以根据具体情况，由本单位行政领导批准，酌情给予 1 ~ 3 天的婚丧假。（2）职工结婚时双方不在一地工作的，职工在外地的直系亲属死亡时需要职工本人去外地料理丧事的，单位可以根据路程远近，另给予路程假。（3）在批准的婚假和路程假期间，职工的工资照发。途中的车船费等，全部由职工自理。"国家劳动总局、财政部《关于国营企业职工请婚丧假和路程假问题的通知》规定：对婚假 1 ~ 3 天，结婚双方不在一地的，另外给予路程假。

根据上述法律规定，婚假待遇如下。（1）按法定结婚年龄（女 20 周岁，男 22 周岁）结婚的，可享受 3 天婚假。（2）符合晚婚年龄（女 23 周岁，男 25 周岁）的，可享受晚婚假 15 天（含 3 天法定婚假）。（3）结婚时男女双方不在一地工作的，可视路程远近，另给予路程假。（4）在探亲假（探父母）期间结婚的，不另给假期。（5）婚假包括公休假和法定假。（6）再婚的可享受法定婚假，不能享受晚婚假。（7）婚假期间工资待遇：在婚假和路程假期间，工资照发。

2. 丧假

原国家劳动总局、财政部《关于国营企业职工请婚丧假和路程假问题的规定》有内容如下。（1）国有企业职工的直系亲属（父母、配偶和子女）死亡时，企业应根据具体情况酌情给予职工 1 ~ 3 天的丧假。（2）如职工死亡的直系亲属在外地，须职工本人去外地料理丧事的，应该根据路程远近，另外给予职工路程假。（3）职工在休丧假和路程假期间，企业均应照常发放职工的工资；职工在途中的车船费等，由职工本人自理。需要注意的是，目前我国还未对非国有企业职工婚假作出具体规定。

3. 产假

《劳动法》（2018）、《女职工劳动保护特别规定》等规定，任何用人单位的女职工均享有产假，假期为 98 天，其中产前休假 15 天；难产的，增加产假 15 天；多胞胎生育的，每多生育一个婴儿，增加产假 15 天；女职工怀孕流产的，所在单位应根据医务部门的证明，给予一定时间的产假。女职工怀孕不满 4 个月流产的，单位给予 15 天的产假；怀孕满 4 个月流产的，单位给予 42 天的产假。

产假的待遇如下。（1）如企业未参加生育保险社会统筹，女职工产假期间的工资应该由企业支付。《女职工劳动保护规定》（1988）规定，不得在女职工怀孕期、产期、哺乳期降低其基本工资。（2）如企业参加了当地劳动保障部门建立的生育保险，且按时足额缴纳生育保险费的，《企业职工生育保险试行办法》（劳部发〔1994〕504 号）规定，女职工产假期间由社会保险经办机构发给生育津贴，其标准是本企业上年度的职工月平均工资。（3）除国家统一规定的产假外，省级行政单位颁布的计划生育条例中一般都规定了奖励产假，各地奖励产假的期限有所不同。（4）怀孕的女职工在劳动时间内进行产前检查，应当算作劳动时间。（5）为保护孕妇和胎儿的健康，应按卫生部门的要求作产前检查。女职工产前检查应按出勤对待，不能按病假、事假、旷工处理。单位对在生产第一线的女职工，要相应地减少生产定额，以保证其产前检查时间。

▶ 第二节　加班制度

延长劳动时间，也称加班加点，是指用人单位经过一定程序，要求劳动者超过法律、法规规定的最高限制的日工作时数和周工作天数而工作。加班是指用人单位经过法定批准手续，要求职工在法定节日或公休假日从事工作的时间。加点是指用人单位经过法定批准手续，要求职工在正常工作日之外延长工作的时间。延长劳动时间一般分为正常情况下延长工作时间和非正常情况下延长工作时间两种形式。

由于劳动者需要得到有效的休息方能得以恢复从而继续提供劳动，所以现行的法律法规对加班的程序、时数、报酬等多方面都进行了严格限制，以保证劳动者的身体健康。

一、加班有程序上的限制

加班是劳动者的一项权利而非义务，用人单位不得强迫劳动者加班，按照相关劳动法律法规的要求，用人单位须经过与工会和劳动者双重协商的程序，即用人单位出于生产经营需要，经与工会和劳动者协商方可延长工作时间，倘若工会或劳动者其中有任何一方不同意，用人单位便没有权利强迫劳动者加班。

【案例 5-4】

张某是某报刊公司的投递员，每天工作 6 小时，每周工作 6 天，月工资为 3500 元。2020 年 6 月，因同区域另外一名投递员离职，某报刊公司在未与张某协商的情况下，安排其在第三季度承担该投递员的工作任务。张某认为，要完成加倍的工作量，其每天工作时间至少需延长 4 小时以上，故拒绝上述安排。某报刊公司依据员工奖惩制度，以张某不服从工作安排为由与其解除劳动合同。张某向劳动仲裁委申请仲裁，请求裁决某报刊公司支付违法解除劳动合同的赔偿金 14 000 元，获得劳动仲裁委的支持。本案的争议焦点是，报刊公司未与张某协商一致增加其工作任务，张某是否有权拒绝。法院根据《劳动合同法》（2012）第 31 条、第 35 条之规定，指出劳动合同是明确用人单位和劳动者权利义务的书面协议，未经变更，双方均应严格按照约定履行，特别是对于涉及工作时间等劳动定额标准的内容。在本案中，报刊公司超出合理限度大幅增加张某的工作任务，应视为变更劳动合同约定的内容，违反了关于"协商一致"变更劳动合同的法律规定，已构成变相强迫劳动者加班。因此，张某有权依法拒绝上述安排，报刊公司以张某不服从工作安排为由与其解除劳动合同不符合法律规定，公司应依法支付张某违法解除劳动合同的赔偿金。

二、加班事实的认定

计算加班工资的一个前提是"加班的事实",须是法律意义上的加班。

第一,劳方自愿延长工作时间的不属于加班。资方支付加班工资的前提是"用人单位根据实际需要安排员工在法定标准工作时间以外工作",即由资方安排加班的才应支付加班工资。如员工的工作既非资方的要求,也无资方认可的加班记录,则不属于加班,资方无须支付加班费;但如资方对员工的加班予以追认的话,则属于资方安排的加班。

第二,劳动者须有证据证明加班为用人单位安排的,方可确认为事实加班。例如,用人单位的部门主管总是在放长假前安排下属在长假结束后交一份企划书,这实际上是间接要求该下属员工在长假期间留出时间完成工作,变相延长了员工的工作时间,属于加班。

第三,综合计算工时制人员在标准工作时间内没有加班收入。经批准实行综合计算工时工作制的企业,在综合计算周期内的总实际工作时间不应超过总法定标准工作时间,超过部分应视为延长工作时间并按《劳动法》(2018)第44条第1款规定支付工资报酬(不低于工资标准的150%),其中法定休假日安排员工工作的,按《劳动法》(2018)第44条第3款规定支付工资报酬(不低于工资标准的300%),且延长工作时间的小时数平均每月不得超过36小时①。

第四,实行不定时工作制的领导者没有加班收入。《民法通则》(1986)第5条、最高人民法院《关于贯彻执行〈中华人民共和国劳动法〉若干问题的意见》第60条、劳动部《关于企业实行不定时工作制和综合计算工时工作制的审批办法》规定,实行不定时工作制的岗位通常包括"企业中的高级管理人员、外勤人员、推销人员、部分值班人员和其他因工作无法按标准工作时间衡量的员工;企业中的长途运输人员、出租汽车司机和铁路、港口、仓库的部分装卸人员以及因工作性质特殊,需机动作业的员工;其他因

---

① 详见《关于企业实行不定时工作制和综合计算工时工作制的审批办法》(劳部发〔1994〕503号)和《关于员工工作时间有关问题的复函》(劳部发〔1997〕271号)。

生产特点、工作特殊需要或职责范围的关系，适合实行不定时工作制的员工"。但如果资方在法定休假日安排员工工作，其仍然应当按照不低于本人工资标准的 300% 支付加班费。

第五，实行计件工资制的，在定额外安排工作的应认定为加班。实行计件工资的员工，在完成计件定额任务后，由用人单位安排延长工作时间的，用人单位应根据《劳动法》（2018）第 44 条规定的原则，分别按照不低于其本人法定工作时间计件单价的 150%、200%、300% 向其支付工资。

【案例 5-5】

吴某所在的医药公司加班管理制度规定："加班需要提交加班申请单，按程序审批。未经审批的，不认定为加班，不支付加班费。"吴某入职后，按照某医药公司安排实际执行每天早 9 时至晚 9 时，每周工作 6 天的工作制度。吴某按照某医药公司加班管理制度提交了加班申请单，但某医药公司未实际履行审批手续。2020 年 11 月，吴某与某医药公司协商解除劳动合同，要求某医药公司支付加班费，并出具了考勤记录、与部门领导及同事的微信聊天记录、工作会议纪要等。医药公司以无公司审批手续为由拒绝支付。吴某向劳动仲裁委申请仲裁，请求裁决某医药公司支付 2019 年 12 月至 2020 年 11 月的加班费共计 50 000 元，获得支持。某医药公司不服仲裁裁决起诉，法院判决与仲裁裁决一致。本案的争议焦点是某医药公司能否以无公司审批手续为由拒绝支付吴某加班费。法院根据《劳动法》（2018）第 44 条、《工资支付暂行规定》第 13 条之规定，认为符合"用人单位安排""法定标准工作时间以外工作"情形的，用人单位应当依法支付劳动者加班费。在本案中，吴某提交的考勤记录、与部门领导及同事的微信聊天记录、工作会议纪要等证据形成了相对完整的证据链，某医药公司亦认可上述证据的真实性。某医药公司未实际履行加班审批手续，并不影响对"用人单位安排加班"这一事实的认定。

【案例 5-6】

常某入职某网络公司之初，公司通过电子邮件告知常某，公司采取指纹打卡考勤制度。员工手册规定："晚 9 时之后起算加班时间；加班需由员工提出申请，部门负责人审批。"常某于 2016 年 5 月至 2017 年 1 月期间，通过工作系统累计申请加班 126 小时。某网络公司以公司规章制度中明确晚 9 时之后方起算加班时间，晚 9 时之前的不应计入加班时间为由，拒绝支付常某加班费差额。常某向劳动仲裁委申请仲裁，请求裁决公司支付其加班费差额。某网络公司不服仲裁裁决，诉至法院。一审法院判决某网络公司支付常某加班费差额 32 000 元；双方不服均提起上诉，二审法院判决维持原判。本案的争议焦点是某网络公司以规章制度形式否认常某加班事实是否有效。根据《劳动合同法》（2012）第 4 条规定，法院指出：通过民主程序制定的规章制度，在不违反国家法律、行政法规及政策规定，并已向劳动者公示的，可以作为确定双方权利义务的依据。在本案中，某网络公司的员工手册规定有加班申请审批制度，该规定并不违反法律规定，且具有合理性，在劳动者明知此规定的情况下，该规定可以作为确定双方权利义务的依据。在某网络公司不能举证证实该段时间为员工晚餐和休息时间的情况下，该规章制度中的该项规定不具有合理性。法院结合考勤记录、工作系统记录等证据，确定常某的加班事实，判决某网络公司支付常某加班费差额。

三、加班时数的限制

长时间的加班工作是对劳动力的一种损害，因此法律、法规对延长工作的时数也进行了严格限制，用人单位不能随意延长。用人单位在安排劳动者加班时，一般每日不得超过 1 小时；因特殊原因需要延长工作时间的，在保障劳动者身体健康的条件下，每日加班不得超过 3 小时，并且每月不得超过 36 小时。

需要注意的是，加班限制作为一种基准法，是国家的强制性规定，即便劳动者同意，只要超出国家规定的最高加班时数，同样将被视为违法。

上述加班程序和加班时数的限制并非绝对，也有例外，如果出现以下情形之一时，可以不受上述限制：（1）发生自然灾害、事故或者因其他原因，威胁劳动者生命健康和财产安全，需要紧急处理的；（2）生产设备、交通运输线路、公共设施发生故障，影响生产和公众利益，必须及时抢修的；（3）法律、行政法规规定的其他情形。

【案例5-7】
员工拒绝违法超时加班安排用人单位不能解除劳动合同

张某于2020年6月入职某快递公司，双方订立的劳动合同约定试用期为3个月，试用期月工资为8000元，工作时间执行某快递公司规章制度相关规定。某快递公司规章制度规定，工作时间为早9时至晚9时，每周工作6天。2个月后，张某以工作时间严重超过法律规定上限为由拒绝超时加班安排，某快递公司即以张某在试用期间被证明不符合录用条件为由，与其解除劳动合同。张某向劳动仲裁委申请仲裁，请求裁决某快递公司支付违法解除劳动合同赔偿金8000元，获得支持。本案的争议焦点是张某拒绝违法超时加班安排，某快递公司能否与其解除劳动合同。根据《劳动法》（2018）第41条、第43条，《劳动合同法》（2012）第26条规定，法院认为，用人单位制定违反法律规定的加班制度，在劳动合同中与劳动者约定违反法律规定的加班条款，均应被认定为无效。本案中，某快递公司规章制度中的"工作时间为早9时至晚9时，每周工作6天"的内容，严重违反法律关于延长工作时间上限的规定，应认定为无效。张某拒绝违法超时加班安排，系维护自己合法权益，法律不能据此认定其在试用期间被证明不符合录用条件。

四、标准工时制下的加班费

影响加班工资计算的因素有两个，一个是加班工资的基数，另一个则是加班工资系数。

计算加班工资最基本的公式为：加班工资 = 加班工资基数 × 加班工资系数。

1. 加班工资基数的确定

加班费的计算基数，即劳动者的小时工资率，其计算公式为：**小时工资率 = 月工资收入 ÷ 月计薪天数**。现行国家法律法规没有明确规定月工资收入，实践中对月工资收入的确定应把握以下几点。（1）如劳动合同对工资数额有明确约定的，则按不低于劳动合同约定的工资标准确定；（2）如集体合同（工资集体协议）确定的工资标准高于劳动合同约定标准的，则按集体合同（工资集体协议）标准确定；（3）劳动合同、集体合同均未约定的，可由用人单位与员工代表通过集体协商确定，协商结果应签订工资集体协议；（4）如劳动合同的工资项目分为"基本工资""岗位工资""职务工资"等，应当以各项工资的总和作为基数计发加班费，不能以"基本工资""岗位工资"或"职务工资"单独一项作为计算基数；（5）如劳动合同没有明确约定工资数额，或合同约定不明确时，原则上"月工资收入"以员工实际月工资为标准；如有具体的地方法规，遵照相应的地方法规执行；（6）尽管原则上以实际工资收入作为"月工资收入"计算加班费基数，但是未在工资条中体现的补贴及津贴，可以不计入"月工资收入"；（7）实行计件工资的，应当以法定时间内的计件单价为加班费的计算基数；（8）月工资收入如果低于当地最低工资标准的，则以最低工资确定月工资收入。

根据《上海市企业工资支付办法》（沪劳保综发〔2003〕2号），加班工资的基数应当按照以下方式确定。（1）劳动合同中有约定的，按照劳动合同的约定执行；（2）劳动合同中没有约定的，按照集体合同中的约定执行；（3）劳动合同、集体合同中均未约定的，可按劳动者本人所在岗位（职位）正常出勤的月工资的70%确定。当然，上述所得加班工资基数不得低于上海市人民政府规定的最低工资标准。在计算加班费时，一般都是以小时工资作为基准，因此一般首先算出小时工资基数，然后再计算加班工资，其计算方法为：加班工资的计算基数 /（21.75×8）。

【说明】21.75天是法律明确规定的月计薪天数。计算公式如下：（1）日工资 = 月工资收入 ÷ 月计薪天数；（2）小时工资 = 月工资收入 ÷（月计薪天数 ×8小时）；（3）月计薪天数 =（365天 -104天）÷12月 =21.75天。

2. 加班工资系数的确定

加班的小时数自然是加班工资的系数，除此之外，前文在加班工资的限制一节中提到的 3 个比例标准也是其组成部分，即按照工作日加班、休息日加班、法定节假日加班的不同，用人单位分别以 150%、200%、300% 的比例计算加班工资。

【案例 5-8】

王某在上海 S 公司处工作，双方在劳动合同中约定每月基本工资为 1500 元，奖金为 1000 元，交通补贴 500 元，同时双方约定基本工资 1500 元作为计算加班工资的基数，工时实行标准工时制，现得知王某 2009 年 11 月在工作日共加班 10 小时，王某 11 月的加班工资应为：1500/（21.75×8）×150%×10=129.3 元。根据《上海市企业工资支付办法》（沪劳保综发〔2003〕2 号）规定，加班工资的基数应当按照以下方式确定。（1）劳动合同中有约定的，按照劳动合同的约定执行；（2）劳动合同中没有约定的，按照集体合同中的约定执行；（3）劳动合同、集体合同中均未约定的，可按劳动者本人所在岗位（职位）正常出勤的月工资的 70% 确定。当然，上述所得加班工资基数不得低于上海市人民政府规定的最低工资标准。在上面的案例中，双方在劳动合同中明确约定加班工资计算基数为基本工资 1500 元，此时，S 公司在计算王某的加班工资时就应当以 1500 元为基数。

五、特殊情况下的加班工资

1. 综合工时制的加班工资

经批准实行综合计算工时工作制的用人单位，在综合计算周期内的总实际工作时间不应超过总法定标准工作时间；超过部分应视为延长工作时间，须按劳动者本人日或小时工资标准的 150% 支付加班工资。

用人单位在法定休假节日安排劳动者工作的，应按不低于劳动者本人日或小时工资标准的 300% 支付加班工资。

综合工时制中没有休息日按 200% 支付加班工资这一比例。

2. 不定时工时制的加班工资

经批准实行不定时工时工作制的用人单位，劳动者在工作日和休息日延长工作时间的，不需要向其支付加班工资。

但是，工作日是法定节假日的，用人单位须按不低于劳动者本人工资的 300% 支付工资报酬。

3. 计件工资制的加班工资

实行计件工资的劳动者，在完成计件定额任务后，由用人单位安排延长工作时间的，应分别按照不低于其本人法定工作时间计件单价的 150%、200%、300% 支付其工资，即应参照标准工时制的加班标准相应地调整计件单价。

【案例 5-9】

周某于 2020 年 7 月入职某汽车服务公司，双方订立的劳动合同约定月工资为 4000 元（含加班费）。2021 年 2 月，周某因个人原因提出解除劳动合同，并认为即使按照当地最低工资标准认定其法定标准工作时间工资，某汽车服务公司亦未足额支付加班费，要求支付差额。某汽车服务公司认可周某加班的事实，但以劳动合同中约定的月工资中已含加班费为由拒绝支付。周某向劳动仲裁委申请仲裁，请求裁决某汽车服务公司支付加班费差额 17 000 元，获得支持。本案的争议焦点是：某汽车服务公司已与周某约定实行包薪制，是否还需要依法支付周某加班费差额。法院根据《劳动法》（2018）第 47 条《最低工资规定》第 3 条，指出用人单位可以依法自主确定本单位的工资分配方式和工资水平，并与劳动者进行相应约定，但不得违反法律关于最低工资保障、加班费支付标准的规定。

【案例 5-10】

18 名工作人员在某家电企业担任售后维修工作，该工作最大的特点是工作时间无法固定，作为售后维修工作，其工作量大小与售后客户反馈问题多少直接相关。因此，公司约定按照每名工作人员的实际工作量计算工资，即采用法律上的计件工资法，计算每个月实际维修了多少台电器以及每台电器维修的工作量，然后按照该工作量确定每个月的工资。因此，属于完全的多劳多得、不劳不得。这些维修工几乎没有完整的休息时间，特别是双休日及法定节假日均在工作。18 名工作人员自入职以来均未与公司直接签订劳动合同。2008 年《劳动合同法》（2012）实施之后，公司为规避法律风险，曾要求部分工作人员与某劳务派遣公司签订劳动合同。18 名员工诉至劳动仲裁委。2008 年 9 月 5 日，北京市宣武区 ① 劳动仲裁委确认卢某某等人胜诉，该家电企业应支付该案第一批 18 名劳动者约 64 万元的双休日及法定节假日加班费。

▸ 第三节　带薪年假

一、享受带薪年休假的条件

《劳动法》（2018）第 45 条规定，劳动者连续工作 1 年以上的，享受带薪年休假。为落实带薪年假制度，2007 年 12 月国务院第 198 次常务会议通过了《职工带薪年休假条例》。为了保障和增强《职工带薪年休假条例》（以下简称《条例》）的可操作性，人力资源和社会保障部于 2008 年 9 月 18 日颁布了《企业职工带薪年休假实施办法》（以下简称《办法》）。

根据上述《条例》《办法》，凡是与我国境内的用人单位建立劳动关系，且连续工作

---

① 北京市原市辖区，现属于西城区。

12 个月以上的职工，均可以享受带薪年休假。

所谓"连续工作 12 个月以上"，是指职工在同一用人单位连续工作 12 个月以上，《办法》第 3 条规定"职工连续工作满 12 个月以上的，享受带薪年休假"，第 5 条规定"职工新进用人单位且符合本办法第 3 条规定的，当年度年休假天数，按照在本单位剩余日历天数折算确定，折算后不足 1 整天的部分不享受年休假"，以上规定表明职工新进入用人单位享有年休假的条件，是指其在新用人单位连续工作满 12 个月。

需要说明的是，将"连续工作满 12 个月"界定为在本单位连续工作满 12 个月并不影响职工实际享受带薪年休假的天数，因为在新单位连续工作满 12 个月，只是享受带薪年休假的条件；而在计算具体带薪年休假天数时，是按照职工的实际工作年限计算的（即从职工工作之日起计算的），而非按照在本单位的工作年限计算的。此外，如果把职工在进入本单位之前原单位的工作时间计算为连续工作时间的话，就涉及一个对"连续"的认定问题：在两个单位之间间隔多长时间算作连续，还是两个单位之间算作无间断的连续（这基本是不可能的）。

【案例 5-11】

2011 年 6 月 1 日，原告班某与被告某律师事务所签订劳动合同，约定某律所安排班某从事律师助理工作，为期一年，班某的月基本薪资为 3000 元。2012 年 6 月 1 日，双方续签了劳动合同，期限至 2013 年 5 月 31 日。合同到期后，班某继续在某律所工作，但双方未签订劳动合同。班某称其月收入为基本工资 8150 元加饭补 200 元，某律所认可该数额，但认为上述钱款均是其所服务的律师向班某支付的。班某将某律所诉至法院，主张其工作期间应休未休的年休假时间共计 11 天，故对方应支付其未休年休假工资 8445.98 元。法院终审认为，劳动者对其依法享有的年休假待遇，应当拥有依其自由意愿，自主安排休假时间与方式的权利，用人单位安排集体外出旅游替代休假的，应当证明此方式属于双方约定的休假方式或符合单位合法有效的规章制度中的规定，或双方就此形成专门的合意，不具备上述条件的，安排旅游不属于劳动者享受年休假的情况，而应属于用人单位在年休假之外另行提供的奖励或福利①。

二、享受带薪年休假天数的确定

根据《条例》和《办法》，职工只要在本单位连续工作满 12 个月，就可以享受带薪年休假，可以要求用人单位安排带薪年休假；但是，具体带薪年休假天数的确定应按照职工的累计工作年限计算，即实际工作年限计算。

《条例》第 3 条规定："职工累计工作已满 1 年不满 10 年的，年休假 5 天；已满 10 年不满 20 年的，年休假 10 天；已满 20 年的，年休假 15 天。"将计算年休假天数的工作时间确定为职工的实际工作时间，有利于充分保障职工的休息、休假权利。

实践中上述规定缺乏可操作性，主要是职工在进入本单位之前的实际工作年限的举证责任由谁承担，以及如何举证的问题。我国民事诉讼证据相关规定和《劳动争议调解仲裁法》规定了用人单位对劳动者的工作年限负有举证责任，需要明确的是，用人单位仅对职工在本单位的工作年限有举证责任，对于进入本单位之前的工作年限，用人单位没有举证的责任，也不可能进行举证。对于职工进入本单位之前的实际工作年限，虽然法律并未明确规定由单位承担举证责任，但是根据"谁主张、谁举证"的举证原则，职工应对其实际工作年限承担举证责任。

由于我国目前的职工档案管理制度和社保制度不够健全，存在大量职工没有建立档案或未缴纳社保的情形，导致职工举证证明其实际工作年限十分困难；而且由职工承担举证责任，对其提供证据的真实性如何进行判断，也是一个比较困难的问题。可以参考地方的劳动保障部门出台的有关解释。《四川省劳动和社会保障厅关于贯彻执行〈企业职工带薪年休假实施办法〉有关问题的通知》中明确规定：职工可享受年休假天数根据其累计工作时间确定，累计工作时间的计算可以如下有效证明作为依据。（1）职工档案有

---

① 改编自《班某诉某律师事务所劳动争议纠纷案》，（2014）朝民初字第 46620 号、（2015）三中民终字第 12243 号。

记载的累计工作时间；（2）养老保险等社会保险的缴费年限；（3）劳动合同证明的有效工作年限；（4）用人单位职工名册；（5）职工以前工作单位书面证明；（6）其他具有法律效力的证明材料。因此在认定职工实际工作年限的问题时，对有档案或有社保记录的职工，应以档案或社保记载的年限为准；对尚未建立档案或缴纳社保的职工，应根据职工提供的劳动合同、单位证明、职工名册等证据综合认定，并注意审查证据的真实性。

【案例 5-12】

某公司规章制度规定：凡是在本单位连续工作满 5 年的职工，可享受 15 天的带薪年假。甲、乙、丙三人是该单位职工。其中，甲从学校毕业后一直在该公司上班，已在该单位连续工作 7 年；乙在其他单位已经有 14 年工作经验，但是在该公司工作是 3 年前的事；丙已经有 20 年的工作经验，其中包括在该公司连续工作的 3 年。甲、乙、丙三人在本年度应分别享受的年休假天数，可根据《职工带薪年休假条例》第 3 条规定，"职工累计工作已满 1 年不满 10 年的，年休假 5 天；已满 10 年不满 20 年的，年休假 10 天；已满 20 年的，年休假 15 天"确定。由于该条文所确立的带薪年休假标准是法定的最低标准，因此任何用人单位安排劳动者休假都不能低于法定的 5 天或 10 天、15 天（但可以高于该标准），由此可以得出甲、乙、丙三人应享受年休假天数的最低标准分别为 5 天、10 天、15 天。结合该公司规章制度，甲因在该公司已连续工作满 5 年，应当享受公司给予的 15 天年休假福利；乙和丙均不具备该条件，只能按法定标准享受。因此，甲、乙、丙三人在本年度应享受年休假的天数是：甲为 15 天、乙为 10 天、丙为 15 天。

三、不得享受带薪年休假的情形

《条例》第 4 条规定：职工有下列情形之一的，不享受当年的年休假。（1）职工依法享受寒暑假，其休假天数多于年休假天数的；（2）职工请事假累计 20 天以上且单位按照规定不扣工资的；（3）累计工作满 1 年不满 10 年的职工，请病假累计 2 个月以上的；

（4）累计工作满 10 年不满 20 年的职工，请病假累计 3 个月以上的；（5）累计工作满 20年以上的职工，请病假累计 4 个月以上的。因此，当职工享受寒暑假超过应休年休假天数，或请事假、病假累计达到一定数量时，就不能再享受当年的带薪年休假。但当职工享受的寒暑假不足应休年休假天数的，用人单位应当按照不足的天数，安排职工享受年休假。

对于劳务派遣用工的，被派遣职工在劳动合同期限内无工作期间由劳务派遣单位依法支付劳动报酬的天数多于其全年应当享受的年休假天数的，不享受当年的年休假。

若职工在实际享受当年的年休假之后，又出现了《条例》第 4 条规定不应享受年休假的情形，用人单位应取消职工下一年度的带薪年休假。

需要注意的是，职工带薪年休假不应与其他的法定节假日进行折抵，职工依法享受的探亲假、婚丧假、产假等国家规定的假期以及因工伤停工留薪期间不计入年休假假期。

李先生在某公司工作了 5 年之后向公司申请休今年的年休假。公司同意了他的申请并安排在 7 月 15 日—7 月 19 日休假。李先生以 18、19 日是周六、周日为由要求公司调换休假时间，公司不得拒绝。

四、带薪年休假的安排及补偿

《条例》第 5 条规定，尽管年休假是劳动者的法定权利，但劳动者在享受年休假时，也应兼顾单位的利益，因为劳动者在享受带薪年休假时，单位需要根据生产、工作情况进行统筹的安排，而单位在安排年休假时，也应考虑到职工本人的意愿，不能故意刁难职工。单位可对年休假进行集中安排，也可分段安排，但若单位因生产、工作需要，不能安排或不能在本年度安排带薪年休假的，应当征得职工的同意，并按照法律规定支付年休假工资或在下一年度安排。除非职工自愿，单位一般不应跨两个年度不安排职工年休假。

单位经职工同意，未安排年休假或单位不安排年休假的，应按照职工日工资收入的

300% 支付未休年休假工资报酬。这里的"日工资"是指按照职工本人的月工资除以月计薪天数（21.75 天）进行折算；这里的"月工资"不包括加班工资，而是指职工在用人单位支付其未休年休假工资报酬前 12 个月剔除加班工资后的月平均工资。在本用人单位工作时间不满 12 个月的，按实际月份计算月平均工资。

安排职工年休假是用人单位的一项法定义务，除非劳动者书面提出申请不享受年休假的，用人单位可按规定向劳动者支付正常工资，否则单位应按规定支付年休假工资。

若在劳动合同终止或解除时，用人单位未安排职工享受带薪年休假的，无论用人单位与职工因何原因终止或解除劳动合同的，单位均应按照职工未享受年休假的天数，向职工支付带薪年休假工资，但折算后年休假不足一天的，不支付工资。具体年休假天数的计算方法为：（当年度在本单位已过日历天数 ÷365 天）× 职工本人全年应当享受的年休假天数－当年度已安排年休假天数。

▶ 第四节　工作时间

工作时间是指劳动时间，即在企业、事业、机关、团体等单位中，必须用来完成其所担负的工作任务的时间。一般由法律规定劳动者在一定时间内（工作日、工作周）应该完成的工作任务，以保证最有效地利用工作时间。工作时间包括工作时间的长短、工作时间方式的确定等，例如是 8 小时工作制还是 6 小时工作制，是日班还是夜班，是正常工时还是实行不定时工作制，或者是综合计算工时制。工作时间的不同，对劳动者的就业选择、劳动报酬等均有影响，因而成为劳动合同不可缺少的内容。

《劳动法》（2018）明确规定了劳动者每日工作不超过 8 小时，平均每周不超过 44 小时；劳动者每日延长工作时间一般不超过 1 小时，特殊情况不超过 3 小时，每月不超过 36 小时；延长工作时间依法获得高于正常工作时间的报酬；劳动者享受国家法定节假日和带薪年休假等。《劳动法》（2018）第四章对工作时间和休息休假进行专章规定，共 10 条，规定了节假日和延长工作时间的各种情况。《关于〈劳动法〉若干条文的说明》（劳动部，1994）对《劳动法》（2018）的条文作了较详细的解释，具体包括第36～42、第44条。《关于贯彻执行〈劳动法〉若干问题的意见》（劳动部，1995）第60、61、62条和第65～72条对工作时间和休息休假以及延长工作时间的工资报酬作了进一步的解释。《国务院关于工作时间的规定》是我国现行工时制的主要制度依据，它将《劳动法》（2018）规定的工作时间每天8小时，每周不超过44小时，改为每日8小时，每周不超过40小时。在适用法律的时候，应参考后者计算标准工时。

我国现行的工时制度可以分为标准工时制、特殊工时制和限制延长工时制三种。

一、工作时间的认定

工作时间是指依照法律的规定，劳动者在一昼夜或一周之内用于完成本职工作的劳动时间。一昼夜内工作时数的总和称为工作日，一周之内工作日的总和称为工作周。工作时间是衡量每一个劳动者劳动贡献大小的尺度，也是计付劳动报酬的依据。同时，国家通过立法（工时基准法）来规范用人单位支配劳动力的时间，从而保证劳动者的休息时间，以确保劳动者的身心健康。

工作时间具有以下特征。

1. 工作时间制度要符合劳动者的自然生理规律。劳动者创造社会财富必须有一定的时间保证，但同时《宪法》规定劳动者有休息的权利。工作时间的制定既要能保证社会财富增长，又不能超过劳动者的身体承受能力。工时立法是保护劳动者身体健康和维护社会生产正常进行的一项重要措施。国家在制定、修改、废止有关劳动法的法律、法规时，应当以保护劳动者的身体健康为原则。

2. 工作时间是劳动者履行劳动义务的形式（时间）和计发劳动报酬的标准。劳动者按照劳动合同的约定或依法规定的时间从事生产或工作，履行劳动义务，用人单位按照劳动者在工作时间内提供劳动的数量和质量计发劳动报酬。

3. 工作时间是法律明确限定的。工作时间的种类、适用对象、休假制度以及最长时间限度都由法律规定。用人单位安排劳动者工作必须在法律允许的范围内或通过与劳动者协商并得到同意，而不能超越法律规定，侵害劳动者的合法权益。

4. 工作时间是实际工作时间与相关活动时间的总和。工作时间不仅包括实际工作时间，而且包括生产或工作的准备时间、工作结束前的整理与交接时间，以及工间休息时间、人体的自然需要时间、出差和行政活动时间等。即使不是雇主指挥命令下的劳动，只要是实际工作中所必需的，都视为劳动时间。例如，美国最高裁判所将工作结束后的洗手时间也视为劳动时间。将"周"作为工作时间的计量单位，即将 8 小时工作日变为"40 小时工作周"。这将成为当今社会工作时间的标准。国际劳工组织在 1935 年第 47 号公约中规定，劳动时间为 1 周 40 小时，没有规定 1 天的劳动时间。目前，日本有的大企业正在试行周劳动时间为 35 小时制度，这也许将成为今后工时制度的发展趋势。

工作时间制度适用于从事公共事务的国家公职人员和事业单位人员及与用人单位存在雇佣关系的劳动者。这些劳动者主要包括：国家机关、社会团体、企业、事业组织等用人单位的公务员、职员、工人、个体工商户、学徒等。由于职业特点不同，该制度不适用于农民和城乡个体劳动者。

【案例 5-13】

2011 年 2 月 16 日，某超市与唐某订立书面劳动合同，劳动合同约定某超市实行标准工时制，即每日工作不超过 8 小时，每周工作不超过 40 小时，每周至少休息一日。后来双方就工作时间发生纠纷，诉至法院。关于工作时间，双方当事人在一审中均认可，唐某每周上班 6 天。对具体的每日工作时长，唐某主张依据排班表确定，并提供了某超市南坪店熟食部部分排班表。排班表按周排班，其中早早班时间为 5：30—14：00，早班时间为 6：00—14：30，中班时间 10：00—18：30，晚班时间为 14：00—清场，不同时期有细微差异。某超市认为，排班表为工作计划表，在实施过程中可能存在工作时间调整情形，且排班表不完整，不能据此计算工作时间。在一审中，某超市认可的清场时间为 22：00，某超市主张排班时间中包括了 1.5~2 小时的吃饭时间，唐某则主张吃饭是分批进行的、时间一般只有 0.5 小时。

最高人民法院再审认为，某超市主张的工作时间段中含有 1.5~2 小时用餐时间，每周工作时间不超过 40 小时。但排班表上并未标注用餐时间，也没有用餐时间增加工作人员的安排，电子考勤卡亦未有用餐时间刷卡记录，系职工轮换用餐，且用餐期间的工作任务由其他人承担，每人工作任务并未因用餐而减少，所以对某超市主张的扣减 1.5~2 小时用餐时间的主张，法院无法支持。据此可以认定，唐某每周的工作时间为 6 天，每日工作 8 小时。

二、标准工作时间

标准工作时间制度是一项最基本也是最重要的工时制度，适用范围广，法律规定性强，其他一切工时制度都是对这一制度的转化和变通适用，都以其为实行基础和区分标准。

标准工作时间的特点是：第一，它以正常情况作为适用条件，是正常的工作条件；第二，它普遍适用于一般职工；第三，它按正常作息办法安排工时，属于均衡工时制；第四，它一般以法定最长时间作为其时间长度，现行我国法律规定的时间长度是每天不超过 8 小时，每周不超过 40 小时，劳动者每周至少要有一个休息日；第五，它被作为确定其他工作日长度的基础。因此，用人单位在安排工作时间时，必须以此为标准，不能让劳动者超时劳动，否则企业将要承担相应的责任。

《关于职工全年月平均工作时间和工资折算问题的通知》（劳社部发〔2008〕3 号）根据《全国年节及纪念日放假办法》，对职工全年月平均制度工作天数和工资折算办法做出了调整。制度工作时间的计算如下，年工作日：365 天 –104 天（休息日）–11 天（法定节假日）=250 天／年；季工作日：250 天 ÷4 季 =62.5 天／季；月工作日：250 天 ÷12 月 =20.83 天／月；工作小时数的计算：以月、季、年的工作日乘以每日的 8 小时。

【案例 5-14】

某酒店规章制度规定其职工每天工作 5 小时，没有双休日。该制度一直被员工遵守，但后来某个星期天，员工王某因家中有事不能上班，于是提出公司应该有休息日，双方因此发生争议。王某认为："其他企业的职工每周都有两个休息日，我们公司每周也至少应安排一个休息日。"公司总经理反驳道："其他企业员工每天工作时间是 8 小时，我们酒店每天工作时间只有 5 小时，每周工作时间总和只有 35 小时，比《国务院关于职工工作时间的规定》中规定的 40 小时还少 5 小时，所以不再安排休息日。"王某向当地劳动仲裁委提出申诉，要求酒店给予其享受休息日的待遇。劳动仲裁委裁决该酒店给予张先生每周一天的休息日。

三、特殊工时制度

特殊工时制是相对标准工时制而言的，《国务院关于职工工作时间的规定》第 5 条规定："因工作性质或者生产特点的限制，不能实行每日工作 8 小时、每周工作 40 小时标准工时制度的，按照国家有关规定，可以实行其他工作和休息办法。"

目前我国实行的特殊工时制主要有：缩短工时制、综合计算工时制、不定时工时制、计件工时制。《关于企业实行不定时工作制和综合计算工时工作制的审批办法》（劳动部，1994）对特殊工时制进行了规范。

非标准工时形式是适用特殊情形，工时长度和作息办法都不同于标准工时制的工时形式。非标准工时形式有以下几种类型。

（一）缩短工时制

缩短工作日是指法律规定的少于标准工作日时数的工作日，即在特殊条件下从事劳动或有特殊情况时，法律规定在保证完成生产和工作任务的前提下可以适当缩短工作时间。适用这种制度的主要是从事特别艰苦、繁重、有毒有害、过度紧张的劳动者以及在哺乳期的女员工。

《关于职工工作时间的规定》（国务院，1995）第 4 条规定，在特殊条件下从事劳动和有特殊情况，需要适当缩短工作时间的，按照国家有关规定执行。

目前我国在以下 4 种情况下实行缩短工时制。

（1）《纺织工业部、国家劳动总局关于纺织企业实行"四班三运转"的意见》（1979）明确对纺织部门实行"四班三运转"工时制度。

（2）《化学工业部、国家劳动总局关于在有毒有害作业工人中改革工时制度的意见》（1981）对化工行业从事有毒有害作业工人实行"三工一休"制、6 小时至 7 小时工作制和"定期轮流脱离接触"制度。

（3）煤矿井下实行四班 6 小时工作制。

（4）建筑、冶炼、地质、勘探、森林采伐、装卸搬运等行业和部门均从事繁重体力劳动，劳动强度高，用人单位应依本行业或部门的特点，实行各种形式的缩短工时制。

夜班工作时间实行缩短 1 小时制。夜班工作时间一般指当晚 10 时至次日晨 6 时从事劳动或工作的时间。夜班工作改变了正常的生活规律，增加了神经系统的紧张状态，因而夜班工作时间比标准工时减少了 1 小时。

《女职工劳动保护规定》（国务院，1998）称，有不满 1 周岁婴儿的女职工，可在每班劳动时间有两次哺乳（含人工喂养）时间，每次 30 分钟；多胞胎生育的，每多哺乳一个婴儿，每次哺乳时间增加 30 分钟。女职工每班劳动时间内的两次哺乳时间可以合并使用。

《中华人民共和国未成年人保护法》（1991）规定，未成年工（年满 16 岁未满 18 周岁的劳动者）工作日的工作时间低于 8 小时。

（二）延长工作时间

1. 延长工作时间的概念

延长工时指劳动者超出正常工作时间，在应该休息的时间内进行工作，是工作时间在休息时间中的延伸。为了确保劳动者的休息权，法律必须对它进行限制。《劳动法》（2018）规定，我国将延长工时区别为两类情况，分别加以限制。

延长工时是受法律严格限制的。《劳动法》（2018）第 43 条规定："用人单位不得违反本法规定延长劳动者的工作时间。"《关于职工工作时间的规定》（国务院，1995）第 6 条规定："任何单位和个人不得擅自延长职工工作时间，因特殊情况和紧急任务确需延长工作时间的，按照国家有关规定执行。"一般情况下，延长工时的限制措施主要包括以下三方面内容。

一是程序限制。延长工作时间有两重协商程序。用人单位由于生产经营需要，须与工会和劳动者协商，方可延长工作时间。二是时数限制。用人单位延长工时，一般每日不得超过 1 小时；因特殊原因需要延长工作时间的，在保障劳动者身体健康的条件下，工作时间每日不得超过 3 小时，每月不得超过 36 小时。《劳动法》（2018）第 41 条规定："用人单位由于生产经营需要，经与工会和劳动者协商后可以延长工作时间，一般每日不得超过 1 小时；因特殊原因需要延长工作时间的，在保障劳动者身体健康的条件下延长工作时间每日不得超过 3 小时，但是每月不得超过 36 小时。"三是报酬限制。用人单位安排劳动者延长时间工作，必须按照我国《劳动法》（2018）规定支付高于正常工作时间工资的报酬。（1）用人单位依法安排劳动者在法定标准工作时间以外延长工作时间的，按照不低于劳动合同规定的劳动者本人小时工资标准的 150% 支付劳动者的工资；（2）用人单位依法安排劳动者在法定休息日工作，而又不能安排补休的，按照不低于劳动合同规定的劳动者本人日或小时工资标准的 200% 支付劳动者工资；（3）用人单位依法安排劳动者在法定休假节日工作的，按照不低于劳动合同规定的劳动者本人日或小时工资标准的 300% 支付劳动者工资。

为了更好地计算延长工时，《上海市企业工资支付暂行办法》对加班加点工资计算标准作了具体规定：在正常情况下，日工资是以本人月实得工资的 70%，除以每月制度工作天数。实行每周 40 小时工时制的，每月制度工作天数为 21.5 天；实行每周 44 小时工时制的，每月制度工作天数为 23.5 天。小时工资的计算是以日工资除以 8 小时。

我国除对延长工时作了一般规定，还针对特殊工时制度以及特殊情况作了特殊规定。

一是针对特殊工时制度的规定。实行计件工资的劳动者，在完成计件定额任务后，由用人单位安排延长工作时间的，应根据延长工时的规定，分别按照不低于其本人法定工作时间计件单价的150%、200%和300%的标准支付其工资。实行综合计算工时工作制的劳动者，其综合计算工作时间超过法定标准工作时间的部分，应视为延长工作时间，支付报酬；在规定时间内，工作日是周休息日的属于正常工作，工作日是法定节假日的，要依照劳动法关于延长工时的规定，支付工资报酬。实行不定时工时制度的劳动者，不执行延长工时的有关规定。

二是针对经济和社会生活中的一些特殊情况的规定。《劳动法》（2018）第42条和《劳动部贯彻〈国务院关于职工工作时间的规定〉的实施办法》规定，特殊情况包括以下五类。（1）发生自然灾害、事故或者因其他原因，威胁劳动者生命健康和财产安全，需要紧急处理的；（2）生产设备、交通运输线路、公共设施发生故障，影响生产和公众利益，必须及时抢修的；（3）必须利用法定节日和公休假日的停产期间进行设备检修、保养的；（4）为完成国防紧急任务，或者完成上级在国家计划外安排的其他紧急生产任务，以及商业、供销企业在旺季完成收购、运输、加工农副产品紧急生产任务的；（5）法律、行政法规规定的其他情形。出现特殊情况的，可以不受上述时数限制和程序限制，但仍受报酬限制，必须按规定支付高于劳动者正常工作时间工资的报酬。

三是对用人单位违反法律、法规强迫劳动者延长工作时间的，劳动者有权拒绝。若由此发生劳动争议，劳动者可以提请劳动争议处理机构予以处理。

【案例 5-15】

在某劳动争议案中，法院认为，劳动合同具有人身属性，劳动者享有辞职的权利。尚某要求与轴承公司解除劳动合同，依法应当支持。但劳动者在单方行使解除劳动合同的权利时，必须符合我国相关的劳动法律法规规定，否则在一定条件下需向用人单位支付违约金。本案中，轴承公司确实存在加班的事实，但法院难以确认尚某每日的具体工作时间。考虑双方劳动合同约定的工资已含有加班工资，轴承公司每月向尚某所发工资达 5300 元，另外还有奖金，法院推定轴承公司所发工资已满足了尚某的加班工资。尚某以工时过长，要求解除劳动合同，并不符合法律赋予劳动者可以单方解除劳动合同权利的相关规定。从兼顾公平的角度出发，当劳动者是用人单位出资招用、培训或用人单位为劳动者提供其他特殊待遇的，不论双方是否另行约定服务期，原劳动合同中约定的违约金条款均应被履行。在双方约定的尚某待遇之外，轴承公司还为尚某免费提供住房，属于提供了特殊待遇。而尚某在请假期满后，拒不到轴承公司上班，违反了双方约定，现其单方解除劳动合同，不符合法律规定的劳动者单方解除劳动合同的条件，故其应当承担违约责任。双方约定的违约金为 10 万元，法院参照双方约定的违约金数额、轴承公司利润的损失、尚某的工资报酬、轴承公司为尚某提供住房等因素，并遵循公平、合理的原则，酌定尚某应支付轴承公司违约金 2 万元。在法院作出判决后，尚某仍不服，提起上诉。南通市中级法院审理后认为原审判决认定事实清楚，判决并无不当，作出了维持原判的终审判决。

2. 延长工作时间的一般规定

一般情况下，用人单位由于生产经营的需要，可以延长工作时间。《劳动法》（2018）第 41 条规定："用人单位由于生产经营需要，经与工会和劳动者协商后可以延长工作时间，一般每日不得超过 1 小时；因特殊原因需要延长工作时间的，在保障劳动者身体健康的条件下延长工作时间每日不得超过 3 小时，但是每月不得超过 36 小时。"

用人单位延长工作时间必须符合以下规定。其一，用人单位延长工作时间必须符合法定条件。（1）必须是生产经营需要。（2）必须与工会协商。我国《工会法》规定：企业、事业单位违反国家有关劳动（工作）时间的，工会有权要求企业、事业单位行政方面予以纠正。用人单位需要延长工作时间时，必须征求工会的意见，工会可以审查用人单位延长工作时间是否符合法律规定。（3）必须与劳动者协商。用人单位需要延长工作时间时，还应当与劳动者协商，征得劳动者的同意，不得强迫劳动。其二，用人单位延长工作时间不得超过法定时数。《劳动法》（2018）规定，用人单位延长工作时间每日不得超过 1 小时，特殊原因需要延长工作时间的，每日不得超过 3 小时，但每月不得超过 36 小时。用人单位如果违反规定延长工作时间的，要承担相应的法律责任。《劳动法》（2018）第 90 条规定："用人单位违反本法规定，延长劳动者工作时间的，由劳动行政部门给予警告，责令改正，并可以处以罚款。"

3. 延长工作时间的特殊规定

除了一般情况下的延长工作时间的规定，《劳动法》（2018）还规定，在特殊情况下，如果出现危及国家财产、集体财产和人民生命安全的紧急事件，那么延长工作时间制不受《劳动法》（2018）第 41 条的限制，即也不受一般情况下延长工作时间的条件和法定时数的限制。

《劳动法》（2018）第 42 条规定，有下列情形之一的，延长工作时间不受第 41 条的限制。（1）发生自然灾害、事故或者因其他原因，威胁劳动者生命健康和财产安全，需要紧急处理的。（2）生产设备、交通运输线路、公共设施发生故障，影响生产和公众利益，必须及时抢修的。（3）法律、行政法规规定的其他情形。国务院《关于职工工作时间的规定的实施办法》规定的其他情形包括：（1）在法定节目和公休假日内工作不能间断，必须连续生产、运输或者营业的；（2）必须利用法定节日或公休假日的停产期间进行设备检修、保养的；（3）为完成国防紧急任务的；（4）为完成国家下达的其他紧急生产任务的。

4. 工资支付

劳动者延长工作时间，即增加了额外的工作量，需要付出更多的劳动和消耗。为此，《劳动法》（2018）规定，用人单位安排劳动者延长工作时间的，应当"支付高于劳动者正常工作时间的工资报酬"。这样规定，一方面能够补偿劳动者额外的劳动和消耗，保护劳动者的身体健康；另一方面能够较有效地抑制用人单位随意延长工作时间行为，从而保护劳动者的合法权益。

根据《劳动法》（2018）规定，用人单位延长工作时间必须按以下标准支付劳动者工资报酬。（1）在标准工作时间以外延长工作时间的，支付不低于工资的 150% 工资报酬。（2）在休息日安排劳动者工作又不能安排补休的，支付不低于工资的 200% 工资报酬。

（3）在法定休假节日安排劳动者工作的，支付不低于工资的 300% 工资报酬。（4）实行计件工资的劳动者，用人单位安排延长工作时间的，应根据上述原则，分别按照不低于本人法定工作时间计件单价的 150%、200%、300% 支付其工资。实行综合计算工作时间的，超过法定标准工作时间部分应视为延长工作时间。实行不定时工作时间的劳动者，不执行上述规定。

【案例 5-16】

新任厂长对效益急剧下滑的某工艺品厂进行大刀阔斧的改革：要求各车间进行定岗定员，让富余职工统统下岗；要求各车间调整工人的工时定额。根据这个改革方案，加工车间的工人由原来的 25 名缩减到 16 名；原来一名工人每小时须加工 4 件产品的定额调整为 7 件。同时，厂里还规定：工人们每月按时完成定额的，可以领到全额工资；完不成定额的，只能领到本地的最低工资。工人们对新的劳动定额感到了压力。为了完成定额以便领到自己的全额工资，他们出满勤干满点。工作一段时间后，工人们发现即使这样满负荷工作，到月底也肯定完不成定额，这样势必影响每个人的工资。于是，在接下来的半个月中，全车间 16 名工人只得牺牲午休时间和下班后的部分时间抢活儿，这样每人每天至少额外工作 3 小时以上。但即使如此，到月底仍然有 9 名工人因未完成定额而只能领取 310 元的最低工资。为此，16 名工人集体联名上书，要求厂长压缩定额，并向 9 名未完成定额的工人支付全额工资，同时，还应向全车间工人支付延长工作时间的加班费。厂长坚持自己既定的改革措施：未完成定额的工人只能根据规定领最低工资，工人们要求厂里向他们支付全额工资纯属无理要求；延长工作时间是工人们自愿做的，厂里并没有进行强制性安排，也没有强行要求工人们加班；尽管工人们这种做法和精神值得表扬，但厂里并不提倡工人因完不成定额而加班，所以厂里不能支付加班费。工人们则集体向劳动仲裁委提出仲裁申请。

（三）不定时工时制

不定时工时制，也称不定时工作制、不定时工作日，是指没有固定工作时间限制的工作日，是指因工作性质和工作职责的限制，劳动者的工作时间不能受固定时数限制的工时制度。实践中的标准工时制、缩短工时制、综合计算工时制都是一种定时工作制，是依据工作时间来计算劳动量，而不定时工作制是一种直接确定职工劳动量的工作制度。对于实行不定时工作制的职工，用人单位应按《劳动法》（2018）规定，参照标准工时制核定工作量并采用弹性工作时间等适当方式，确保职工的休息休假权利和生产、工作任务的完成。

适用范围：不定时工时制主要适用于因生产特点不适合标准工时制，并具有如下条件之一的资方。

企业中的高级管理人员、外勤人员、推销人员、部分值班人员和其他因工作无法按标准工作时间衡量的职工。

企业中的长途运输人员、出租汽车司机和铁路、港口、仓库的部分装卸人员以及因工作性质特殊，须机动作业的职工。

其他因生产特点、工作特殊需要或职责范围的关系适合实行不定时工作制的职工。"其他"的范围各省市规定不一，但总的趋势是很广的。例如，上海市规定企业的消防和急救值班人员、值班驾驶员等，可实行不定时工时工作制。江苏省则规定，对于实行年薪制的企业高级管理人员，双方可约定不再另行支付加班工资。

企业实行不定时工作制的，应履行审批手续。实行不定时工时制的审批程序与实行综合计算工时制的审批程序完全一样。

《关于企业实行不定时工作制和综合计算工时制的审批办法》规定，中央直属企业实行不定时工作制的，要经国务院行业主管部门审核，报国务院劳动行政部门批准；地方企业实行不定时工作制的审批办法，由各省、自治区、直辖市人民政府劳动行政部门核定，报国务院劳动行政部门备案。经批准实行不定时工作制的职工，不受《劳动法》（2018）第41条规定的日延长工作时间标准和月延长工作时间标准的限制，但用人单位应采取弹性工作时间等适当的工作和休息方式，确保职工的休息休假权利和生产、工作任务的完成。实行不定时工作制的职工，其工作日长度超过标准工作日的，不算作延长工作时间，用人单位不给予其延长工作时间的工资报酬。

（四）综合计算工时制

综合计算工时制，也称综合计算工时工作制，是以标准工作时间为基础，以一定的期限为周期，综合计算工作时间的工时制度。实行这种工时制度的用人单位，计算工作时间的周期可以是周、月、季、年，但其平均日工作时间和平均周工作时间应与法定标准工作时间基本相同。用人单位应在保障职工身体健康并充分听取职工意见的基础上，采用集中工作、集中休息、轮休轮调等适当方式，确保职工的休息休假权利和生产、工作任务的完成。

现行法律法规规定，企业因生产特点不能实行标准工时制并具有如下条件之一的，可实行综合计算工时制。（1）交通、铁路、邮电、水运、航空、渔业等行业中因工作性质特殊，须连续作业的职工；（2）地质及资源勘探、建筑、制盐、制糖、旅游等受季节和自然条件限制的行业的部分职工；（3）其他适合实行综合计算工时工作制的职工。"其他"的范围很广，对于那些在市场竞争中，由于外界因素的影响，生产任务不均衡的企业的部分职工，在经劳动行政部门严格审批后，可以采用综合计算工时工作制。例如，上海市规定，因受季节条件限制，淡旺季节明显的瓜果、蔬菜等食品加工单位和服装生产，以及宾馆、餐馆的餐厅和娱乐场所的服务员等可实行综合计算工时工作制。

原劳动部《关于企业实行不定时工作制和综合计算工时工作制的审批办法》（劳部发〔1994〕503号）规定，实行综合计算工时制的审批程序是：中央直属企业经国务院行业主管部门审核、报国务院劳动行政部门批准后，可实行综合计算工时制。地方企业实行综合计算工时制的审批办法由各省、自治区、直辖市人民政府劳动行政部门制定，报国务院劳动行政部门备案。上海市劳动局在转发劳动部规定时，根据上海市的实际情况，对审批办法做了进一步的具体规定。（1）中央直属企业，经其主管部门审核后，报国家劳动部批准，报市劳动局备案；（2）市属企业经其主管部门审核后，报市劳动局批准，报所在区、县劳动局备案；（3）区县属企业经其主管部门审核后，报区、县劳动局批准；（4）外商投资企业按现行管理体制分别报市、区、县劳动局审批；（5）其他无主管部门的企业，报所在区、县劳动局批准。各级主管部门和劳动行政部门在审批过程中要加强管理，严格执行。对不符合规定和未经批准而擅自实行综合计算工时制的企业，应坚决予以纠正。对情节严重的，还要依据有关规定给予处理或处罚。

实行综合计算工时工作制的企业在保障职工身体健康并听取职工意见的基础上，可采用集中工作、集中休息、轮流调休、弹性工作时间等方式，以确保职工的休息休假权利和生产工作任务完成。同时，各企业主管部门应积极创造条件尽可能使企业的生产任务均衡合理。

实行综合计算工时工作制的企业，在综合计算周期内，如果劳动者的实际工作时间总数超过该周期的法定标准工作时间总数，超过部分应视为延长工作时间。如果在整个综合计算工作时间周期内的实际工作时间总数不超过该周期的法定标准工作时间总数，只是该周期内的某一具体日（或周、月、年、季）超过法定标准工作时间，其超过部分不应视为延长工作时间。实行综合计算工作日制度是从部分企业生产实际出发，允许企业实行相对集中工作、集中休息的工作制度，以保证生产的顺利进行和劳动者的合法权益。但是，在审批综合计算工时工作制过程中应要求企业做到以下几点。（1）企业实行综合计算工时工作制以及在实行过程中采取何种工作方式，必须与工会和劳动者协商。（2）对于第三级以上体力劳动强度的工作岗位，劳动者每日连续工作时间不得超过11小时，而且每周至少休息一天。

（五）计件工时制

计件工时制，也称计件工作制，计件工作时间是指以劳动者完成一定劳动定额为标准的工作时间。从本质上来说，计件工作的劳动者实行的是一种特殊类型的不定时工作制。其特点在于，直接用一定时间内完成的产品量或作业量来计算劳动者的工作成果，把工作量和工作成果联系起来，体现劳动效率。《劳动法》（2018）第37条规定："对实行计件工作的劳动者，用人单位应当根据本法第36条规定的工时制度合理确定其劳动定额和计件报酬标准。"实行计件工作的用人单位，必须以劳动者在一个标准工作日或一个标准工作周的工作时间内能够完成的计件数量为标准，确定劳动者日或周的劳动定额。实行新的工时制度后，用人单位应既保证劳动者享受缩短工时的待遇，又尽量保证劳动者的计件工资收入不减少。如果适当调整劳动定额，在保证劳动者计件工资收入不降低的前提下，计件单价可以不作调整；如果调整劳动定额有困难，就应该考虑适当调整劳动者计件单价，以保证劳动者的收入不减少。

所谓劳动定额，是指在一定的生产技术和生产组织条件下，为生产一定量合格产品或完成一定量的工作所预先规定的劳动消耗标准，或是在单位时间内预先规定的完成合格产品数量的标准。劳动定额包括以下两种形式。（1）时间定额，是指生产单位合格产品或完成一定工作所需要的时间；（2）产量定额，是指单位时间内应生产的合格产品的数量。劳动定额水平计算，必须有科学的依据，按"先进合理"的原则来确定。所谓"先进合理"，即在正常生产情况下，经过一定的努力，大多数工人按标准工作时间劳动，能够完成定额。

所谓计件报酬标准，是指预先规定的用以计算劳动者劳动报酬的计件单位。计件报酬标准体现了劳动成果与劳动报酬的关系，直接影响职工的工资水平和企业的经济核算，因此，确定计件报酬标准，也必须以标准工时制为基础，根据科学的方法，使劳动报酬能够准确地反映出劳动者付出的劳动量，真正体现按劳分配原则。

▸ 第五节　合规措施

由于现行法律对加班的限制较为严格，导致加班的工资成本较高，建议用人单位在设计加班制度时应当谨慎，做好以下合规措施。一是提高正常工作时间的工作效率，尽量减少加班。二是因企业自身生产特点无法避免加班情况的，建议采取以下措施。（1）除了实施标准工时制之外，一定要与工会或劳动者进行事先协商。（2）实行严格的加班书面审批制度，同时在规章制度中明确员工未获审批擅自延长工作时间的不视为加班，以便在发生劳动争议时用人单位可以充分举证，同时也可以防止员工为获得加班费而恶意加班；特殊工时制超过期限的，应该重新申请，经批准后才能重新实施。（3）不要随意扩大特殊工时制的适用范围，或以实施特殊工时制为名随意延长劳动者工作时间、不支付加班费等。（4）如果安排员工在休息日加班的，应当首先安排补休，如果无法安排，应按法定标准发放加班费。（5）合理约定加班工资的基数，要通过双方的平等协商，确定合理的加班工资基数，有效控制加班工资成本。

对于带薪年假，建议做好以下合规措施：（1）保障每位员工休带薪年假的法定权利，除非员工本人作出书面放弃休假权利的承诺；对员工未休年假的天数均应给予法定的报酬，且应当在应休年假年度内给付。（2）如不能安排员工休假或安排休假的天数不够法定天数的，应在本年度内对员工未休年假的天数，按照其日工资收入的300%支付工资报酬；日工资收入按照雇员本人的月工资除以月计薪天数（21.75天）进行折算[①]。（3）在当年度内给付雇员应休年假的报酬，否则将构成拖欠工资。根据《劳动合同法》（2012）相关规定，雇员有权随时通知解除劳动合同并可以以被迫为由，主张获得解除劳动合同的经济补偿金。（4）员工离职时，可以就其应当享受而未享受的年休假天数要求企业支付300%的工资报酬，其应享受的年休假天数按员工当年已工作时间折算，不足一整天的部分不支付未休年休假工资报酬；雇员在离职前已休年休假的，多于折算应休年休假的天数不再扣回。

---

① 这里的"月工资"是指劳方在资方支付其未休年休假工资报酬前12个月剔除加班工资后的月平均工资。在本用人单位工作时间不满12个月的，按实际月份计算月平均工资。

第六章

工伤保险

社会保险是政府通过立法强制实施，帮助劳动者及其亲属在面临年老、疾病、工伤、生育、失业等风险时，能够保障其基本生活需求的社会保障制度。社会保险强调劳动者、劳动者所在用人单位，以及国家三方共同筹资，体现了国家和社会对劳动者提供基本生活保障的责任。社会保险由国家强制实施，是劳动合同不可缺少的内容。社会保险由国家成立的专门性机构进行基金的筹集、管理及发放，不以盈利为目的。社会保险体系主要由养老保险、医疗保险、失业保险、工伤保险和生育保险五个项目组成。

【案例 6-1】

尹某于 2004 年 2 月 28 日至 2012 年 8 月 1 日在蓬江区某运输队从事搬运工作，双方没有签订劳动合同，工作期间不需要考勤，工资以现金形式发放并签收，某运输队也没有为尹某参加社保和缴纳社保费。尹某多次向某运输队提出要求单位为其参保未果。尹某认为某运输队没有依法为其购买社会保险，严重违反劳动法，于 2012 年 9 月 6 日申请劳动仲裁，要求解除其与某运输队的劳动关系，并要求某运输队支付经济补偿金。劳动仲裁委裁决支持尹某的仲裁请求。劳动仲裁委根据《劳动法》（2018）第 72 条、《社会保险法》第 58 条之规定，指出用人单位为劳动者参加社会保险和缴纳社会保险费是用人单位应承担的法定义务。根据《劳动合同法》第 38 条第 1 款第 3 项、第 46 条第 1 款之规定，指出本案中因运输队一直没有为尹某参加社会保险和缴纳社保费，所以尹某与运输队解除劳动关系，并要求某运输队支付经济补偿金，符合法律规定。但因《劳动合同法》施行前，用人单位未为劳动者参加社会保险，与其相关的理由并非劳动者可以解除劳动关系及要求用人单位支付经济补偿的法定事由，故用人单位向劳动者支付经济补偿金应从2008年1月1日《劳动合同法》施行起计算。

本书重点讨论工伤保险合规。所谓工伤，又称职业伤害、工业伤害，是指劳动者在从事职业活动或者与其相关的活动中所遭受的不良因素的伤害和职业病伤害。《工伤保险条例》（2010年修订）从工伤认定、劳动能力鉴定、工伤保险待遇、法律责任等方面都作了具体规定。

一、明确工伤认定的七种法定情形

依据《工伤保险条例》第14条规定，应当认定为工伤的法定情形有七种。

（一）在工作时间和工作场所内，因工作原因受到事故伤害。需要关注的是，在工作时间和工作场所内受到伤害，即使是用人单位或者社会保险行政部门没有证据证明是非工作原因导致的，亦可被认定为工伤。

【案例6-2】
提前离岗发生交通事故不属于工伤

在审理某案时法院认为，根据《最高人民法院关于审理工伤保险行政案件若干问题的规定》第6条规定，对社会保险行政部门认定下列情形为"上下班途中"的，人民法院应予以支持：在合理时间内往返于工作地与住所地、经常居住地、单位宿舍的合理路线的上下班途中。对于工伤认定之"上下班途中"的判断，法院除要考量职工是否在上下班合理路途外，还需要参照上下班合理时间因素综合判断，只有在上下班途中遭遇的交通事故才可能认定为工伤。若将职工擅自离岗时间视同正常下班时间，并让单位承担该有害行为所带来的风险，显然对单位不公平。故职工正常的上下班或者经过单位许可的上下班，且上下班的时间与工作时间紧密相连，才符合上下班途中的时间要求。结合本案证据，涉案公司提供了单位的劳动记录管理制度等证据，参照正常的公司上下班时间，以及事故发生时间，可以确定当事员工是提前离开了工作岗位，该行为不属于职工正常的上下班时间范畴，不符合"上下班途中"的时间要求。上诉人的上诉理由不成立，法院对其上诉请求不予支持。综上，原审判决认定事实清楚，适用法律正确，程序合法。

（二）工作时间前后在工作场所内，从事与工作有关的预备性或者收尾性工作受到事故伤害。所谓"预备性工作"，是指在工作前的一段合理时间内，从事与工作有关的准备工作，诸如运输、备料、准备工具等。所谓"收尾性工作"，是指在工作后的一段合理时间内，从事与工作有关的收尾性工作，诸如清理、安全贮存、收拾工具和衣物等。

（三）在工作时间和工作场所内，因履行工作职责受到暴力等意外伤害。合规要点是，"因履行工作职责受到暴力等意外伤害"是指受到的暴力伤害与履行工作职责有因果关系。

【案例 6-3】
值班上厕所遭强奸应认定为工伤

二审法院判决，如果王女士不值班，就不会受到性侵，故遭受性侵与其履行工作职责具有因果关系。法院认为，本案各方当事人对王女士在工作时间和工作场所内遭受田某某性侵的事实没有争议，争议的焦点在于以下几点。

（1）王女士遭受性侵是否与履行工作职责具有因果关系；（2）王女士遭受性侵所产生的精神伤害结果是否符合《工伤保险条例》第 14 条第 3 款规定的伤害条件。关于争议焦点（1），根据查明的事实，王女士在公司配电房值班期间去卫生间途中遭受田某某性侵。王女士与田某某之间并无个人恩怨，田某某选择王女士作为侵害对象具有随机性，但如果王女士不是为了履行工作职责，则不会受到田某某的性侵，故王女士遭受的性侵与其履行工作职责具有因果关系。关于争议焦点（2），王女士在受到性侵后，出现双侧颞叶轻度萎缩、社会功能缺陷，司法鉴定中心的鉴定意见为：王女士的诊断为适应障碍——长期的抑郁性反应，该病的发生与 2017 年 3 月 29 日发生的侵害事件存在因果关系。

《工伤保险条例》并未将精神伤害结果排除在外，只要伤害结果与受到的暴力伤害行为具有因果关系即符合认定工伤的要素，故王女士遭受性侵后出现的精神伤害结果符合《工伤保险条例》第14条第3款规定的伤害条件。综上，王女士在工作时间和工作场所内，因履行工作职责受到暴力伤害，符合《工伤保险条例》第14条第3款规定的情形。人社局认为《工伤保险条例》第14条第3款规定的"受到暴力等意外伤害的"与"履行工作职责"之间必须具有直接因果关系一点，没有法律依据，且其与《工伤保险条例》保障工伤职工合法权益的立法精神相违背，故对主张劳动者遭受暴力侵害与履行工作职责没有直接因果关系便不应被认定工伤的上诉理由，不予支持。

（四）患职业病。合规要点为，职业病诊断和诊断争议的鉴定应依照职业病防治法的有关规定执行；对依法取得职业病诊断证明书或者职业病诊断鉴定书的，社会保险行政部门不再进行调查核实可直接认定工伤。

（五）因工外出期间，由于工作原因受到伤害或者发生事故，下落不明，合规要点有以下三点。一是明确"因工外出期间"包括的具体情形：（1）员工受用人单位外派或者因工作需要在工作场所以外从事与工作职责有关的活动期间；（2）员工受用人单位指派外出学习或者开会期间；（3）员工因工作需要的其他外出活动期间。二是明确工资发放要求：（1）员工因工外出期间发生事故下落不明的，从事故发生当月起3个月内照发工资，从第4个月起停发工资，由工伤保险基金向其供养亲属按月支付供养亲属抚恤金；（2）生活有困难的，可以预支一次性工亡补助金的50%；（3）员工被法院宣告死亡的，按照《工伤保险条例》第39条职工因工死亡的规定处理。三是明确例外情形，即员工因工外出期间因从事与工作或者受用人单位指派外出学习、开会无关的个人活动受到伤害，不能认定工伤。

（六）在上下班途中，受到非本人主要责任的交通事故或者城市轨道交通、客运轮渡、火车事故伤害，合规要点有三。一是明确"上下班途中"的情形：（1）在合理时间内往返于工作地与住所地、经常居住地、单位宿舍的合理路线的上下班途中；（2）在合理时间内往返于工作地与配偶、父母、子女居住地的合理路线的上下班途中；（3）从事属于日常工作生活所需要的活动，且在合理时间和合理路线的上下班途中；（4）在合理时间内其他合理路线的上下班途中。二是明确"非本人主要责任"事故的两种情形，即非本人主要责任的交通事故和非本人主要责任的城市轨道交通、客运轮渡和火车事故。三是明确"交通事故"的含义，是指《道路交通安全法》第119条所规定的车辆在道路上因过错或者意外造成的人身伤亡或者财产损失事件。"车辆"是指机动车和非机动车；"道路"是指公路、城市道路和虽在单位管辖范围但允许社会机动车通行的地方，包括广场、公共停车场等用于公众通行的场所。

【案例6-4】
下班途中交通事故定工伤 ①

在审理本案时，法院认为，本案争议的焦点为吴某某事故当日是否有请假的事实，其返家途中发生交通事故是否属于《工伤保险条例》第14条第6款规定的"上下班途中"。

1.对"上下班途中"的理解与适用应当遵循立法本意。《工伤保险条例》第一条规定："为了保障因工作遭受事故伤害或者患职业病的职工获得医疗救治和经济补偿，促进工伤预防和职业康复，分散用人单位的工伤风险，制定本条例。"由此可见，工伤认定的主要目的在于保障职工因工负伤或患病获得经济补偿的权利，同时督促用人单位履行相应的义务，因而，对职工是否属于"上下班途中"的理解与适用均应以此为基础，一方面督促用人单位积极履行义务，另一方面防止职工滥用权利，这也是《工伤保险条例》的立法本意所在。

2.判断职工是否具有"上下班"的主观目的是解决本案的关键所在。人力资源和社会保障部2016年发布的《关于贯彻落实人社部关于执行〈工伤保险条例〉若干问题的意见（二）的通知》中的第6条规定："职工以上下班为目的、在合理时间内往返于工作单

---

① 改编自黄瑶、汤龙：《重庆四中院判决吴某某诉某自治县人社局工伤行政确认案》，载自《人民法院报》，2017年。

位和居住地之间的合理路线，视为上下班途中。"现实中，职工"上下班"目的的具体表现形式复杂多样，如到单位参加会议或完成交办任务、按照单位要求到指定地点参加单位组织的集体活动等，但无论具体工作内容为何，"上下班"的主观目的均应以合理性为基础，而不应违背一般常识。如果职工明显不具备"上下班"的主观目的，虽然形式上符合"上下班途中"的要件，也不应被认定为工伤。综上，本案中无充分证据证明吴某某 2016 年 6 月 5 日有请假的事实，且事故发生当日早上吴某某到达某煤矿，至于吴某某事故当日是否进入某煤矿安全培训会会场参会则属于有无违反某煤矿劳动纪律的问题，不能据此推定吴某某当日到某煤矿只是为了领取端午节福利，而否认其上班的性质。故因此吴某某 2016 年 6 月 5 日到达某煤矿并在某煤矿放假后返家途中发生的交通事故属于《工伤保险条例》第 14 条第 6 款规定的情形，某自治县人社局认为吴某某发生的事故不符合上述法律规定，属于适用法律错误，依法驳回上诉。

（七）法律、行政法规规定应当认定为工伤的其他情形，这是兜底条款。

二、视同工伤的三种法定情形

《工伤保险条例》第 15 条规定，可以视同工伤的情形有三种。

（一）在工作时间和工作岗位，突发疾病死亡或者在 48 小时之内经抢救无效死亡。所谓"突发疾病"，包括各类疾病，不要求与工作有关联。"48 小时"的起算时间，以医疗机构的初次诊断时间作为突发疾病的起算时间。

（二）在抢险救灾等维护国家利益、公共利益活动中受到伤害，此种情形无须符合工作时间、工作地点、工作原因等因素要求。

【案例6-5】
见义勇为受伤属工伤 [①]

法院认为，罗某某不顾个人安危与违法犯罪行为作斗争，既保护了他人的个人财产和生命安全，也维护了社会治安秩序，弘扬了社会正气。根据《工伤保险条例》第15条第1款第2项规定，虽然职工不是在工作地点、因工作原因受到伤害，但其是在维护国家利益、公共利益活动中受到伤害的，也应当按照工伤处理。公民见义勇为，跟违法犯罪行为作斗争，与抢险救灾一样，同样属于维护社会公共利益的行为，应当予以大力提倡和鼓励。因见义勇为、制止违法犯罪行为而受到伤害的，应当适用《工伤保险条例》第15条第1款第2项，即视同工伤。另外，《重庆市鼓励公民见义勇为条例》为重庆市地方性法规，其第19条、第21条进一步明确规定，见义勇为受伤视同工伤，享受工伤待遇。该条例上述规定符合《工伤保险条例》的立法精神，有助于最大限度地保障劳动者的合法权益、最大限度地弘扬社会正气，在本案中予以适用。

（三）职工原在军队服役，因战、因公负伤致残，已取得革命伤残军人证，到用人单位后旧伤复发。需要注意的是，已取得革命伤残军人证的职工在用人单位旧伤复发，不再享受一次性伤残补助金，但可以享受其他工伤保险待遇。

三、司法解释认定工伤的四种情形

《最高人民法院关于审理工伤保险行政案件若干问题的规定》第4条规定，以下四种情形可被认定为工伤。

（一）职工在工作时间和工作场所内受到伤害，用人单位或者社会保险行政部门没有证据证明是非工作原因导致的。

[①] 改编自《指导案例94号——重庆市某物业管理有限公司诉重庆市某人力资源和社会保障局劳动和社会保障行政确认案》，经最高人民法院审判委员会讨论通过，2018年6月20日发布。

（二）职工参加用人单位组织或者受用人单位指派参加其他单位组织的活动受到伤害的。

（三）在工作时间内，职工来往于多个与其工作职责相关的工作场所之间的合理区域因工受到伤害的。

（四）其他与履行工作职责相关，在工作时间及合理区域内受到伤害的。

四、有关答复认定工伤的三种情形

（一）国务院法制办《关于职工违反企业内部规定在下班途中受到机动车伤害能否认定为工伤的请示》的复函（国法秘函〔2005〕315号）认为，职工所受伤害只要符合《工伤保险条例》第14条第6款规定的"上下班途中，受到机动车事故伤害的"规定，就应当认定为工伤。

（二）国务院法制办公室对安徽省政府法制办公室《关于〈工伤保险条例〉第十四条第六项适用问题的请示》的复函（国法秘复函〔2008〕375号）认为：职工李某从单位宿舍至其父母家的情形，属于《工伤保险条例》第14条第6款规定的"在上下班途中"，认定为工伤。

（三）国务院法制办公室对《关于职工参加单位组织的体育活动受到伤害能否认定为工伤的请示》的复函（国法秘函〔2005〕311号）认为，作为单位的工作安排，职工参加体育训练活动而受到伤害的，应当依照《工伤保险条例》第14条第1款中关于"因工作原因受到事故伤害的"规定，认定为工伤。

五、最高法院行政庭答复认定工伤的七种情形

（一）最高人民法院行政审判庭《关于退休人员与现工作单位之间是否构成劳动关系以及工作时间内受伤是否适用〈工伤保险条例〉问题的答复》（〔2007〕行他字第6号）认为，根据《工伤保险条例》第2条、第61条等有关规定，离退休人员受聘于现工作单

位，现工作单位已经为其缴纳了工伤保险费，其在受聘期间因工作受到事故伤害的，应当适用《工伤保险条例》的有关规定处理。

（二）最高人民法院行政审判庭《关于职工外出学习休息期间受到他人伤害应否认定为工伤问题的答复》（〔2007〕行他字第9号）认为，职工受单位指派外出学习期间，在学习单位安排的休息场所休息时受到他人伤害的，应当认定为工伤。

（三）最高人民法院行政审判庭《关于车辆挂靠其他单位经营车辆实际所有人聘用的司机工作中伤亡能否认定为工伤问题的答复》（〔2006〕行他字第17号）认为，个人购买的车辆挂靠其他单位且以挂靠单位的名义对外经营的，其聘用的司机与挂靠单位之间形成了事实劳动关系，在车辆运营中伤亡的，应当适用《劳动法》（2018）和《工伤保险条例》的有关规定认定是否构成工伤。依据最高法院民一庭2013年的答复意见，个人购买的车辆挂靠其他单位且以挂靠单位的名义对外经营的，其聘用的司机与挂靠单位之间不具备劳动关系的基本特征，不宜认定其形成了事实劳动关系。

（四）最高人民法院《关于审理与低温雨雪冰冻灾害有关的行政案件若干问题座谈会纪要》（法〔2008〕139号）认为，低温雨雪冰冻灾害期间，用人单位为维护国家利益和公共利益的需要，在恢复交通、通信、供电、供水、排水、供气、道路抢修、保障食品、饮用水、燃料等基本生活必需品的供应、组织营救和救治受害人员等过程中，临时雇用员工受到伤害的，可视为工伤，参照《工伤保险条例》规定进行处理。

（五）最高人民法院行政审判庭《关于国家机关聘用人员工作期间死亡如何适用法律请示的答复》（〔2009〕行他字第2号）认为，鹤岗市公安局东山分局东方红派出所临时聘用、未参加工伤保险、不是正式干警的司机王奎在单位突发疾病死亡，应由鹤岗市劳动和社会保障局参照《工伤保险条例》认定是否属于工伤、确定工伤待遇的标准。有关工伤待遇费用由聘用机关支付。

（六）最高人民法院行政审判庭《关于超过法定退休年龄的进城务工农民因工伤亡的，应否适用〈工伤保险条例〉请示的答复》（〔2010〕行他字第10号）认为，用人单位聘用的超过法定退休年龄的务工农民，在工作时间内、因工作原因伤亡的，应当适用《工伤保险条例》的有关规定进行工伤认定。

（七）最高人民法院行政审判庭《关于职工因公外出期间死因不明应否认定工伤的答复》（〔2010〕行他字第236号）认为，职工因公外出期间死因不明，用人单位或者社会保障部门提供的证据不能排除非工作原因导致死亡的，应当依据《工伤保险条例》第14条第5款和第19条第2款，认定为工伤。

六、不得认定为工伤的情形

依据《工伤保险条例》第16条规定，职工有下列情形之一的，不得认定为工伤或者视同工伤。（1）故意犯罪的；（2）醉酒或者吸毒的；（3）自残或者自杀的。

（1）"故意犯罪"的认定，应当以刑事侦查机关、检察机关和审判机关的生效法律文书或者结论性意见为依据。过失犯罪不影响工伤认定。（2）醉酒标准按照《车辆驾驶人员血液、呼气酒精含量阈值与检验》（GB 19522—2004）执行。公安机关交通管理部门、医疗机构等有关单位依法出具的检测结论、诊断证明等材料，可以作为认定醉酒的依据。（3）受伤职工虽符合第14条、第15条规定的情形，但存在第16条情形的，不能认定为工伤或视同为工伤。

第七章

兼职

全日制用工与非全日制用工作为被法律认可的两种用工模式，二者在工作时间、劳动报酬、劳动合同的解除以及经济补偿金等方面存在显著差异。非全日制是一种极为灵活的用工形式，在一定程度上弥补了全日制模式下存在的用工刚性，随着我国劳动力市场竞争的愈发激烈，其发挥了很好的缓冲作用，并逐渐成为现在企业用工不可或缺的一部分。

▶ 第一节　工作时间长度有限制

非全日制用工与全日制用工的首要区别是工作时间的差异。

《关于非全日制用工若干问题的意见》（劳社部发〔2003〕12号）对非全日制用工的定义为："以小时计酬、劳动者在同一用人单位平均每日工作时间不超过5小时，累计每周工作时间不超过30小时的用工形式。"

《劳动合同法》（2012）第68条规定，非全日制用工是指以小时计酬为主，劳动者在同一用人单位一般平均每日工作时间不超过4小时，每周工作时间累计不超过24小时的用工形式。

根据上位法优于下位法原则，以《劳动合同法》（2012）为准。（1）计酬方式以小时计酬为主。这就意味着在没有其他禁止性规定（主要是地方性规范文件）的情况下允许当事人协商计酬标准，如日工资、周工资等。（2）工作时间缩减为一般平均每日工作时间不超过 4 小时，每周工作时间累计不超过 24 小时。

▶ 第二节　可不签订书面劳动合同

劳动关系的建立以签订书面劳动合同为原则，但这是针对全日制用工的情况来讲的。

例外的是，非全日制用工合同的订立，不以书面形式为限，双方可以采取口头协议形式订立。法律依据有以下 2 点。（1）《劳动合同法》（2012）第 69 条，"非全日制用工双方当事人可以订立口头协议"。（2）《关于非全日制用工若干问题的意见》（劳社部发〔2003〕12 号）："用人单位与非全日制劳动者建立劳动关系，应当订立劳动合同。劳动合同一般以书面形式订立。劳动合同期限在一个月以下的，经双方协商同意，可以订立口头劳动合同。但劳动者提出订立书面劳动合同的，应当以书面形式订立。"

根据新法优于旧法、上位法优于下位法的适用规则，应该适用《劳动合同法》（2012），非全日制用工形式可不用签订书面合同。

【案例 7-1】
非全日制劳动合同无须书面签订

2018 年 2 月，孔某进入上海某公司从事媒体宣传工作，双方口头约定孔先生每天只工作 3 小时，劳动报酬为 60 元 / 小时。工作至 2019 年 10 月，孔某向公司提出其未与自己签订书面劳动合同，按照《劳动合同法》（2012）的最新规定，用人单位自用工之日起超过一个月未与劳动者签订书面劳动合同的，应当每月向劳动者支付二倍工资。公司表示拒绝，孔某遂诉诸劳动仲裁。本案中，孔某作为典型的非全日制员工，其虽未与公司签订书面劳动合同，但公司的做法并未违法，因此公司无须向孔某支付未签书面劳动合同的二倍工资。

▶ 第三节　双方不得约定试用期

在全日制用工模式下，劳资双方之间除以完成一定工作任务为期限的劳动合同，以及 3 个月以下固定期限劳动合同外，其他劳动合同可以依法约定试用期。劳动合同期限在 3 ~ 12 个月的，可以约定不超过 1 个月的试用期；1 ~ 3 年的，试用期不得超过 2 个月；3 年以上固定期限和无固定期限的劳动合同，试用期不得超过 6 个月。

在非全日制用工模式下，双方当事人不得约定试用期。也就是说，无论非全日制员工与企业之间约定的用工期限有多长，都不得设立试用期。这是因为，非全日制员工工作往往都不是很稳定，经常会变换用人单位，因此禁止双方约定试用期，既符合灵活用工的要求，也体现了法律对非全日制职工的特殊保护。

【案例 7-2】
非全日制劳动合同无试用期

2009 年 4 月，孙先生应聘上海某传媒公司，签订了为期 3 年的劳动合同。双方约定孙先生的用工方式为非全日制，公司按照每小时 70 元的标准给孙先生支付劳动报酬。公司规定，作为新入职的孙先生需要经过 3 个月的试用期方能成为公司的正式员工，公司将其在试用期间的工资调整为 60 元 / 小时。后双方发生争议，孙先生要求公司按照正常工资标准补足自己在试用期间的工资差额。本案中，公司不得与孙先生约定试用期，双方关于试用期期限及工资的约定为无效条款，公司应当按照正常工资水平补足孙先生在"试用期间"的工资差额。

▶ 第四节　可与多家单位有劳动关系

一般而言，一个全日制员工只能与一家用人单位建立劳动关系，而非全日制员工在这方面则具有更大的弹性，劳动者可以与一个甚至多个用人单位订立劳动合同建立劳动关系，只要后订立的劳动合同不影响先订立的劳动合同的履行即可。

【案例 7-3】
多重非全日制劳动合同合法

张先生于 2008 年 8 月以非全日员工身份进入上海甲公司工作，双方口头约定张先生的工作时间为上午 8 点至 11 点 30 分。工作至 2009 年 1 月 15 日，张先生发现自己完全可以在规定的时间内完成工作任务，而且仍有余力，所以又到乙公司处应聘了一份工作，上班时间刚好为每天下午 2 点至 5 点。2009 年 4 月，甲公司发现张先生在乙公司上班，遂要求张先生辞去乙公司工作。张先生认为，自己在甲公司每天只工作半天，且所有的工作任务都已经及时完成，自己在乙公司的工作并未影响在甲公司的工作，所以拒绝辞职。本案中，张先生作为非全日制员工同时与甲、乙两家公司建立劳动关系，但张先生及时完成了甲公司的工作任务，并没有对其工作产生任何不良的影响。因此，甲公司无权要求张先生辞去乙公司的工作。

▶ 第五节　双方可随时终止劳动关系

在全日制用工模式下，劳资双方无论哪一方在合同履行期间想要提前终止用工，都需要严格遵守法律规定的条件及程序；如未按照法律规定履行，给对方造成损失的，应当承担赔偿责任。

而在非全日制员工模式下，任何一方都可随时通知对方终止用工，而无须遵守任何法定条件或程序，这赋予双方极高的自主权，只要有一方想要结束用工，均有权随时终止。

法律依据如下。（1）《劳动合同法》（2012）第 71 条："非全日制用工双方当事人任何一方都可以随时通知对方终止用工（终止用工，用人单位不向劳动者支付经济补偿）。"（2）《劳动保障部关于非全日制用工若干问题的意见》（劳社部发〔2003〕12号）："非全日制劳动合同的终止条件，按照双方的约定办理。劳动合同中，当事人未约定终止劳动合同提前通知期的，任何一方均可以随时通知对方终止劳动合同；双方约定了违约责任的，按照约定承担赔偿责任。"（3）《上海市劳动合同条例》（2001）第48条："非全日制劳动合同当事人未约定用工期限的，任何一方均可以随时通知对方终止劳动关系。"

【案例7-4】
非全日制合同关系可随时终止

2008年9月，王先生与上海某餐饮服务有限公司签订了一份为期一年的非全日用工劳动合同。工作期间，王先生工作一直很努力。由于公司业绩下滑，2009年4月，公司决定提前终止双方的劳动合同。王先生提出自己一年期的劳动合同还未到期，并且自己的工作也没有任何问题，不同意提前解约。本案中，公司的做法符合法律的规定，王先生应当接受提前终止合同的事实。

▶ 第六节　解除关系无须支付补偿金

在全日制用工模式下，用人单位以劳动者不能胜任工作、医疗期满不能工作、客观情况发生重大变化等为由解除与全日制员工的劳动合同的，应当向劳动者支付经济补偿金。

在非全日制用工模式下，用人单位无论以什么理由解除劳动关系，都无须向劳动者支付经济补偿金，即使是在发生工伤或怀孕等法律禁止解除劳动劳动合同的情形下。

【案例 7-5】

2021 年 9 月，王某到某公司职工食堂从事帮厨工作，双方签订非全日制用工协议。职工食堂周一到周五提供一日三餐，由一名厨师长和三名帮厨杂工负责，帮厨实行三班轮换制，每人每天负责两班，班次中间不需要坐班。2023 年 3 月，该公司因将职工食堂对外承包，所以与食堂所有工作人员解除了劳动关系。2023 年 4 月，王某提出仲裁申请，要求公司支付其解除劳动关系的经济补偿。

劳动仲裁委认为，本案属于非全日制用工中发生的争议。王某与某公司签订了书面的非全日制用工协议，且王某实际平均每日工作不超过 4 小时，每周工作累计不超过 24 小时，符合法律关于非全日制用工的规定。《劳动合同法》（2012）第 71 条规定，"非全日制用工双方当事人任何一方都可以随时通知对方终止用工。终止用工，用人单位不向劳动者支付经济补偿"。因此，劳动仲裁委经审理查明，依法驳回了王某的仲裁请求。

▶ 第七节   工资标准及工资支付问题

《劳动法》（2018）规定了 3 种加班情形：（1）工作日延长工作时间；（2）休息日安排工作；（3）法定休假日安排工作，每种加班情形分别对应不同的劳动报酬标准。

《全国年节及纪念日放假办法》规定，我国实行统一的年节及纪念日假期，即通常讲的法定休假日。《国务院关于职工工作时间的规定》称，国家机关、事业单位实行统一的工作时间，周六周日为周休息日。企业和不能实行统一工作时间的事业单位，可以根据实际情况灵活安排周休息日。因此，从目前规定看，并不存在法定的工作日和休息日。

非全日制用工是指以小时计酬，劳动者在同一用人单位一周内平均每日工作时间不超过 5 小时，累计每周工作时间不超过 30 小时的用工形式。劳动者在同一用人单位一周内平均每日工作时间超过 5 小时，或累计一周工作时间超过 30 小时的，视为全日制工，不适用本规定。也就是说，非全日制用工是不存在工作日和休息日的区别的，因而不存在延长工作时间或者休息日安排工作的情形，更谈不上支付相应倍数的劳动报酬。

对于非全日制用工在法定节日上班是否应支付加班费，现行法律无明文规定，地方性法规有着不同规定。深圳市劳动和社会保障局制定的《关于非全日制用工的若干规定》（深劳社〔2007〕61号）称，在法定休假日加班，应当按照不低于劳动者本人标准工资的300%支付工资。《北京市工资支付规定》（北京市人民政府令〔2003〕第142号）规定，用人单位招用非全日制工作的劳动者，可以不执行本规定第14条（支付加班工资）的规定，但用人单位安排其在法定休假日工作的，其小时工资不得低于本市规定的非全日制从业人员法定休假日小时最低工资标准。这说明全国统一的年节及纪念日假期是全体劳动者依法享有的假期，对非全日制劳动者同样适用。因此，如果法定休假日安排非全日制的劳动者上班，用人单位同样应按照300%的标准支付劳动报酬，具体为按其小时计酬的300%标准计算。

用人单位应当按时足额支付非全日制劳动者的工资。非全日制劳动者的工资标准由用人单位和劳动者协商确定，但不得低于用人单位所在地人民政府规定的非全日制用工小时最低工资标准。非全日制用工小时最低工资标准的计算办法，以《关于非全日制用工的若干规定》（深劳社〔2007〕61号）为例："全日制用工小时最低工资标准×（1+单位应当缴纳的养老保险费和医疗保险费比例之和）×（1+浮动系数）"。

非全日制用工劳动报酬结算周期最长不得超过15日。

【案例 7-6】

2010年3月11日，小王进入上海某宾馆担任前台工作，工作时间为21点至次日7点，每月工资为1300元。工作至2013年4月10日，小王从朋友处得知，他的工资还不到2013年上海市的月最低工资标准，遂向单位提出补发工资差额的要求，同时他认为，自己每天工作10小时，超过了标准工作时间8小时，属于超时加班，所以还要求单位补发2010年3月至今的加班费。宾馆则称，小王是在晚上上班，是非全日制员工，其工资不适用最低工资标准，同时也不存在加班。本案中，小王虽然是在晚上上班，但是他每天的工作时间长达 10 小时，不仅不符合非全日制员工每天工作不超过 4 小时的标准，甚至已经超过了标准工作时间，存在超时加班情况。因此，宾馆应当依法补足工资差额并向小王支付加班工资。

▶ 第八节 社会保险的缴纳非强制性

在非全日制用工模式下，用人单位一般只须依法为劳动者缴纳工伤保险费，其他各项社会保险费，都由劳动者自己以个人身份缴纳。如果用人单位使用的非全日制职工在其他单位参加了工伤保险的，该单位可不再为其参保。依法由工伤保险基金支付的待遇，由社保经办机构予以支付；应当由用人单位承担的费用和相关义务由发生工伤时的用人单位负责。非全日制工伤职工在原工伤保险关系终止后，发生工伤时的所在单位应及时为其办理参加工伤保险的手续。否则，须按规定支付工伤职工的相关费用，并承担相关法律责任。

总之，非全日制用工是一种极具弹性的用工模式。与全日制用工相比，非全日制的用工双方可以更为灵活地安排工作时间，其薪酬也主要是以小时计酬，并且双方当事人可以订立口头协议，劳动者也可以与一个或者一个以上的用人单位订立劳动合同。此外，非全日制在用工的终止上赋予了双方更大的自主权，任何一方都可以随时通知对方终止用工，并且不需要向劳动者支付经济补偿金。

第八章

互联网平台用工关系合规

近年来，平台经济迅速发展，创造了大量就业机会，依托互联网平台就业的网约配送员、网约车驾驶员、货车司机、互联网营销师等新就业形态劳动者数量大幅增加。随着互联网平台用工的兴起，平台用工的合规成为人力资源合规上的重点和难点，其中最主要的问题就是互联网平台与互联网平台从业者之间关系的认定。

本书将以三个典型且常见的互联网平台为例，具体分析互联网平台用工合规中的重点和难点问题。

▶ 第一节　网约车平台用工

一、要点

（一）劳动合同性质实质认定

《人力资源社会保障部、国家发展改革委、交通运输部、应急部、市场监管总局、国家医保局、最高人民法院、全国总工会关于维护新就业形态劳动者劳动保障权益的指导意见》（人社部发〔2021〕56号）称，"符合确立劳动关系情形的，企业应当依法与劳动者订立劳动合同。不完全符合确立劳动关系情形但企业对劳动者进行劳动管理（以下简称不完全符合确立劳动关系情形）的，指导企业与劳动者订立书面协议，合理确定企业与劳动者的权利义务。个人依托平台自主开展经营活动、从事自由职业等，按照民事法律调整双方的权利义务。"

虽然目前很多平台在与平台从业者签订协议时，采取"合作协议""劳务服务协议"等名称，试图将从业者包装成依托平台自主经营的个体工商户，但我国法院目前仍采取实质性认定标准，即通过协议条款对双方权利义务的实质性约定以及实际履行过程，判断双方是否存在劳动关系。

【案例 8-1】

曾先生与某网约车平台公司签订了《劳务服务协议》，协议约定曾先生提供专车司机驾驶服务，双方就劳动报酬的发放、服务规范、保密、违法责任等内容进行了约定。2018 年 3 月开始，曾先生担任某网约车平台专车司机，其工资由平台发放。工作期间，曾先生被扣除平台信息服务费、电信费、车辆使用费以及"罚金"款项。2020 年 5 月 21 日，曾先生将车辆退还给某公司。曾先生在退还车辆时被扣除了平台使用费、电信服务费等费用，共计 6499.35 元。2020 年 11 月 30 日，曾先生以某公司为被申请人向长沙市劳动仲裁委申请劳动仲裁，某公司不服，遂起诉。

法院认为：曾先生与某公司签订的《劳务服务协议》，约定曾先生提供专车司机驾驶服务，这与曾先生日后从事网约车司机的工作性质相吻合。此外，双方就劳动报酬的发放、服务规范、保密、违法责任等内容进行了约定。在协议履行期间，某公司直接向曾某支付报酬。曾某与某公司所签的《劳务服务协议》具有劳动合同的基本条款，在日后的履行过程中亦体现了双方之间的隶属关系，故曾某与某公司之间应为劳动关系。

（二）劳动关系认定要素

司法实践中，法院认定劳动关系的判断依据主要是《关于确立劳动关系有关事项的通知》（劳社部发〔2005〕12 号）第 1 条："用人单位招用劳动者未订立书面劳动合同，但同时具备下列情形的，劳动关系成立。（一）用人单位和劳动者符合法律、法规规定的主体资格；（二）用人单位依法制定的各项劳动规章制度适用于劳动者，劳动者受用人单位的劳动管理，从事用人单位安排的有报酬的劳动；（三）劳动者提供的劳动是用人单位业务的组成部分。"据此，平台与从业者间即使没有签订书面劳动合同，依然可以依据经济从属性、人身从属性等标准，认定其间存在实质性的劳动关系。

【案例 8-2】

2019 年 5 月 15 日 22 时 30 分许，在广明 ×× 北侧 ××（×× 区）（西行）路段，某平台司机王某驾驶小型轿车由东往西行驶，陈某同样驾驶小型轿车（载有两位乘客），因王某在变更车道时存在不规范操作，两车相撞，后车撞向护栏，造成陈某及其车上两位乘客受伤，车辆和护栏均有损坏。王某事发时驾驶的机动车系事发前甲公司出租给乙公司，乙公司转租给丙公司，再由丙公司提供给王某使用的。此案的焦点之一便是丙公司和王某的法律关系的性质认定。

法院经审理认为，从丙公司与王某签订的《司机合作协议》、王某的《入职表》来看，丙公司制定的各项规章制度均适用于王某；王某受丙公司的管理和工作安排，从事丙公司安排的有报酬的运营活动（且该运营活动是丙公司业务的组成部分，从事运营活动的车辆由丙公司提供），由丙公司负责向王某发放营运分成（协议约定鉴于网约车的运营流水所得均直接由驾驶员通过银行卡收取，运营流水属于公款，驾驶员将收取车辆运营所得的银行卡交由丙公司保管，并由丙公司设置密码及分配银行卡里面的全部营运所得）。经审查，丙公司和王某符合法律规定的劳动关系的主体资格，二者之间包括经济上及人格上具有从属性。因此，法院认定王某与丙公司存在劳动关系。

二、合规措施

第一，平台企业在与平台从业者订立合同时，应当充分协商，合理确定企业与劳动者的权利义务关系。改变合同名称，或对具体条款进行刻意模糊，无法避免劳动关系的成立。

第二，在履行合同过程中，若平台企业并非有意与劳动者成立劳动关系，则应当在管理上适当放松，避免使用类似用工单位和劳动者之间的规章制度，从而避免符合人身从属性。例如，应当尽量避免与从业者约定相关服务的数量、质量水平应达到什么标准，并避免与从业者约定提供服务须采用平台指定的产品或工具。在经济从属性方面，若平台确实仅提供信息中介服务，则应当避免对从业者的薪酬进行统一管理、计算和发放。

▶ 第二节 网络主播平台用工

一、要点

目前我国网络主播平台发展较快，模式不一，因此需要归纳分类、分别讨论。

1. 授权模式。直播平台提供资源，授予其直播权限，收取一定收益。同时，主播接受平台管理，平台对主播的直播时间、劳动总量等进行管理约束。在授权模式下，网络主播一般接受直播行业以及平台通行的规则约束，网络主播只通过礼物收益进行分成，与直播平台之间的关系较为松散，其所获得的收益不固定，主播可以与平台协商。在此模式下，一般不足以认定双方存在劳动关系。

2. 签约模式。直播平台为了提高自己的知名度、提升市场占有率、形成自己的固有粉丝，与网络主播订立具明确权利义务的、受平台方一定规章制度约束的合同。在签约模式下，网络主播不仅受直播行业约束，也受其与直播平台之间订立的合同约束，网络主播获得收益的形式有多种。网络主播的工作受平台安排，并可能需要从事除直播活动外的直播平台另行安排的工作。不过，二者之间是否存在劳动关系，不能一概而论，我们需要根据具体情形，依据人身从属性、经济从属性以及劳动合同的实际履行情况来进行综合判断。

3. 经纪代理模式。在这种模式中，经纪公司或直播平台对主播进行全方位打造和培养，从而获取高额收益。在经纪代理模式下，双方之间的关系认定变得更为复杂。关于主播与经纪公司是否存在劳动关系，应当探究双方当事人订立合同的真实意思表示，并综合全案予以认定。

不管是哪种模式，都依然遵守相同的劳动关系认定要素，依据经济从属性和人身从属性，判断是否存在实质性的劳动关系。

【案例 8-3】

2017 年 8 月 23 日，某公司（甲方）与陈女士（乙方）签订《艺人培训及演艺经纪合同》，附《签约主播管理制度》一份。陈女士在某公司处从事网络直播近 7 个月，并且领取了相关的薪酬，后因陈女士离开公司引起诉讼。

法院认定某公司与陈女士间存在劳动关系。第一，尽管某公司与陈女士订立的合同标题为"艺人培训及演艺经纪合同"，但该合同内容能够体现某公司向对方规定了劳动时间、请假、考勤制度等内容。某公司还针对主播的管理问题制定了《签约主播管理制度》作为《艺人培训及演艺经纪合同》的组成部分，在《签约主播管理制度》中，公司对主播的管理、培训、直播时间、请假、收益结算等事项作出了详细规定，且《签约主播管理制度》第 5 条第 4 款还有"根据考核转为正式主播后"的字样，表明某公司对主播存在考核行为。上述事实表明双方并非相互独立、平等的民事关系，而是存在管理、从属关系。第二，根据某公司的主播工资表，其向主播发放工资的组成包括底薪、全勤奖、饭补、奖金、提成等部分，工资表最后一栏为"实发工资"，表明某公司系以工资的形式向陈女士等主播支付报酬，双方并非单纯对主播的直播收益进行分割。工资表同时体现某公司对陈女士等主播存在考勤行为。第三，陈女士在一审中提供的聊天截屏能够证明，某公司主播如果不按公司要求的时间进行直播，应办理请假手续，而且某公司对批假权限有明确的规定。此外，某公司对主播在晚间还存在开会、"团建"等强制性活动要求。第四，根据某公司法定代表人蒋某某的朋友圈内容可见，某公司发布的主播招聘广告信息也是以"五险一金""保底加提成"等条件吸引他人至该公司从事主播工作的。本案没有证据证明某公司确实为陈女士等主播缴纳了"五险一金",但是该证据表明某公司在与主播签约之前是以招聘的形式发布了邀约,也给了主播双方系劳动关系而非合作关系的印象。最后,某公司称,部分法院将主播与经纪公司的关系认定为合作关系。本院认为,某公司与陈女士的法律关系与这些案例查明的事实存在不同,本案中双方当事人的关系更多地体现出管理、从属性特点,故这些案例在本案中不具有参考价值。

二、合规措施

网络主播平台的用工合规措施与上文网约车平台的用工合规措施大致相同。除此之外,我们还应当注意网络主播平台的个性,即其运营模式的多样性以及模糊性。用人单位应当与劳动者充分协商、在合同中明确用工关系性质、列明权利义务条款,避免出现模棱两可现象及多余的解释空间,从而规避后续的纠纷和风险。

▶ 第三节　外卖平台的用工

外卖平台多种多样,经营模式不一,但法院对其劳动关系的认定标准基本相同,即遵从从属性标准。外卖平台的经营模式与上述网约车平台类似,本节不再赘述。它的相关合规措施也与上述平台类似。

【案例 8-4】

2018 年 3 月 27 日至 2019 年 5 月 8 日,俞某在杭州某电子商务有限公司桐庐站从事全职配送员工作,双方未签订书面劳动合同,公司也未为俞某办理社会保险。2019 年 5 月 8 日,双方因社会保险问题发生纠纷,杭州某电子商务有限公司停止俞某使用某配送 App。2019 年 6 月 20 日,俞某向劳动仲裁委申请仲裁。劳动仲裁委裁决:"1. 杭州某电子商务有限公司于裁决书生效之日起 5 日内支付俞某未签订书面劳动合同的二倍工资差额 33 810.7 元；2. 杭州某电子商务有限公司于裁决书生效之日起 5 日内为俞某补缴 2018 年 3 月 27 日至 2019 年 5 月 8 日的社会保险（具体标准由社会保险经办机构核准，个人负担部分由俞某本人承担）；3. 驳回俞某其他仲裁请求。"俞某不服该仲裁裁决，向法院起诉。

法院判决，由于"骑手"从事并完成的工作、取得相应报酬、桐庐站实施具体管理等行为主要借助网络进行，俞某作为"骑手"就其提供劳动、根据管理规则及站点要求从事相应工作、取得工资报酬等事实提供了证据材料。杭州某电子商务公司提供的证据，首先不能证明俞某与公司代表人吴某个人之间存在劳务关系，其次也不能排除其与俞某存在劳动关系的可能。同时，杭州某电子商务没有确认俞某通过网络下载的有关代理商、代理商与骑手间权利义务关系的规则性证据材料。公司既不提供其确认的相应证据材料，且也没有对其与某信息科技有限公司、与发放工资报酬的案外第三方间的具体权利义务关系和规则标准等事实进行举证。现有证据表明，俞某的具体工作虽系通过网络应用程序（某配送 App）进行，但桐庐站系俞某工作成果的归属者、具体管理的实施者，该主体并非法律上适格的用人主体，其进行的所谓城市代理行为隶属于杭州某电子商务公司。认定俞某与杭州某电子商务公司存在实质性的劳动关系，符合《关于确立劳动关系有关事项的通知》（劳社部发〔2005〕12 号）中所确立的认定条件，并无不当。

（本章由朱文清提供初步文案）